U0740614

档案管理与信息化建设创新研究

李咏嘉　龚　璐　汤晶晶◎著

中国商务出版社
·北京·

图书在版编目（CIP）数据

档案管理与信息化建设创新研究 / 李咏嘉 , 龚璐 ,

汤晶晶著 . -- 北京 : 中国商务出版社 , 2024. 7.

ISBN 978-7-5103-5255-3

Ⅰ . G270.7

中国国家版本馆 CIP 数据核字第 2024VF8324 号

档案管理与信息化建设创新研究

李咏嘉 龚 璐 汤晶晶 著

出版发行：中国商务出版社有限公司

地 址：北京市东城区安定门外大街东后巷 28 号 邮编：100710

网 址：http://www.cctpress.com

联系电话：010-64515150（发行部） 010-64212247（总编室）
 010-64515210（事业部） 010-64248236（印制部）

责任编辑：吕 伟

排 版：北京嘉年华文图文制作有限责任公司

印 刷：北京印匠彩色印刷有限公司

开 本：710 毫米 ×1000 毫米 1/16

印 张：20 字 数：287 千字

版 次：2024 年 7 月第 1 版 印 次：2024 年 7 月第 1 次印刷

书 号：ISBN 978-7-5103-5255-3

定 价：89.00 元

前　　言

　　档案作为一种存储和记录信息资源的形式，在信息查阅和利用方面具有重大现实意义，是社会管理的主要内容之一。信息化时代各项工作都会产生大量信息，其中很多关键信息需要存为档案，如何提高档案管理水平，实现高效的现代化管理是我们当前应该考虑的重点。档案信息化建设，无疑是实现现代化管理的基础，所以要加强信息化建设，进而促进档案现代化管理。

　　作为新的生产要素，档案中的数据、信息、知识需要依靠信息技术的驱动才能发挥其时代价值。目前，信息化与档案工作正在发生"化学反应"，各级档案部门开展的档案信息化基础设施建设、档案数字资源建设、数字档案馆建设、档案信息共享平台建设、档案数字资源安全管理、档案信息化强基工程建设等，都意味着信息化与档案工作在现代化建设进程中关联与耦合更加紧密，继而形成一个完整的档案工作现代化体系，并不断催生档案工作的新模式、新业态。一个以人工智能为核心，融知识图谱、数据挖掘、智能服务为一体的新型档案数据服务方式正在兴起，它将改变各级档案部门的服务模式和人民群众利用档案的传统习惯。

　　本书共分为九章。第一章概述档案管理，包括档案管理基础知识、现代档案管理的特点及发展趋势、我国档案信息化发展。第二章介绍了档案信息化的实施原则与方法、策略的实施措施、实施的途径与过程及系统实施的步骤。第三章从档案信息化管理与建设的目标、内容、任务及原则四个方面介绍了档案信息化管理与建设的内涵。第四章档案信息化建设的基础依据，包括网络基础设施、数字化设备、数据存储设备与数据备份。第五章介绍了档案数据利用与共享。第六章介绍了档案信息资源建设，包括档案信息的数字化、电子文档归档与电子档案移交、档案数据库的建设。第七章从宏观管理。标准化规范、信息安全、人才队伍和信息技术系统出发论述了档案管理信息建设的保障体系。第八章论述了图书馆信息管理及服务的优化，分别阐述了图书馆图书信息管理的优化方式，信息管理系统优化与发展，图书馆服务环境的优化以及图书馆数字化服务管理及优化。第九章从多载体档案统筹管理、文件档案一体化管理、档案资源多元化利用三个角度介绍了档案信息化管理的创新探索。

　　档案管理在当前备受关注，它不仅关系到档案管理部门的整体水平，还影响着各行业对信息的运用程度。加强档案现代化建设是当前社会的一个重要口号，如何更好地实现现代化管理呢？需加强信息化建设，提高法治建设水平，培养优秀的专业队伍，从而达到预期目的。

　　本书由李咏嘉、龚璐、汤晶晶负责编写，陈馀庆、蒋永芳、翟帅、胡方圆、刘喜梅、唐琴、王昭翔负责书稿整理。

作　者

2024 年 6 月

目录

第一章

档案管理概述

第一节 档案管理基础知识

一、档案与档案工作

（一）档案

1.档案的基本含义

根据《中华人民共和国档案法》及档案工作者的长期实践经验、档案界对档案定义的多次讨论，综合各方面的意见，对档案的定义表述如下：档案是国家机关、社会组织和个人从事政治、军事、经济、科学、技术、文化、宗教等活动直接形成的，对国家和社会有保存价值的各种文字、图表、声像等不同形式的历史记录。这一定义的基本含义有以下几点。

（1）档案来源的广泛性

档案是各机关、社会组织和个人在其自身活动中形成的。档案的形成者大致可以概括为三种类型：一是官方性质的各种机关；二是半官方或非官方的各种社会组织（包括社会团体、宗教、公司等）；三是一定的个人

（著名人物、著名家庭和家族）。这三种类型的形成者，既包括法律意义上的法人，也包括自然人。

档案是来自形成者特定的实践活动。国家机关、社会组织和个人，在其实践活动中，为了相互交往、上传下达和记录事情，必然会产生和使用许多文件。这些文件日后经过相关人员整理后保存起来，就成为档案。丰富的社会实践活动既决定了档案来源和内容的广泛性，一定来源和内容的档案又具有内在的联系性。

（2）档案是由文件材料有条件地转化而来的

档案和文件既有密切联系，又有区别。档案的前身——各种文件材料是由一定的国家机关、社会组织或个人为处理事务的需要而产生的，有些文件日后还需查考，因此被有意识、有目的地保存下来，并转化成档案。"档案是处理事务的有意识的材料"，但不是一切文件都可以无条件地转化为档案，文件转化为档案一般要具备以下三个条件。

第一，只有办理完毕的文件才能作为档案保存，正在承办中的文件不是档案。文件是档案的前身，档案是文件的归宿。文件具有现行效用，一般来说，档案是在完成传达和记述等现行使命后而备留查考的文件。所谓办理完毕是相对而言的，主要是指完成文书处理程序，不能理解为一切文件都要把上文所说的事情全部办完才算"办理完毕"，而是指文件的承办工作告一段落。日常工作中，有三种情况，一是文件中所指的事情需要近期办理的，很快就办理完毕。第二种是文件中所指的事情需要较长时间才能办完或者需要长期执行的，只要文件经过签收、传阅、研究讨论和贯彻之后，就算办理完毕。第三种是不需要具体承办的文件，只要收发、圈阅等文书处理手续结束，就算办理完毕。另外，文件在办理完毕或者转化为档案后，也并非完全失效。归档以后的文件，从其行政和法律效用来说，一部分是失效的，另一部分是仍然有效的。例如，宪法虽早已归档转化为档案，但仍有法律效用。有的条约和契约合同，有效期是十年、几十年，虽然已经归档，但仍然有效用。

第二，只有对日后实际工作和科学研究活动有一定查考利用价值的文件，才有必要作为档案保存。工作中形成的文件不能都作为档案保存，只有日后有查考价值的，才能保存下来转化为档案。档案是经过人们鉴别挑选保留下来的文件材料。文件是形成档案的基础，档案是文件的精华，文件概不归档是不对的，"有文必档"也是不必要的。

第三，只有按照一定的规律集中保存起来，才能最后成为档案。以现代的一般档案来说，它是经过归档集中保存起来的文件。文件是档案的因素，档案是文件的组合。

只要明确认识文件转化为档案的条件，就可以清楚档案与文件的区别和联系，就会懂得档案的客观形成规律，有助于我们学会怎样完整地收集档案、怎样科学地鉴定档案的保存价值，自觉地做好档案工作。

（3）档案的形式是多种多样的

任何档案都以一定的物质形式存在和运动，长期的社会实践使档案的形式不断发展和变化，进而变得丰富多彩。一是从载体材料上看，有龟甲兽骨、竹片木板、丝织缣帛、纸张、磁带、磁盘、光盘、胶片等；二是从信息记录在载体上的方法上看，有手写、刀刻、印刷、晒制、摄影、录音、录像等；三是从表达方式上看，可归纳为文字、图像、声音。档案的范围十分广泛，既包括党政机关的公务文件，也包括技术图纸、会计凭证、科学材料、影片、照片、录音带、录像带等。由于科学技术的发展，档案的形式还会更加丰富多样。

（4）档案的本质属性

档案是对人们社会活动的原始记录，原始记录性是档案最本质的属性。档案是从形成者在自身的职能活动中形成的各种文件材料转化来的，不是事后另行编写和随意收集的间接材料。它记录和反映着机关、组织和著名人物活动的原始性材料，是历史的真迹和凭证，有着重要的查考使用价值。这也是档案区别于文献资料的主要特点之一。因此，作为档案保存的文件，大多是原本、原稿，并且往往只有一份，这也是档案宝贵的重要原因之一。

了解档案的定义及其含义，可以帮助我们认识档案的特点，分清什么是档案，明确档案的本质属性和范围，掌握档案的一般形成规律，从而科学地管理档案，维护历史真迹，充分发挥档案在工作中的作用。

2.档案的作用

（1）档案的凭证作用

档案是记录历史的真凭实据，有法律效用，可作凭证使用。档案之所以有凭证作用，是由档案的形成规律及其本身的特点所决定的。

从档案的形成看，它是由当时直接使用的文件转化来的，记录了当时的原始情况，是在工作和生产活动中形成的，不是随意收集和事后编写的材料，是形成者的思想和行为的真实记录，是令人信服的历史证据。所以，作为历史真迹的档案，具有无可置辩的证据作用。

从档案的形式上看，它保留着真切的历史标记。例如，当事人的亲笔手书或亲笔签字，机关或个人的印信，或是当时的照片和原声的录音。

由于档案是对国家机关、社会组织以及个人从事社会实践活动的原始记录，不但是对以往历史的客观写照，而且档案本身保留着真切的历史标记。因此，档案可以成为查考、争辩、研究和处理问题的依据，不但是不容置辩的凭证，而且它的这种凭证作用是档案不同于其他文献资料的基本特点。

档案的凭证作用历来受到人们的重视，人们可以利用档案作为凭证来处理各种问题。

（2）档案的参考作用

档案不仅可以记录历史活动的事实经过，而且可以记录人们在各种活动中的发展、科学研究的经验以及经济、文化艺术活动的成果。档案的内容是相当丰富的，它全面地、历史性地反映了社会生活的各个阶段和各个方面，一个机关的档案是一个机关工作活动的历史记录，国家全部档案则是我们国家发展的历史记录。档案不是孤立地反映事物内容的单个材料，它可以有机联系地反映一定活动的系统而完整的材料整体。因此，它对人们查考既往情况、掌握历史材料、研究有关事物的发展进程和规律性、继承历史遗产、总结经验教训，都具有广泛的参考作用。

与图书、资料等参考材料相比较，档案的参考作用虽然各有不同，但有以下几个特点。

第一，原始性和较强的可靠性。由于档案是从文件转化来的，如实地记录了历史活动的真实情况，是宝贵的第一手原始材料，一般说来，这就比事后回忆、专门编写或口头介绍等资料具有更强的可靠性。

第二，可供参考内容的广泛性。档案源自各个历史阶段和人类社会实践活动的各个方面，它是人类历史保存下来的客观记录，内容无所不包，能从多个方面起到参考作用。

第三，档案是人们从事工作和生产活动的必要依据，有时甚至是不可缺少的参考材料。

档案所具有的凭证和参考作用，在任何时期、对任何档案来说都是存在的，对今天的档案建设同样有很大作用，档案的凭证与参考作用，构成了档案的基本价值——凭证与参考价值。

（3）档案在社会主义建设中发挥的作用

档案的作用可表现在其形成和使用的一切领域内，具体表现在以下几个方面。

①档案是单位工作必须查考的材料

党政机关、团体、社会组织为了有效地进行工作，必须加强调查研究，充分占有材料。档案是对单位过去工作活动的记录，单位领导和工作人员熟悉情况、总结经验、制订计划、处理问题，常常需要从档案中查考过去的记载。如果有档案可查，许多问题就可以迎刃而解，工作就会得以顺利进行。无数事实证明，单位各项工作的开展都需要利用档案材料，充分发挥档案的作用，可以大大提高工作效率。没有档案可查，就会给工作带来更多的困难和损失。

②档案可作为生产活动的依据和参考

档案记载了各种工作和生产活动的相关情况、成果、经验和教训，既是工作的记录，又是继续进行生产建设的必要条件。通过查阅档案开展调查研究，充分利用当地的条件、优势，人们可以卓有成效地进行经济建设。有的单位制定经济建设规划和措施，要参考过去的档案材料，从中吸取经验教训；有的单位是因建设商业网点，查名牌产品，搞好企业的改革和适应市场经济的需要，查找利用档案：有的单位是研究本企业的发展，探讨如何提高生产和技术水平，要参考档案材料。尤其是科学技术档案，更是进行现代化生产管理和科学技术管理的重要条件与必不可少的依据。在各项工作建设和经济管理中，因有完整的档案而能够节省大量人力、物力、财力，因没有档案或档案材料不全而造成重大事故、重大损失的事例是很多的，教训也很深刻，我们应当认真吸取。

③档案可作为对群众进行宣传教育的生动素材

档案具有原始性、真实性和可靠性的特点，可成为宣传教育的生动素材。利用档案写回忆录、著述、演讲，进行文艺创作，举办各种展览，都富有说服力和感染力。多年来，在宣传党的光荣历史、革命传统和老一辈无产阶级革命家的英雄事迹，对人民群众进行爱国主义教育等方面，档案都发挥了广泛的教育作用，并取得了良好的效果。档案的内容是极为丰富的。在旧政权档案里，记载着反动统治阶级对广大劳动人民的残酷剥削和压迫以及劳动人民进行不屈不挠的英勇反抗斗争的史实；在革命历史档案里，记载着革命先辈在极其艰难困苦的情况下，为了实现崇高的革命理想和远大的革命目标而英勇奋斗的光辉业绩；在中华人民共和国的档案里，记载着我国人民在中国共产党的领导下，取得民主革命、社会主义革命和社会主义建设的伟大成就和经验教训，利用这些档案对广大人民群众进行宣传教育，能使我们看到胜利来之不易，让我们更加热爱党，热爱社会主义祖国。

④档案是维护国家、集体、个人权益的法律信证

档案是人们从事社会实践活动的原始记录，以其内容和外形特征如实地反映以往的既成事实，可以作为证实国家、集体和个人权益的法律信证。例如，法律、法规、条约、协议、合同、名单、记录、报告、书信、账本、单据、存根、人事文件、各种证书、所有权状等，这些原始材料记载了人们的政治、经济和社会关系，各种事情的来龙去脉，各方面的权利义务以及当事人的资历、待遇和名誉。所以，档案是最有力的证据，它是法理与事实上最佳的法律信证。

（二）档案工作

1.档案工作的性质

档案工作是什么性质的工作，这对档案工作者来说是一个重要的问题，为了做好档案工作，就必须了解档案工作的性质。因此，我们应该从档案工作自身的特点和档案工作同其他工作的关系中认识档案工作的性质与规律。

（1）档案工作是一项管理性的工作

管理是指人们根据事物的客观规律、劳动对象和工作特点，开展计划、组织、指挥、协调、控制等基本活动，有效地利用人力和物力，并促进其相互配合，达到最佳结合的目标，发挥最高的效率，以顺利地达到人们预期的目标。管理也就是"管辖""处理"的意思。凡是许多人在一起共同劳动，就必须有管理。档案工作的管理性表现为以下几个方面。

①档案工作是专门负责管理档案的一项专门业务

国务院在《关于加强国家档案工作的决定》中指出："档案工作的任务就是在统一管理国家档案的原则下建立国家档案制度，科学地管理这些档案，以便于国家机关工作和科学研究工作的利用。"这里讲的档案工作的任务，实际上就是管理任务。从宏观上讲，就是科学地管理好全国的档案，把档案信息资源开发出来，服务于社会主义现代化建设。从微观上讲，就是管理好一个单位的档案，为本单位各项工作服务。所以，档案工作确切地说是档案管理工作。这种管理工作，有特定的工作对象和整套管理档案的原则与方法，不同于一般的人、财、物的管理工作。它是通过对档案的科学管理，发挥档案的作用，来为党和国家各项工作服务的专业工作。

②档案工作一般在一定的机关单位，是机关单位工作的组成部分

机关的档案工作，具有双重性质。一方面，它是国家档案事业的组成部分；另一方面，是某种管理工作的组成部分。例如，会计档案，它是整个财会活动的记录和反映，是进行财务工作的工具和手段，是财务工作不可分割的组成部分，没有账簿、凭证、财务报表，财务部门是无法进行管理工作的。在科研和生产部门，科技档案则是生产管理、技术管理、科研管理的组成部分。一个科研机关没有各种科学实验的记录和各种科研文件材料，一个设计单位没有各种设计图纸，那将无法开展工作。所以，档案工作就是任何机关和部门工作管理的组成部分。

③档案工作是专门管理档案的科学性工作

档案工作就是要"分理擘肌、鉴貌辨色；规圆矩方，依时顺序"地按照科学方法进行管理。采取一套科学的原则和技术方法，组织档案的集中，进行系统化和鉴别挑选，采取科学的保护措施，遵循档案和档案工作的客观规律进行科学管理。做到管理方法科学化、管理机构高效化、管理工作计划化、管理手段现代化，充分发挥档案的作用，满足社会各界利用档案的需要。因此，档案工作是一项科学性的管理工作。

档案工作的管理性，要求档案工作人员必须掌握档案学知识，特别是档案管理的理论、原则和方法，积极学习档案管理现代化的知识与技能，以促进档案工作的开展。

（2）档案工作是一项服务性的工作

从档案工作与其他工作的关系来说，它属于一项服务性的工作。社会上的服务工作很多，其中文献资料服务工作也不止一种，而通过提供档案这种文献资料来为各项工作服务，是档案工作区别于其他工作的特点之一。

档案部门管理档案是为了满足社会主义事业对档案利用的社会需要。为人们了解情况、总结经验、研究问题、制定方针政策提供档案材料。它是通过收藏和提供档案材料这种特定的方式，为党和国家各项工作服务，为社会主义各项事业服务，属于资料后勤性的服务工作。档案工作与整个革命和建设的关系，是齿轮、螺丝钉与机器之间的关系。它既是党和国家所领导的革命建设事业一个不可缺少的组成部分，又是从属于并服务于革命和建设事业的。只有这样认识，才能摆正档案工作与整个革命和建设的关系。社会主义档案事业的产生、建立是由社会主义革命和建设事业的需要所决定的，档案事业的发展规模和速度是受社会主义建设事业的规模与速度制约的。档案事业的开展，要服从革命和建设事业的需要并为其服务。总之，从档案工作与其他各项工作的关系来说，档案工作是一项服务性的工作。

档案工作的服务性，是档案工作赖以存在和发展的基础。在社会发展的各个阶段，档案工作只有为一定社会的经济、政治、文化服务，为各项工作提供档案材料，才能赖以存在和发展。如果档案工作不为他们服务，本身就不能存在，更谈不上发展。古今中外档案工作发展的历史，完全证明了这一点。中华人民共和国成立以来，档案工作在为社会主义革命和建设服务的过程中得到了空前的发展，便是有力的证明。有时也与此相反，如果在不能充分发挥档案工作应有服务作用的情况下，档案工作就会发生停滞和倒退的现象。国家的重视以及各行业的关注和支持，归根到底还是因为各行各业工作的开展都离不开档案工作的服务。

讲档案工作的服务性，并不是贬低档案工作，而是说明这一专门业务的社会地位和作用，说明它是社会主义事业所不可缺少的工作。档案工作者应了解档案工作的服务性，要正确地认识自己的岗位，树立明确的服务思想，热爱档案工作，钻研档案业务，搞好档案工作，为社会主义革命和社会主义现代化建设服务，并在服务中求得档案工作本身的发展。

档案工作是一项具有机要性质的工作。机要性是档案工作政治性的表现之一。档案工作的机要性是由档案内容的特点和国家利益所决定的。古今中外，任何国家的档案工作都有一定的保密要求。随着科学技术的发展，各种现代化技术的采用，窃密与反窃密的斗争更为尖锐复杂，必须提高警惕。严守党和国家的机密，是关系到国家安危的大事，是巩固安定团结局面，保卫社会主义现代化建设的大事，也是档案工作的大事和必要的政治任务。每个档案工作人员都必须树立正确的保密观念，自觉维护党和国家机密。

档案工作是维护党和国家历史真实面貌的一项重大事业。档案是历史的记录和见证，是在历史发展过程中自然形成的，不是人们随意收集和制造的。历史怎样发展，档案就怎样记录，既不能擅自增加，也不能擅自削减。历史是不断发展的，人、事、物都将随着历史的推移而成为过去。后人要想研究和了解历史，就要查考历史记录，其中主要是靠档案。从这个意义上说，档案工作就是保存历史记录和人类记忆的一种工作。

维护历史真实面貌，是每个档案工作者肩负的一项光荣而又艰巨的任务。一是要想实现这一任务，档案工作者应做好本职工作，把档案管理好，做到不丢失、不损坏，及时地把档案材料提供给使用者，用以维护历史真实面貌；二是利用档案来编史修志、印正历史、校正史实，使档案的作用充分发挥出来。

2.档案工作的主要特点

由于档案的原始记录性，使得档案管理区别于图书、资料等其他文献的管理工作，呈现出如下特点。

（1）档案资源积累的缓慢性

档案是随着人们实践活动的开展而逐步积累起来的，它不可能像图书及资料那样大量印刷并广泛发行。档案大多是"孤本"，不能随意复制，尤其是历史档案，能够流传至今的很少。因此，档案资源的积累是比较缓慢的，与一般的图书资料相比，档案更显珍贵。这使档案的保管和保护受到社会各界的高度重视，而这在无形中降低了它的利用率。

（2）档案管理过程的阶段性

档案管理在我国分为两个阶段：档案室阶段和档案馆阶段。处于不同阶段的档案具有不同的价值，档案的管理方式以及服务对象也由此有所不同。在档案室阶段，档案主要为其形成单位控制和使用，为本单位的日常工作提供凭证和参考，具有中间过渡性；在档案馆阶段，档案对其形成者发挥的作用减少，而社会价值增加，进入永久保存期。档案馆阶段的档案管理工作不仅需要保管好档案，而且要积极提供档案为社会各界服务。

（3）档案管理活动对档案形成者的依附性

档案是在其形成者活动过程中产生的，反映了形成者的全部历史及其观点、经验和成果，包含了与其形成者利益密切相关的事实和数据。因此，档案与其形成者是密不可分的，其价值与形成者有密切关系。档案对形成者的依附性，使得档案难以像图书、资料那样广为传递和交流，这在某种程度上限制了档案管理活动开展的范围。

（4）档案管理工作对社会的相对封闭性

档案直接关系到其形成者的切身利益，并且有相当一部分档案涉及国家的政治、军事、经济与技术秘密。所以，档案自形成之日起，对外有相当长一段时间的封闭期，只有在过了这段封闭期以后，才能有选择地向社会开放。档案管理的封闭性和图书及资料所追求的时效性形成了鲜明的对比。档案管理的封闭性造成了档案保管和利用之间的矛盾，这种矛盾贯穿档案管理的整个过程，并推动档案管理工作不断向前发展。

二、档案管理工作内容与原则

（一）档案管理工作内容

档案工作就是用科学的原则和方法管理档案，为党和国家各项工作服务的。它的工作内容从广义上说，是指档案事业所包括的档案馆工作、档案室工作、档案事业管理工作、档案教育、档案科学研究、档案的宣传及出版等工作。从狭义上说，是指档案业务工作所包括档案的收集、整理、鉴定、保管、统计、检索、编研和提供利用等八个环节。由于我国的档案管理工作分布在档案室和档案馆两层机构中，所以这两层机构的工作内容既有相互衔接的部分，也有一些需要反复操作的部分。

1. 档案收集工作

这是档案室（馆）依法接收单位的归档文件、现行机关档案、撤销机关档案，以及征集历史档案的活动。其目的是积累丰富、合理的馆藏档案资源。

2. 档案整理工作

档案室（馆）根据档案的形成规律，对其进行分类、立卷、编制目录的过程，就是档案的整理工作。其目的是建立有序化的档案实体保管系统，便于档案的日常维护、调阅和归卷。

3. 档案鉴定工作

档案鉴定工作分为归档鉴定和复审鉴定，是档案室（馆）判定档案存毁和划定保管期限的活动。其目的是优化馆藏，提高档案管理和利用的效率。

4. 档案保管工作

这项工作的主要内容是对库房内的档案进行有序管理，控制危害档案物质载体和书写材料的各种因素。其目的是延长档案的寿命，维护档案的安全。

5. 档案检索工作

档案检索工作是档案室（馆）编制档案检索工具，建立手工和计算机档案检索体系的活动。其目的是方便利用者查阅。

6. 档案编研工作

这是指档案室（馆）根据单位或社会的需要，利用馆藏档案编辑档案文献汇编、档案参考资料、历史研究作品等并做出版的活动，其具有信息开发工作的性质。

7. 档案提供利用工作

这是指档案室（馆）通过阅览、借阅、复制、展览、网站等途径将档案原件、复制件、档案信息直接提供给利用者的活动，它直接体现了档案工作的服务功能。

8. 档案统计工作

这项工作包括档案室（馆）内部的登记和统计以及按时填报国家统计文件。其目的是及时掌握档案管理工作的状况，不断调整和完善档案工作。其中，档案收集、整理、鉴定、保管、检索、编研属于档案资源体系建设的范畴，档案提供利用属于档案利用体系建设的范畴。档案安全体系建设贯穿档案管理工作的全过程，而档案统计工作则是对整个档案工作的状态进行记录和反馈的环节。

（二）档案管理工作原则

1. 统一领导、分级管理档案工作

统一领导、分级管理是我国档案工作的组织原则和管理体制。它的具

体内容可以概括为以下几点。

（1）国家全部档案由各级、各类档案保管机构分别集中管理

档案是国家和社会的历史及文化财富，是宝贵的信息资源，必须实行分级集中、统一管理。分级集中基本上是两种形式：一是以机关、团体、企业、事业单位内党、政、工、团组织和业务部门形成的档案，必须由机关档案室集中统一管理，不得分散保存，更不许任何人据为己有；二是机关、团体、企业、事业单位形成的需要长期保存的档案，必须定期移交给有关档案馆（室），由各级、各类档案馆（室）集中保管。一切档案都按规定和批准手续管理，不得任意转移和销毁。

在现阶段，我国的档案存在着属于国家、属于集体和属于个人三种所有权。除了国家所有的档案需要集中管理，根据《中华人民共和国档案法》规定："集体所有的和个人所有的对国家和社会具有保存价值的或者应当保密的档案，档案所有者应当妥善保管。对于保管条件恶劣或者其他原因被认为可能导致档案严重损毁和不安全的，国家档案行政管理部门有权采取代为保管等确保档案完整和安全的措施；必要时，可以收购或者征购。"

（2）全国档案工作在各级人民政府领导下，由各级档案事业管理机关统一、分级分专业负责地进行指导和监督

所谓统一管理，就是在全国范围内进行统一的业务指导和监督。具体来说就是全国档案工作事务由国家档案局掌管，它根据党中央和国务院的指示和规定，对全国档案工作全面规划、统筹安排，提出档案工作的方针、任务，制定统一的档案管理的规章制度和办法，指导、监督和检查全国的档案工作。所谓分级负责，就是地方各级档案事业管理机构，按照全国的统一规定和要求，提出本地区档案工作的规划和任务，制定具体的工作制度和办法，指导、监督和检查本地区的档案工作。所谓分专业负责，是指一些中央、国家机关有很强的专业性、行业性特点，这些机关的

档案部门除做好本机关的档案工作外，还要承担对本专业、本行业档案工作的监督和指导工作。例如，对本专业、本行业的档案工作，制定有关的管理办法、规章以及业务标准和系统规范；制订规划和计划，召开档案工作会议，组织经验交流；组织并指导档案工作理论研究与交流以及对档案干部的培训等。这些国家机关要对全国的档案工作统一地进行业务指导和监督，各级各系统的档案机构，都要按照统一规定的基本规章制度和基本办法进行档案管理工作，不得各行其是。在集中统一管理原则下，实行分级、分专业负责，相互配合。有利于发挥各级档案管理机关的积极性，有利于发挥专业主管机关的积极性，把"块块"和"条条"的作用都发挥出来，推动档案工作的迅速发展。"条块结合"的档案工作管理体制，具有中国特色，是国家档案工作网络内的基本结构形式。

（3）实行党政档案和党政档案工作统一管理

实行党政档案的统一管理，这是我国档案集中统一管理的特点。它的主要根据是，党是领导核心，党的机关和政府机关在工作活动中形成的档案有密不可分的联系，实行集中统一管理，便于收集和利用，同时也节省人力，符合精简原则。

2.维护档案的完整与安全

这是对档案工作的基本要求，是各级档案部门的首要任务，档案工作的方针、任务、规章制度以及各项具体工作，都必须体现这一要求。只有保证档案的完整和安全，才能给档案工作提供必要的物质基础。

维护档案的完整，有两方面的含义：一方面，从数量上要保证档案的齐全，使应该集中和实际保存的档案不能残缺不全；另一方面，从质量上要维护档案的有机联系和历史真迹，不能人为地割裂分散，零乱堆砌，更不能涂改勾画，使档案失真。这两方面是互相联系、相辅相成的。只有档案材料数量齐全，才能保证档案的系统完整性；只有维护档案的有机联系，才能使档案数量齐全有科学根据。

维护档案的安全,有两个方面的含义。一方面从物质上力求档案不遭受损害,尽量延长档案的寿命。随着时间的推移,档案一直受自然和人为因素的影响,处在不断地损坏和毁灭的渐进性过程中,档案永远不受损坏虽然是很难办到的,但使之"延年益寿"却是可能的。另一方面要保证档案的安全,要保证档案机密不被盗窃、不丢失、不泄密。

维护档案的完整与安全,是互相联系的统一要求。只有维护档案的完整,才能有效地保证档案的安全。档案的散乱、丢失,都会造成档案的损坏和不安全。只有维护档案的安全,才能确保档案的完整。维护档案的完整与安全,既关系到党和国家的利益,又关系到为子孙后代留存历史文化财富,这是档案工作者的责任和光荣的历史使命。

3. 便于社会各方面对档案的利用

这是档案工作的根本目的。社会主义国家的档案工作,最终是为了提供档案给社会主义事业各项工作利用。因此,便于社会各方面对档案的利用,是整个档案工作的基本出发点,贯穿档案工作的全部过程,也是档案工作的归宿。档案工作规章制度的建立,各个方面业务工作的开展,都是为了实现这一目的。整个档案工作的好坏,主要应从是否便于利用方面去检验和衡量。从这个意义上说,便于社会各方面对档案的利用,是档案工作原则的一个重要方面。

上述三个方面的内容是辩证统一的。档案工作实行统一领导、分级管理,维护档案的完整与安全,都是为了便于社会各方面工作利用档案。要做到便于利用,必须实行统一领导、分级管理和保证档案的安全。从这个意义上说,前二者是手段,后者是目的。没有统一领导、分级管理和档案的完整、安全,就没有便于利用的组织保证和物质基础;离开了便于社会各方面的利用,前二者就失去了意义和方向。所以,我们必须完整地理解档案工作的基本原则,在整个档案工作中切实贯彻该项基本原则。

三、档案管理机构与职能

（一）档案室

档案室是机关、团体、企业、事业单位中负责管理本单位档案的机构，国家档案事业系统的基层组织。它是一个单位档案信息存储、加工和传输的服务部门，与本单位的领导和各组织机构发生联系，为领导决策、处理工作、组织生产、进行科研等活动提供依据和参考材料。档案室是集中统一管理本单位档案的部门，是单位内部具有信息服务与咨询性质的机构，一般情况下不对外开放。目前，一般的大、中型单位内部都设有档案室；在那些规模小、人员少、内部机构少或无内部机构的单位，则可以指定专职或兼职的人员负责档案管理工作。

1.档案室的职能

根据国家档案局制定的《机关档案工作条例》和《机关档案工作业务建设规范》的规定，档案室人员的职能主要有以下几个方面。

（1）对本单位文书部门或业务部门文件材料的归档工作，并进行指导和监督。

（2）负责管理本单位的全部档案，积极提供利用，为单位各项工作服务。

（3）按规定向档案馆移交应进馆的档案。

（4）办理领导交办的其他有关的档案业务工作。

2.档案室的类型

单位的性质、职能不同，其形成的档案的门类也有一定的差异，由此，档案室有如下类型。

（1）文书档案室：也称机关档案室，主要负责保管本单位党、政、工、团等组织的档案；中型以上的单位均设有这类档案室。

（2）科技档案室：是负责保管科研、设计、生产过程中形成的科技文件材料的档案机构；一般设在科研院所、设计院所、工矿企业等单位。

（3）音像档案室：主要负责保管影片、照片、录音带和录像带等特殊载体和记录方式的档案；新闻、广播、电视、电影、摄影部门中设有这类档案室。

（4）人事档案室：是集中保管单位员工档案的机构；一些大型单位在人事部门中设有这类档案室。

（5）综合档案室：是集中统一保管本单位各门类档案的机构。近年来，各单位新型门类档案的数量不断增加，使档案室收藏的档案向多门类发展，许多保存单一档案门类的档案室逐渐发展成为综合档案室。

（6）联合档案室（档案管理中心）：是一些性质相同或相近、规模较小的单位共同设立的档案管理机构；其主要职责是集中统一保管各共建单位形成的档案。联合档案室是一种精简的、集约化的档案管理模式，比较适于规模较小的单位。

3.档案室的管理体制

（1）文书档案室、综合档案室通常设在单位办公厅（室）的下面，由办公厅（室）主任负责；联合档案室可以由共建单位协商，责成其中的某一个单位负责管理。

（2）科技档案室及其他专门档案室设在相关的业务部门下面，由业务负责人管理。例如，在一些公司，科技档案室设在技术部门下面，由总工程师负责，而人事档案室一般由人事部门的领导负责。

（二）档案馆

档案馆是党和国家设置的科学文化事业机构，是永久保管档案的基地和对外提供档案服务的单位，因此它成为社会各方面利用档案的中心。目前，我国各类档案馆的档案主要来自单位的档案室，这样，档案室和档案馆之间就构成了交接档案的业务关系。由此，单位档案管理的质量好坏将直接影响到档案馆的工作质量和效率。

1. 档案馆的职能

根据国家档案局制定的《档案馆工作通则》，档案馆的基本任务是：在维护党和国家历史真实面貌的前提下，集中统一地管理党和国家的档案及有关资料，维护档案的完整与安全，积极提供利用，为社会主义现代化建设服务。其具体职能如下。

（1）接收与征集档案。

（2）科学地管理档案。

（3）开展档案的利用工作。

（4）编辑出版档案史料。

（5）参与编修史、志的工作。

2. 档案馆的设置和类型

（1）综合性档案馆：是国家按照历史时期或行政区划设立的，保管多种门类档案的档案馆。综合性档案馆是对社会开放的档案文化设施，因此又称"公共档案馆"。我国的综合性档案馆分为中央级档案馆和地方级档案馆两种类型。中央级档案馆包括中央档案馆（设在北京）、中国第一历史档案馆（设在北京）、中国第二历史档案馆（设在南京），它们保管着具有全国意义的各个时期的历史档案和现行单位的档案。地方级档案馆分为省（自治区、直辖市）级档案馆、地区级档案馆和县级档案馆，它们负责保管具有本地区意义的历史档案和现行单位的档案。

（2）专门档案馆：是收集和管理某一专门领域或某种特殊载体形态档案的档案馆，亦分为中央级和地方级两个层次。例如，中国照片档案馆，大、中城市设置的城市建设档案馆等。

（3）部门档案馆：是中央和地方某些专业主管部门所属的，收集管理本部门档案的事业机构。例如，外交部档案馆、北京市科学技术委员会档案馆等。

（4）企事业单位档案馆：是一些大型企业集团或事业单位在内部设立的档案馆，主要负责集中保管集团或联合体所属各单位需要长远保存的档案。例如，北京的首都钢铁公司档案馆、南京的扬子石化公司档案馆、上海交通大学档案馆等。企事业单位档案馆都是综合性档案馆，既收藏文书档案，也收藏科技档案和专门档案等，其兼有对内服务和对社会开放的双重性质。

此外，随着我国经济和社会的发展，以及社会各界收藏、保管、利用档案需求的增加，近几年来，除了国家的档案馆，我国还产生了一些新型的档案机构，如"文件中心""档案寄存中心""档案事务所"等。其中，文件中心是为一个地区或系统中若干单位提供归档后档案保管服务的部门，它是介于文件形成部门和地方档案馆之间的过渡性的档案管理机构。档案寄存中心是由国家档案馆设立的，为各类单位及个人提供档案寄存有偿服务的机构。档案事务所是为单位或个人提供档案整理、管理咨询等服务的一种商业性机构。另外，据报道，在我国的辽宁省和广东省还分别出现了私人开设的档案馆，收藏和展出一些有关个人的日记、文章、著作，证件、证章，珍贵的历史文献和照片等。

（三）档案局（处、科）

档案局（处、科）的性质是国家指导和管理档案工作的行政机关，也称档案事业管理机关或档案行政管理机关。它的主要任务是：制定档案管理的规章、办法、业务标准和规范；制定档案工作的发展规划；对档案室和档案馆的工作进行业务指导、监督和检查；组织档案工作人员的业务培训和档案科学研究，以及对外宣传工作和国际交流活动等。

目前，我国的档案局是按照行政区划分级设置的，分为国家档案局和地方档案局。地方档案局又分省（自治区、直辖市）级档案局、地区级档案局和县级档案局，负责指导和管理本地区的档案事务。

　　档案处（科）是设置在专业主管机关中的档案行政管理部门，负责指导、监督和检查本专业系统内各单位的档案事务。例如，中国石油化工总公司档案处负责指导、监督和检查该系统下各单位的档案工作。应该说明的是：在专业主管机关中，档案处（科）通常与档案室合署办公，一方面对专业主管机关内部行使档案室的职能，另一方面对本系统其他单位的档案工作行使指导、监督和检查的职能。

第二节　现代档案管理的特点及发展趋势

一、现代档案的显著特点

（一）数量激增，种类多样

　　由于社会的发展和科学的进步，档案的数量与日俱增。尤其是在第二次世界大战结束以后，从20世纪40～50年代开始，以原子能、电子计算机和空间技术的广泛应用为主要标志的第三次科技革命浪潮的兴起，推动科学技术迅猛发展，社会职能不断增加，社会分工更加细化。在这样的社会技术背景下，科学技术档案和其他专门档案的数量急剧增加，逐渐从普通档案中分离出来，导致档案种类的多样化和档案管理范围的扩大。

（二）来源广泛，内容繁杂

　　现代社会职能活动范围越来越广泛，各单位之间的联系和交流也不断扩大，致使档案的来源十分广泛和分散，内容极其丰富。档案记录了从古至今社会经济、政治、法律、军事、外交、科学技术、文化教育等各方面的情况。科学发展的分化与综合以及相互渗透的特点，科学与社会、经济日益密切的关系等都反映在档案内容上，使档案的成分和内容更加纷繁复杂。

（三）载体形式多样化

现代社会，传统的纸质档案虽然仍占据统治地位，但特殊载体形式的档案，包括缩微档案、声像档案及电子档案等大量出现，尤其是电子档案的出现和普及，推动了整个档案管理工作的变革。档案载体形式的变化促使人们寻找档案长久保存、档案信息的传递和利用的新的手段及方法。

（四）社会对档案的需求增加

信息时代，社会对信息的需求量空前增加，各行各业都要求尽快获取充分而准确的信息。作为一种重要的信息源，档案越来越多地受到了人们的关注，社会对档案信息的存贮、传递、利用提出了更高的要求。

现代档案数量多、门类广、内容复杂、形式多样的特点以及社会对档案需求量的增长，对档案管理工作提出了新的要求，推动了档案管理工作的变革和发展。

二、现代档案管理工作的发展趋势

（一）文档管理的一体化和图书、情报、档案管理的一体化

1.文档管理的一体化

文档管理的一体化是指从文书和档案工作的全局出发，实现从文件的制发到归档管理的全过程管理，将文件管理和档案管理融为一体，即将现行文件的产生、归档及档案管理纳入一个管理系统，采取统一的工作制度、程序和方法，而不再将文件管理和档案管理视为两个相互独立、界限分明的管理系统，从而有效地减少重复劳动，提高文档管理工作的效率。

文档一体化具体应包括以下几个方面内容。

（1）文档实体生成一体化，即对公文、档案从生成、流转、归档形成档案直至被销毁为止的整个生命周期进行全面管理。

（2）文档管理一体化，从管理体制、组织机构、人员配备等方面保证一体化的实现。

（3）文档信息利用一体化，可直接通过文档检索系统查找用户所需要的文件或档案。

（4）文档规范一体化，文档一体化要求在公文办理和档案管理中实施统一协调的规范和要求。

文件生命周期理论是文档一体化的理论依据。文件生命周期理论认为，文件从其产生到最终销毁或进馆永久保存是一个完整的生命运动过程，档案与文件并没有本质的区别，实质上是同一事物，两者只不过处于不同的生命阶段而已。因此，将文件与档案纳入一个统一的管理系统，实行一体化的管理，遵循了文件生命运动的客观规律。

计算机技术的应用，办公自动化的普及以及档案管理网络化的发展，为文件和档案的一体化管理提供了技术环境。在办公自动化条件下，人们可以轻松地在计算机上起草文件并通过网络进行传输和办理，最后决定是否销毁或归档保存，文件与档案之间不再有明确的界线。利用文档一体化管理软件，人们可以随时将已经处理完毕的文件归档。在传统的管理模式中，文件管理和档案管理是两个相互独立的阶段，文件办理完毕以后归档整理的周期较长，文件转化为档案有一个明显的过程，在此过程中，不可避免会造成重复劳动，如文件的重复著录和标引等。

文档一体化系统是实现电子文件全过程管理和前端控制的重要平台。在文档一体化系统中，档案人员可以对电子文件的产生、运转、归档管理或销毁的全过程实施控制和管理。更为重要的是，档案人员可以从系统的设计之初就介入其中，使系统的设计和实施能够体现文件的档案化管理思想，这对保证电子文件的真实性和完整性极为重要。

2.图书、情报、档案的一体化管理

图书、情报、档案各有其特点，图书具有比较系统的知识体系，情报是用来消除不确定性的特定信息，档案是记录人们社会活动的原始信息，但三者在功能上可以互补。随着现代信息技术的发展，三者的一体化管理方案将日趋成熟。图书、情报、档案一体化的管理模式具有突出的优势，首先，可以提高信息的综合度，充分组织和开发利用各类信息资源，满足生产、生活、领导决策和文化传播综合、集成的信息需要。其次，可以优化单位的资源配置，实现资源共享。近年来，许多大型企业在以前图书室、资料室和档案室的基础上进行资源重组，建立了企业信息中心，对图书、情报和档案实施一体化管理，将它们纳入统一的信息管理系统，能够充分利用各类信息资源，实现资源共享。最后，图书、情报、档案的一体化管理适应了社会信息化和数字网络环境对各类信息综合集成的管理需要和利用需要。在信息网络环境下，图书、情报、档案等各类信息资源将不再是界限分明的"孤岛"，而是相互渗透、相互连接的信息集成。

当前，随着计算机技术、网络技术和现代通信技术的发展，两个"一体化"管理的发展趋势日趋明显，相应地，要求档案工作者改革思想观念，开阔视野，积极向纵向和横向延伸。所谓纵向，是指向前延伸至文件管理，档案工作者应熟悉文件管理的理论与方法。所谓横向，是指图书与情报管理。作为一种独特的信息资源，档案与图书、情报之间存在密切的联系，档案工作者应该了解图书、情报工作的原理和方法，进而为三者的一体化管理奠定基础。

（二）档案管理手段数字化和网络化

20世纪中后期以来发生的以计算机技术为代表的现代信息技术革命，使档案管理的方式由传统的手工管理方式向数字化和网络化方向发展。所谓档案管理的数字化，是指借助计算机技术等现代信息技术，直接生成数字档案信息，或通过数字化技术，将存贮在传统介质上的模拟档案信息转换成数字信息，便于档案信息的网络传输和共享。数字化档案的产生主要有两个渠道，一是在数字网络环境下（尤其是在办公自动化环境下）直接产生大量的电子文件，通过在线或离线方式归档以后转化成电子档案。二是通过馆藏数字化，将原来存贮在纸张、缩微胶片、唱片、录音带、录像带等载体上的档案信息通过数字化处理后转换成数字信息，形成电子档案。数字化档案是实施档案网络化的必要前提。随着互联网的普及，档案管理网络化已是大势所趋。所谓档案管理网络化，是指通过网络接收、传递、开发和利用档案信息。档案管理的数字化和网络化已经打破长期以来在纸质环境下形成的传统、封闭的档案管理模式，极大地提高了档案管理效率，进而为数字环境下档案信息的组织、开发和提供利用奠定基础。

（三）档案管理对象的变革

数千年来，档案管理的主要对象一直是纸质的，人们对纸质档案的特征了如指掌，总结出了主要是针对纸质档案的较为全面、成熟的档案整理、鉴定和保管方式，积累了许多管理经验，并将其提升为档案管理的基本理论。从20世纪中后期以来的现代信息技术革命打破了纸质档案一统天下的格局，以计算机技术等数字技术为依赖的电子文件不仅得以产生并大量增加，而且在互联网的普及过程中得到人们越来越广泛的认同，彻底的无纸化办公时代似乎为期不远了。那么，纸质档案是否会彻底消失，电子文件是否会完全取代纸张文件呢？答案是否定的。由于人们阅读和使用纸张的习惯，以及电子文件本身在长期保持信息的完整和真实方面的缺憾等多种原因，使得纸质档案和电子文件将长期并存。电子文件的出现对档案管理工作提出了挑战，需要档案人员在对电子文件的管理实践中努力探索与之相适应的理论和方法，并处理好纸质文件和电子文件在管理中的衔接问题。

（四）档案管理工作内容由档案实体管理向档案信息组织与管理发展

由于档案原件具有不可替代的凭证性，长期以来，人们对档案实体的收集、整理和保管工作倾注了大量心血，而对组织和管理档案信息资源有所忽略。随着信息社会的来临，人们信息使用意识的觉醒和加强，档案——这种承载原始信息的文献越来越多地受到了社会的关注，档案的信息资源属性作用日益彰显。组织、管理和开发档案信息资源，提供档案信息为社会各界服务是当前社会信息化发展的需要，也是档案管理工作为适应信息化环境而促使自身发展的需要。档案管理工作的内容在社会信息化进程中正逐步发生着一个明显的变化，即从对档案实体的管理深入到对档案信息的组织和管理。档案信息的组织和管理具体涉及档案检索、档案编研和开发利用工作。当前，这几项工作已经发展成为相对独立的档案管理工作。在实践中，我国采取了简化文件实体整理，深化检索的改革措施。我国自2000年以来实施了立卷改革，规定文书档案的整理改"卷"为"件"，旨在简化整理，减少档案人员在档案实体整理环节上付出的劳动和时间，为深化和突出后期的档案检索与开发利用工作提供更充裕的精力及时间。

（五）档案馆的公共性和社会化服务功能将越来越突出

在我国，作为法定的保管国家档案资源的管理机构，国家各级档案馆属于科学文化事业机关，它所应具备的社会化服务功能尚未得到很好的发挥，长期以来，更多地扮演了党和政府的机要部门的角色。在我国政府职能转型和电子政务建设的过程中，加强政府的公共管理职能被普遍关注，与此相应，拓展国家档案馆的社会服务功能，突出其公共性的呼声日益高涨，"公共档案馆"的名称和概念开始越来越多地被人们使用与认可。公共档案馆由国家设立，其宗旨是面向社会和所有公民提供全方位的服务，其馆藏主要是国家机构和相关组织在公务活动中形成的公共档案以及其他反映社会各阶层活动的档案材料，其服务对象是全体公民，并为利用者提供良好的阅档环境。长期以来，我国各级国家综合性档案馆在馆藏结构和服务对象等方面的定位是以党和政府的机关部门为主，馆藏档案以各级党和政府部门的文书档案居多，而科技档案以及记载当地社会团体和公民的档案较少，加上档案馆封闭的服务方式，使档案馆与社会公众之间有一定程度的距离。因此，只有在优化馆藏机构、丰富馆藏内容、加强档案馆社会化服务功能的基础上，才有可能使我国的各级国家综合性档案馆真正发挥公共档案馆的职能。

第三节 我国档案信息化发展

一、我国档案信息化发展的三个阶段

我国的档案信息化是随着国家信息化的发展而发展起来的，其过程大致分为萌芽起步、快速推进和系统发展三个阶段。

（一）萌芽起步阶段（20世纪70年代末——20世纪90年代初期）

档案信息化的起步以计算机技术的发展为基础。20世纪70年代末80年代初，随着计算机的引入，我国档案界开始尝试运用计算机管理档案。1979年起，国家档案局档案科学技术研究所，四川、辽宁、江西等省档案科学技术研究所，以及中央档案馆、中国人民解放军档案馆等个别大型档案馆陆续购置计算机设备，进行档案管理自动化课题的研究和实验，编制出一些简单的档案检索程序，初步积累了计算机辅助档案管理的一些经验，在此基础上培养了部分技术人员。

20世纪80年代初，绝大多数档案部门尚不具备配置计算机的条件。资料显示，截至1985年底，全国总共只有20多个档案馆配置了当时而言比较先进的计算机设备，但开发并成功运行计算机档案管理系统的仅限于中央档案馆、中国第一历史档案馆、中国第二历史档案馆、中国人民解放军档案馆、中国照片档案馆等少数实力雄厚的国家级档案馆。这些实验性应用系统尝试使用数据库管理档案目录，多数只是建立一个简单的目录数据库，自行开发应用软件，档案系统的功能局限于用计算机来辅助档案编目与检索。

为适应计算机辅助档案检索的需要，档案界自20世纪80年代中期开始着力于制定档案著录标因的国家标准，陆续出台了一系列档案编目和机读档案目录制作方面的规范，主要有：国家标准《档案著录规则》（1985年制定，1999年重新修订，DA/T18-1999）；《中国档案分类法》（国家档案局1987年编制）；《中国档案主题词表》（国家档案局1988年编制，1995年修订再版）等。这些规范、标准的制定，为建立全国统一的档案目录检索体系奠定了基础，推动了我国档案机读目录数据库建设的发展。

1985年召开的全国档案工作会议对省级以上档案馆有计划地实施计算机档案检索提出了"积极、稳妥、注重实效"的发展要求。此后，各地的档案目录数据库建设有了一定的起色，但受设备和人员不足的限制，数据量的积累速度较缓慢。每个单位每年的平均建库量不足5万条记录，只有少数单位达年平均10万条记录以上，数据库容量有限，录入数据以案卷级为主，查询不方便，多数档案管理应用系统处于数据量不足的状态。此后，随着机读档案目录数量的增加，一批实用效果较明显的应用系统问世，许多档案馆在档案目录数据库建设方面取得了不小的成绩，如"地质矿产部资料馆已开始运用微机进行地质资料目录存储、检索、统计分析等工作。中国电影资料馆已将4000部影片目录输入计算机，可按片名、影片种类、影片题材和内容、影片获奖情况等进行分类检索"。计算机档案管理应用效果的逐步体现，极大地鼓舞了档案工作者的热情，使档案界对计算机档案管理的认识产生了质的飞跃。

随着计算机软硬件环境的进一步发展和档案界对档案管理自动化研究的深入，计算机辅助档案管理的范围开始从检索、统计向各个环节扩展，计算机档案管理系统由实验性系统向实用化系统转变。

20世纪90年代初，我国档案管理现代化方面的标准进一步完善，1992至1995年间颁布的数据交换国家标准、行业标准多达11件。在标准化的基础上，个别专业软件公司开始介入档案管理软件的开发、推广，功能较全、通用性较强的商业性档案管理软件问世，计算机档案管理开始走向普及阶段。

（二）快速推进阶段（20世纪90年代中期——21世纪初）

20世纪90年代初，国家实施经济信息化战略，"三金"工程的启动加快了整个社会的信息化进程，计算机应用成为普遍的工作方式。随着办公自动化（OA）、计算机辅助设计（CAD）、计算机辅助制造（CAM）的应用发展，电子文件的类型和数量迅速增加，如何保证数字档案的原始性、真实性、完整性和可靠性，成为档案界面临的巨大挑战。

在此背景下，国家档案局于1996年成立电子归档研究领导小组，开展了对电子文件归档管理方法及标准的研究。1997年以国家科委为首的有关部门对CAD、CAM中形成的各种电子文件的归档及其归档后形成的电子档案的管理进行研究，并列入"九五"攻关项目。在一系列研究和实践的基础上，1999年国家档案局发布了行政规章《电子文件归档及电子档案管理方法》（国家标准报批稿），对公文类电子文件和电子档案的收集、整理、归档、保管、利用等做出了规定，同年发布了国家标准《CAD电子文件光盘存储归档与档案管理要求》（GB/T17678.1-1999），对CAD电子文件的光盘存储和保管进行规范。电子文件的大量问世，使电子文件的归档与管理成为档案信息化过程中关注的核心问题。

在计算机档案管理系统方面，随着技术支持的社会化，软件的通用性越来越强，档案管理软件品种不断丰富，档案管理软件系统一度多达千种。形形色色的档案管理软件质量参差不齐、规格功能不一，在提高计算机管理档案普及率的同时，也带来了数据交换和系统集成方面的困难。为此，国家档案局从1996年开始对国内计算机档案管理软件进行了测评和筛选，1997年公布了首批推荐软件，使通用档案管理软件的质量得到了保证，也为档案部门以较少的投入获得最佳应用效果提供了指导。技术的进步和市场竞争的作用，使档案管理软件系统不断升级，功能更加完善，从基于机读目录的编目、联机检索系统发展到基于外部存储的档案全文信息系统，从一般的档案管理到文档一体化管理，从封闭的单机系统到基于局域网的档案网络管理系统，档案管理软件的标准化和通用性程度不断提高。但总体上，这一阶段的管理档案系统仍以单机系统为主，档案数据库以目录管理为主。

为进一步提高档案管理软件的标准化程度，确保档案数据的安全和有效利用，国家档案局、中央档案馆于2001年6月发布了《档案管理软件功能要求暂行规定》，对档案管理软件的开发研制和安装使用进行了严格规范。江苏、福建、天津等省、市对文档一体化管理系统中文件目录结构和数据交换格式提出了更为具体的技术规范。这一阶段档案目录数据库发展迅速，数量达到了相当大的规模，省级以上档案馆的数据条目总量开始以百万条计，地、市综合档案馆的机读档案条目数量开始接近百万条，一些档案馆甚至完成了全部或大部分馆藏档案的案卷和文件级目录建库工作。2002年，青岛市档案馆档案目录数据库总量已达到550万条。随着新的《归档文件整理规则》的实行，机读案卷目录逐步淡出，机读文件目录和专题目录成为档案目录数据库的主要内容。

档案网站建设从无到有，快速发展是该阶段档案信息化建设的一个重要特征。资料显示，我国档案网站随着互联网的普及自20世纪90年代末逐步问世。1999年底，国内在互联网上可以查询到的档案网站仅12个，2001年7月发展至60多个，至2002年底则迅速增加到267个，这些网站分属不同省份，涉及国家、省、市和区，四个级别的综合档案馆、大学档案馆、专门档案馆和企业档案馆，内容主要是档案法规、局馆介绍、档案目录信息和档案工作信息。

这一阶段，在信息化整体战略的推动下，国家和地方政府对档案信息化建设的投入有较大程度的增加，档案部门配置的信息化设备越来越多，档案信息化建设的相关法规得到了进一步的完善。除上述关于电子文件归档管理的标准、规范，档案界还先后颁布了5部行业标准，同时档案从业人员的计算机应用能力迅速提高，档案信息化建设进入了快速发展时期。

（三）系统发展阶段（21世纪初至今）

进入21世纪后，信息网络技术的广泛应用，特别是电子政务的快速发展为档案信息化建设注入了新的活力，国家档案局开始正式部署并全力推进全国档案信息化工作。加强档案信息化建设成为"十五"期间档案事业的基本目标之一，在《全国档案事业发展"十五"计划》的九条工作任务中，第五条专门列举了档案信息化建设的五项内容：吸收、采纳、转化有关电子文件归档和电子档案管理的各类标准，并制定相应的办法与标准，实现电子文件即时归档；加强对电子文件积累、著录、归档工作的监督、指导，保证有保存价值的电子文件齐全、完整、有效；探索档案馆电子档案接收、保管、利用的方法；组织力量研究解决电子文件归档管理技术方法、电子档案科学保管技术方法、电子档案远程利用技术方法、电子档案原始凭证作用等课题；加快现有档案的数字化进程，建设完善一批内部局域网，实现馆藏开放档案目录的网上查询和浏览服务等。

2002年11月，国家档案局进一步发布了我国档案工作迄今为止唯一的一个专项规划《全国档案信息化建设实施纲要》（档发〔2002〕8号）（以下简称《纲要》）。《纲要》对"十五"期间档案信息化建设的指导思想、目标任务做了专门部署，具体明确了档案信息化建设的基本内容和建设要求，对全国档案信息化建设产生了积极、重大的影响，成为我国档案信息化过程中里程碑式的文件。

2005年6月，为提高档案信息资源开发利用工作水平，贯彻落实《关于加强信息资源开发利用工作的若干意见》的文件精神，国家档案局和国务院信息化工作办公室在上海联合举办了"中国档案信息化发展战略论坛"，邀请国内外专家就加强档案信息资源开发利用展开深入研讨，会议对档案信息化建设适应国家信息化发展战略的转型，进一步发挥档案信息资源的作用，建立档案信息化发展长效机制起到了积极的推动作用。

2005年12月，在北京召开的全国档案局馆长会议审议通过了《档案事业发展"十一五"规划》，"国家数字档案建设与服务工程"（简称"金档工程"）作为"十一五"重大建设项目正式启动，其总体目标是：以3127个国家综合档案馆为建设对象，以分布式档案数据库建设为核心，重点建设涵盖全部馆藏档案的全国性、超大型、分布式、规范化、可共享的档案目录数据库纸质档案全文数据库和多媒体档案数据库；建立适应国家经济建设和社会发展需要的档案信息资源共享体系；建立适应各级党委政府电子政务建设需要的电子文件归档管理和电子档案接收管理系统。"国家数字档案建设与服务工程"的实施为各级档案部门的信息化建设确立了目标，提供了政策和资源上的支持。

这一阶段档案信息化建设成就斐然，主要表现在以下五点。

第一，档案信息化纳入信息化建设的总体框架之中，与电子政务建设紧密结合，成为国家信息化战略的重要组成部分，北京、辽宁、上海等许多省市档案局被列为地方信息化领导小组成员单位。

第二，档案信息化建设由局部走向整体，在宏观框架下进行全面规划和组织实施。国家档案局成立全国档案信息化工作领导小组，出台《全国档案信息化建设实施纲要》，各地相继出台本地区档案信息化建设方面的规划和规章，全国大多数省、自治区、直辖市档案局成立由主要负责人任组长的档案信息化领导小组。

第三，一些重大档案信息化项目得到立项，如天津档案信息资源建设工程、上海市电子档案工程、浙江省数字档案馆建设工程、江苏省电子文件管理中心工程、安徽省档案信息化建设项目、福建省分布式档案基础数据库建设项目（一期、二期）。湖北省基于政务网的电子档案系统项目、四川省文件服务中心建设项目、青岛数字档案馆项目、大连数字档案馆项目、深圳数字档案馆项目、杭州市网上档案馆建设项目等，特别是"国家数字档案建设与服务工程"的立项实施，迅速扩大了档案信息化方面的投入规模，全面提升了档案信息化建设的水平。

第四，电子文件的归档管理得到更多的重视，一批有关电子文件管理的标准、规范相继出台。

第五，各级档案部门在档案机读目录数据库建设、馆藏档案数字化、档案网站建设、数字档案馆建设方面均取得了长足发展，档案网站总数逾千，档案信息化建设全面、有序、系统推进。

二、档案信息化建设的现状、问题及对策

我国档案信息化经过近三十年的探索发展，各个方面均取得了一定成绩。目前，信息基础设施发展迅速，档案网站数量猛增，数字档案资源日益丰富，档案服务功能不断提升，数字档案馆建设方兴未艾。

当然，我国档案信息化建设明显存在着资源配置不平衡、地区差距较大、规范标准滞后、人才缺口严重等问题。对此，国内许多学者都进行了探讨，发表了对策性的调研报告和论文，提出了各自的看法和建议，个别

地方还就档案信息化建设的现状、问题与对策设立研究课题，进行了专项研究。为了跟踪档案信息化发展的客观形势，深入了解信息化建设中存在的问题，笔者选择档案信息化建设较为先进的江苏省进行区域性的案例研究，在进行全面调研和系统数据分析的基础上，评估其发展现状与存在的问题，为全国档案信息化实践的发展提供参考。

（一）基础设施建设现状

1.信息处理设备配置情况

调研数据显示，苏南、苏中地区，市档案馆计算机配置率达到人手一台，专门负责信息化工作的部门（如信息技术科、计算机中心等）人均管理计算机在两台以上，其他信息化设备如服务器、打印机、扫描仪、数码相机等的配置也较为齐全，能够满足现代化办公和数字档案管理的需要。苏南个别地区档案馆还添置了磁带机、磁盘阵列、光盘库等大容量存储设备。苏北地区档案馆的基础设施现状明显不如苏南和苏中，仅配置了一些基本设备，只能满足一般办公需要，无力承受档案数字化工程等，且设备的更新换代速度较慢。以徐州市档案馆为例，该馆档案信息化水平在江苏省曾经名列前茅，2000年计算机数量虽达到"人均一台"的水平，但由于近几年信息化资金投入有限，设备淘汰后不能及时更新，计算机人均占有率从1降至0.77。

2.档案网络建设情况

在档案"三网"建设方面，馆内局域网建设的情况相对较好，江苏省的地级市档案馆绝大多数均已建立了局域网，形成了网络办公环境。在政务网建设方面，苏南地区档案馆积极参与到当地政务网建设之中，随着政务网的陆续开通，局域网顺利与之联结，并在政务网中发挥出档案馆参与电子文件管理的积极作用。例如，苏州张家港市档案馆的电子文件中心联结政务网后，可对政务网上流转的各机关单位电子公文进行实时发布与归档，实现了档案馆对电子政务信息资源的有效管理。在苏北地区，由于政务网建设的滞后，各地档案馆尚无法与之联结。连云港等市政务网建设采取了向入网单位集资的方式，档案馆由于无力交纳入网费而被排斥在一期联网单位之外。在外网建设方面，由于互联网的迅速发展和普及，加上中国电信的各项优惠政策的出台，人们均能在各地档案馆内通过各种方式上网。

（二）基础设施建设存在的问题

1.资金投入有限

信息处理设备和网络通信设施是档案信息化工作的物质基础，要想实现数字环境中的信息保管与共享，就必须配置高性能、高稳定性、大容量的服务器、计算机、扫描仪等设备，这些设备价格昂贵，投入巨大。作为文化事业单位的档案部门，财政预算是其主要经费来源，资金十分有限，经费不足成为制约基础设施建设的核心问题。

2.设备配置不合理

一方面，资金不足影响了信息基础设施建设，特别是一些必需设备的配置；另一方面，在设施建设时，过度配置了一些不符合实际需要的设备。调研显示，一些档案信息化建设的决策者片面追求设备和设施的技术先进程度，一味采用最尖端的技术设备，盲目强调技术装备的一步到位，而忽视了技术的成熟程度和设备寿命的有限性，忽视了硬件设备与软件系统、基础设施与利用能力之间的匹配平衡，由此将有限的建设经费集中投入到低性价比的硬件设施上，设备在有效生命周期内利用率低下，从而造成巨大的资源浪费。

3.设施的共享度低

对每个档案机构而言，档案信息化的基础设施既包括机构自行配置、建设的软硬件设施，也包括可供本机构使用的外部设施条件，如公益性的或商用化的公共网络平台和共享技术设施等。目前，各地档案信息化建设过程中，有限的投资通常集中在内部设施的构建和自有设备的购置上，忽略了对公共设施的充分利用和对硬件设施、设备的社会化共享。

（三）基础设施建设的若干建议

1.多途径扩大建设资金

鉴于档案工作的事业性，财政预算仍然是档案信息化建设经费的主要来源。因此，要增加建设资金投入，档案局、档案馆首先要力促政府增加档案事业一般经费的预算，力争将档案信息化建设项目列入地方政府或行业系统的专项建设经费，尤其是列入地方信息化或电子政务建设规划，以获得更多的资金支持。

购置信息化设备，必须有大量资金投入，政府财力终究有限。同时档案部门还必须开拓建设思路，转变投入机制，充分动员社会力量，利用一切可利用的资金，多元化地建设档案信息化工程。例如，档案部门可与基础电信部门合作，获得其网络资源方面的免费或优惠支持，与大型跨区域IT企业联合，利用其异地市场政策和形象开拓需要，获取其资金、技术和资源服务等。

2.设施建设要立足整体规划

档案部门在建设档案信息化的基础设施时，必须整体考虑、系统规划、详细论证。每一个设备的购置，每一项设施的建设都要立足档案信息化建设的总体规划。总体规划经过系统设计和科学论证，既体现着档案信息化建设的目标、原则和方向，也左右着信息化建设的投入规模。从整体规划出发，确立基础设施建设的内容、要求，制订设备购置的方案，让有限的资金得到最大限度的利用，避免重复投资或投资失误。

3.设备购置要着力于当前需要

档案部门在购置信息设备时，一定要从信息化建设的实际需要出发，分清轻重缓急，在财力允许的范围内配置必备设备，上马必需项目，着力解决现实需求。对非急需的设备、设施，可以滞后到必需时再购置或建设。这是因为技术总是不断发展的，信息设备的性价比以每年倍增的速度提高，那些并不急于配置的设备、设施，在日后可以以更低廉的代价、采用更先进的技术、以更简便的方式来实现。提前配置尚不急需的设备是一种巨大的资源浪费。

4.技术装备切忌盲目求新、求高

档案部必须根据财力状况配备适用的、高性价比的设施设备，而不要一味追求设备的先进、高档。表面上看，强调技术上的"高起点"虽可以延缓技术淘汰的时间，从而延长设施的效益周期，但最新技术的采用、高档设备的购置，意味着更多的投入。许多采用最新技术的装备价格是成熟产品价格的数倍，而其技术生命未必能延长多久。很多情况下，一些"前卫"的新技术却由于未经实践检验而"昙花一现"，能够成为未来主流技术的新技术终究是少数，多数由于不够成熟而过早"夭折"。因此，不惜代价地追求装备的技术先进和功能完备是档案信息化建设之大忌。当然，也不可贪图便宜购买低档次的或近乎淘汰的设备，这些设备极短的技术寿命所造成的浪费更大。

5.充分考虑信息设备的效益周期

随着信息技术的飞速发展，信息设备迭代更新的速度越来越快。目前，计算机、数字存储设备、信息网络设备的技术寿命已远远小于其物理寿命。采用这些设备及相关技术构建的档案信息管理系统，技术寿命越来越短。资料显示，目前信息设备的有效技术寿命只有3～5年，超过这一年限后，将被淘汰或需要更新改造。因此，在投资档案信息化设施时，必须考虑其效益期限。如果信息设备在其有效生命周期内不能获得充分的"效益"回报，则不应投入，否则效益周期过后将面临设备升级或淘汰更新所需的二次投入。

6.设施建设要以"软"定"硬"

有形的硬件设备因易于看到投资效果和展示建设成效而为人重视，尤其是受到热衷于形象工程者的青睐，"许多项目中高性能的信息技术设备占用了大部分资金"。事实上，硬件是为软件服务的，从技术上说，硬件环境只是软件运行的技术平台而已，软件才是系统的灵魂。信息系统设计的基本逻辑是：功能需求决定软件开发，软件体系决定硬件配置。先"硬"后"软"、以"硬"定"软"、重"硬"轻"软"违背了信息系统设计的基本规律，必然带来投资上的浪费，

7.充分利用共享设施和公共设备

档案信息化是国家信息化的有机组成部分，因此可充分利用国家信息基础设施和信息化建设政策。例如，档案局、档案馆可借助"政府上网工程"提供的便利条件和优惠政策来建设档案网站，可充分利用地方的公共网络平台来构建广域档案资源网络，而不必另起炉灶。自建网络，往往会造成重复投资。

8.要重视旧设备的改造利用

要提高旧设备的利用率，档案馆在更新办公电脑或机房计算机时，当淘汰的旧机器还能进行一些简单的操作时，如用于目录录入，则不要急于报废。通常，淘汰机器经适当维修、增配后可进一步发挥效用。对经费不足的单位而言，充分利用旧机器，将有限的资金优先用于购置其他更急需的信息设备上，不失为克服设备缺乏困难的有效办法。

（四）档案信息资源建设现状

1.档案目录数据库和目录中心建设状况

档案目录数据库建设是最早实施的档案信息化项目，一些档案馆自20世纪80年代就开始了该项工作。

在专题目录数据库建设方面各档案馆进程不一，多数根据地方特色及

档案利用率建立了不同的专题目录库。个别地区不是根据需要去设计、建立实用的专题目录库，而是采用从文件目录库中以关键字检索的方式来抽取"专题目录库"，这种"专题"小库没有实际价值。

2.电子文件归档管理状况

电子文件的归档管理是数字档案信息的重要来源。调研发现，苏南地区电子文件归档管理已进入试点阶段。

大部分城市将电子文件归档管理工作与当地的电子政务工程结合在了一起。例如，苏州宿迁等市的档案局（馆）积极参与当地政务网建设，在各单位OA系统的设计开发过程中提前将电子文件形成与管理方面的要求"植入"其中，在一定程度上实现了文档一体化管理，大大提高了工作效率。

3.档案数字化状况

档案数字化包括传统纸质档案的数字化、照片档案的数字化、声像档案数字化和缩微档案数字化。由于纸质档案数量庞大，各地档案馆一般按照"重要、珍贵、利用率高"的原则挑选拟数字化的档案。批量档案数字化工作需要配置高速扫描仪、数码相机、缩微影像数字化设备等，这些设备价格昂贵，故多数档案馆为节省资金，将数字化工作外包给数据公司或专门的数字化机构来做。

由于彩色照片保存期限较短，黑白照片利用率不高，各地档案馆目前主要选择较重要的彩色照片进行数字化。一些声像档案和缩微档案利用率较低。

4.全文、多媒体数据库建设状况

在档案目录数据库建设和档案全文数字化工作的基础上，个别档案馆建立了内容范围有限的全文数据库和多媒体数据库。

（五）档案信息资源建设存在的问题

1.存在一定的盲目性

档案信息资源建设耗时费力，总体投入很大。统计显示，每条档案机读目录的制作成本约0.2元，A4幅面纸质档案的扫描加工成本超过0.2元。然而，个别档案部门为了"装门面""树形象"，片面追求数字档案资源的数量，对拟数字化的档案不加选择，不做分析，结果不仅浪费宝贵的人力、物力，而且大量无价值或低价值的档案数据额外占用了宝贵的存储空间，加重了基础设施建设方面的负担。

2. 利用落后于建设

调查发现，档案信息资源建设存在"形式化""表层化"现象，许多人将档案信息资源建设的内容看成是目录录入、数字化扫描等由传统档案形态向数字档案形态的形式转变，而忽视了数字档案资源利用环境的构建。这种重"建"轻"用"或只"建"不"用"的做法，使数字化档案资源成为一道摆设，数字档案资源的利用率很低，档案信息资源建设的实际效果无法充分体现。

3. 存在信息"孤岛"现象

信息化初期，各地档案馆在进行档案信息资源开发时使用的档案管理软件及其数据库结构不尽相同，虽然2002年江苏省档案局发布了《文件级目录数据库结构与数据交换格式》标准，对档案部门使用的数据库结构进行了规范，但此前大部分档案馆已完成了相当部分的数字档案资源建设工作。造成了已数字化的纸质档案和数字音频、视频档案在文件格式和技术规范上的不统一。

这种"信息孤岛"现象不仅限制了大量已开发数字档案资源的共享范围，降低了档案资源利用的效率和质量，而且大大增加了档案信息资源建设和维护的成本。

4. 存在安全隐患

档案数字化要对档案原件进行扫描、录音或摄录，需要将原件拆卷、加工或进行其他必要的处理。由于档案较为珍贵，许多陈年档案载体比较脆弱，因而拆卷、加工，尤其是快速扫描会对档案原件造成很大的安全威胁。目前，档案部门的纸质档案数字化工作大部分委托外部信息公司来承担。然而，这些外部公司的安全意识相对薄弱，为提高加工速度而损伤了档案原件的事件屡见不鲜。

数字化是对档案信息存在形式的变换，这种变化犹如对档案原件进行"复制"一样，存在着数字化后档案信息失真的风险。在实际操作过程中，常由于主观上的疏忽而造成数字化档案内容的失真。此外，数字化过程的参与人员比较杂乱，由于管理制度不严而导致涉密档案内容被泄密的事件时有发生。

（六）档案信息资源建设的若干建议

1.以利用需求为导向

档案信息资源开发的最终目的是提供档案信息为社会服务。因此，资源建设必须立足社会需求。档案部门应对每个资源开发项目的现实意义、用户需求、使用模式、投入规模、建设周期、馆藏基础、开发环境、技术规范等进行深入调研。在此基础上，充分论证其必要性和可行性，制订出具体规划与质量要求。例如，档案文件目录数据库的功能是信息检索，作为导出馆藏档案信息的必要手段，其建设要求应当是"准确、全面和规范"；档案全文库的建立旨在充分利用网络环境来实现档案资源更大范围的共享和更高效率的利用。作为传统利用方式的辅助手段，其建设必须注重实效，从需求出发优选利用频率高、范围广、影响力大的档案进行数字化，以提高投资效益，避免不必要的浪费。

获取利用需求信息的方法有很多种，如通过发放档案利用需求调查表、网站在线调查等获得来馆查档或在线浏览用户的详细数据，综合分析这些调查指数后得出各类档案利用率排名表，据此为档案信息资源建设提供依据。

2.立足馆藏，注重特色

档案信息资源建设要立足馆藏优势，着力建立具有本馆特色的档案资源数据库，积极开展专题信息服务。重要特色档案代表档案馆的馆藏质量和工作成就，反映档案馆的馆藏宗旨和风格，对提高档案馆的声誉和地位具有重要意义。

数字档案资源的利用具有网络共享的特点，即网中任一节点提供的档案信息可以方便地为整个网络用户所共享。因此，各档案部门在建设档案资源时要走特色化道路，由此可以避免档案资源建设上的重复劳动，提高档案信息资源建设的效率。

3.以电子文件归档与管理为重点

档案信息资源开发的重心应从档案数字化转移到电子文件归档管理上。原因有如下几点：第一，目前，档案数字化的技术标准尚不完善，尤其是音频、视频档案的数字化，国家尚未出台任何规范，在此情况下全面铺展档案数字化工作，存在着文件格式和技术参数不规范的风险，有可能影响到今后数字档案资源的整合与共享，以前的目录数据库建设就曾走过这样的弯路。第二，档案数字化是非数字化档案向数字环境的迁移，解决的是"存量"问题，而电子文件的归档管理解决的是源源不断的"增量"问题。显然，"增量"问题处理不好，会使"存量"不断增加，历史包袱越背越重。反之，从源头着手，则能起到事半功倍的效果。第三，以电子文件归档管理为重点，尽早实现数字环境下文件档案的一体化，有助于档案管理与电子政务的融合，抓住电子政务大发展的契机，推进档案信息化进程。

因此，档案部门要加快制定、实施电子文件归档管理制度，建立相应的管理机制，做好电子文件归档管理的前期准备工作，尽快将电子文件归档管理的标准、要求嵌入到电子政务系统和各单位的OA系统中去，在开发建设数字档案管理系统时，充分考虑接收、存储海量电子文件的功能。

4.与电子政务信息资源合作共建

电子政务信息资源建设与档案信息资源建设在内容上的重合性（经过

鉴定具有保存价值的政务信息将会转化为档案信息）使两者合作共建成为可能。两者可在电子公文、政务文件数字化和资源数据库建设的标准、格式、内容等方面开展广泛的合作，以此来节约人力、财力和物力资源，避免重复建设。电子政务信息资源与档案信息资源合作共建的实质是"将政府的技术、资金优势与档案部门的信息整理、管理优势充分地结合起来，依托电子政务系统与数字档案馆，建立起一个综合性的信息资源联合开发管理体系，实施共同的信息资源开发与利用工作，从而有效地完成一系列的大型基础信息资源数据库建设"。电子政务信息资源与档案信息资源的合作开发，不仅有利于两类信息资源的整合和高效利用，而且有利于电子政务信息与档案信息之间的有序流动和转化，由此形成一个集成、高效的信息管理系统。

5.及时制定标准规范，有效整合档案信息资源

为改变档案部门在信息资源开发时各自为政缺乏沟通的局面，档案行政主管部门要加快档案信息资源建设相关标准、规范的出台，制定行业内与跨行业的信息资源标准体系，保障档案信息资源建设能在统一的标准规范之下进行，为资源共享奠定基础。同时要从档案信息化乃至国家信息化建设的全局出发，制订统一规划，加强业务指导，有计划、有重点地开展信息资源建设，打破条块分割，防止重复建设，并通过各种技术手段（如VPN虚拟网等）有序整合地域分布的档案信息资源，逐步扩大档案机读目录数据库和档案全文数据库的集成范围，充分发挥资源建设的整体优势与整合效益，实现资源的互联互通、信息共享。

6.加强权益意识和安全意识

在档案数字化和档案数据库汇编过程中，可能涉及著作权益问题，因此档案信息资源开发过程中要提高对著作权、公布权、发表权、网络传播权、公民隐私权等权利的维权意识，加强对著作权的保护，厘清数字化档案的著作权状态，合理有效地获得相关档案资源开发、利用的著作权益。

　　档案信息资源建设面临很大的安全风险，为此首先要重视档案内容、载体的安全，对重要历史档案和具有保密性的档案，在数字化处理时要严格控制操作人员的资格和操作权限，规范操作程序，记录操作过程；其次，要保障操作系统和数据库系统的安全，使用安全级别较高的操作系统，并对档案数据库进行定期备份或异地备份，维护数据库事务日志，实行严格的用户身份鉴别、访问控制等安全措施，避免由于系统故障或人为破坏而造成档案信息资源的丢失或失真；最后，要不断进行信息的保密、安全教育，制定切实可行的保密制度和管理制度，提高档案人员的档案保密意识与安全意识。

第二章

档案信息化的实施

第一节　档案信息化的实施原则与方法

　　档案信息化就是指档案部门运用现代信息技术，加强档案信息资源的收集、整理、开发和利用。其基本内涵包括档案信息利用的网络化、存储的数字化和档案信息管理的标准化。档案信息化建设就是建立档案的信息管理系统，积累、管理和利用数字档案的变革过程，是提升档案管理、流程重组水平的变新过程，是一个转变观念、创新思维、大胆变革的革新过程。其战略目标就是将科学的、系统的、先进的管理理念运用到档案管理的实践中去，以实现标准化收档、自动化归档、规范化管档、网络化用档，最终达到为社会、为公众提供专业化、个性化和深层次信息服务的目的。实施就是将档案信息化战略、档案信息化规划、档案管理信息系统落实到档案工作中去，用现代化的管理理念、方法和技术来管理档案信息资源，使档案工作者能够利用现代化的管理手段实现对档案的收集、管理和利用，并为社会和公众提供信息服务。应用就是在档案工作中建立和充分发挥档案管理信息系统与软硬件的支撑平台的作用，使现代信息技术真正服务于档案业务，使档案信息资源通过计算机、网络为社会所利用。

　　档案信息化是一个系统的工程，信息技术的应用和网络平台的搭建是手段，数字档案资源的积累和管理是核心，档案信息的开发和利用是目的。档案信息化建设的重要内容就是建立一个标准的、功能强大的、安全稳定的、可拓展的档案管理信息系统，在档案工作中广泛应用。实施与应用档案管理信息系统有三个要素：方法要科学、手段要先进、实施要得当。只有当领导和档案工作者都充分理解并认识到档案信息化与档案管理信息系统的必要性、重要性和有效性，且期待通过信息化来获得更大的效益时，档案管理信息系统的实施与应用才能实现。

一、实施的原则

　　在档案信息系统实施的过程中，应在遵循信息化建设总体原则的基础上，采取有效的技术性原则以推动系统实施的成功。下面介绍的几项原则都是非常有效的基本原则。

（一）务实导向，重视实效

　　系统的实施以安全、稳定、实用、方便、易操作为主要目标，过分追求大而全、先进的软件产品，是一种不务实的做法。这主要是由于需求不一样，行业有差别，同时信息技术、软件产品的更新换代非常快，市场上会不断有新产品出现。

（二）软硬件资源共同建设

　　系统的实施过程中不仅需要重视硬件平台的建设、设备的购买，更要注重在人力资源和软件系统方面的投资。IT人才、档案工作者是信息化建设的核心力量。软件系统的技术含量、现代化的管理理念更应该重视，只有硬件设施平台是无法开展信息化管理工作的，软件系统是硬件系统发挥作用的心脏，因此要十分重视软件系统的开发及其升级的投资。

（三）从实际出发，重视需求

信息系统的实施需要从当前的业务需要出发，提前做好需求分析，并在一定阶段的实施过程中，锁定相对需求来开展实施工作。边研发、边实施、边改变需求的做法只能得到事倍功半的效果。对变化较大、新增加的需求，需要放在下一阶段进行相应实施工作。

（四）重视维护，升级换代

随着信息系统的不断应用，档案管理信息系统也在迅速地发展，而其中的难度在逐渐增加，软件系统的安全、客户化定制等工作量比较大，也比较复杂，非专业人员很难做到专业维护。另外，随着应用的不断深入，这就需要加强软件系统的拓展。因此，在购买软件系统的同时，需要购买相应的实施、维护服务，以开展有效工作，支持系统拓展和业务的发展。

二、实施的方法

档案信息化系统建设有两种不同的策略和实施方法，即以组织战略为导向的战略推动类型和以实际业务需要为导向的需求驱动型。

（一）战略推动型

战略推动型的实施方法采取的是从整体到局部的实施路线，强调首先在观念、目标和方向的认识达成共识的基础上，逐步将工作分阶段实施，分阶段完成。采用战略驱动型的方法实施的前提是，整体的目标和规划不仅要从全局出发，而且需要符合档案管理机构的实际需求，既要注重发展的前瞻性，又要注重当前的实用性。一般来说，对实施战略管理的人员要求较高，既要有行业发展的规划能力，又要有信息化体系的架构能力，需要懂管理、懂业务、懂技术的专业档案管理的复合型人才。

（二）需要驱动型

需要驱动型采取的是从局部到整体的实施路线。这种实施方法强调以当前业务需求为主，首先在观念、目标、方向和认识等方面达成共识的基础上，逐步将工作分阶段实现，分步骤完成。采取战略驱动实施方法成功的前提是战略、规划的制订不仅要从全局的高度出发，而且需要符合档案管理过程的实际需要，既要有前瞻性、发展性，又要注重当前的使用向。要求制定战略的人员既要有行业发展的能力，又要有对信息化驾驭的能力。需要懂业务、懂管理、懂技术，在档案管理和信息化的建设中有丰富经验的复合型的人才。

真正意义上的"战略驱动"实施方法并不是不允许在实施过程中坚持"永恒不变"的策略，而是根据实际需要和业务变动的需求进行机制的调整和完善，因战略与规划一旦制定，落实的过程往往需要很长的时间，而信息技术在发展，档案业务也在改进，管理模式在变革。因此，实施的过程中必须根据需求的变化而有所变革。

目前，我国档案信息化建设正在走向标准化和规范化，"战略推动""需求驱动""总体规划""分步实施"成为主流实施策略。各档案管理机构应紧密结合全国档案信息化的发展战略，将档案信息化纳入本单位档案信息化的全局，制订适合本单位业务发展要求的信息化规划和信息系统的实施方案，并在实施和应用的过程中，将以"务实"为导向的自我调整的策略贯穿信息化建设的始终。

三、实施的策略

档案信息化建设的目的是档案信息的管理和利用。管理成功与否是信息化成功与否的关键，技术只是为推动现代管理的发展而存在。事实上，信息化源自现代管理的需求，因此信息化的效能来自信息技术与管理、与业务的有机融合和互动发展。所以，更新观念、与时俱进，从档案信息管理的角度应用信息技术是信息化建设的重要手段。

（一）提高认识、需求驱动策略

　　管理信息系统是实现现代档案管理的一个重要工具和手段，它能给档案管理工作带来多少效益。一方面，取决于所选择的管理信息系统是否适合本单位的实际情况并具有先进性；另一方面，取决于档案管理人员采取什么样的理念来应用它。更重要的是应充分认识到网络、计算机及档案管理信息系统本身并不是万能的，它需要人们在充分认识的基础上，按照需求驱动原则结合实际工作为它的功能进行准确定位，然后才能更正确地使用它，才能真正发挥计算机的先进作用。

（二）总体规划、分步实施的策略

　　档案管理信息系统是档案管理信息化的基础，它的应用与实施都必须围绕信息化建设的总体战略规划来进行，因此必须遵守整体规划、分步实施的原则。在实施的过程中，要有选择地挑选基础工作做得比较好的部门来进行重点建设，并将其成功的经验加以推广。

　　首先，必须强调分步实施一定要从总体规划出发。信息化规划的目的是为信息化实施提供指南，那么规划与实施之间应是规划先行，实施紧跟其后。在选用应用软件时，就应该从整体的需要出发，避免脱离目标而陷入实际的困境；其次，应该从业务变革出发而不是从技术变革出发，以有利于充分利用组织的现有资源来满足关键需求。不坚持这两项原则不仅很难实现信息资源的综合利用，也无法适应不断变化的社会需求。

　　另外，总体规划必须科学、务实，对分步实施才能有指导和依据作用。首先，信息化整体规划必须在设计上提供一个高度集成的、统一的、满足信息化管理整体需要的弹性应用框架，才能使分步实施有的放矢。其次，要讲究实施的策略。总体来说，长远规划、重点突破、快速推广是一种有效的策略。应该选择那些需求迫切、能较快实现业务流程整合和现阶段信息化应用较好的领域加以突破。在阶段实施的步骤上，由于数据库的建设是一项艰苦的长期工作，不能马上见效，所以可以先抓网站的形象建设，以引起领导重视，增加投入。最后，要注意分步实施的系统之间的衔接问题。时间上的分阶段实施要注意前后系统的衔接问题，空间上的分阶段实施则要注意不同单位和部门之间所开发系统的标准化问题。

（三）转变观念、与时俱进的策略

社会信息化建设的不断发展，使人们对信息化建设的认识也在不断地深入，人们只有转变陈旧的管理理念，不断地加强自身的综合素养才能跟上时代的发展步伐。这就要求档案管理部门的领导能正确认识到信息化建设的社会效益，同时多给档案管理人员提供学习机会，让更多的人认识到档案信息化的重要性，确保在实施和应用档案信息化系统时做到：领导对档案信息化建设和管理信息系统的应用有足够的理解与指导能力，业务部门的领导能够制定规划并组织实施，档案工作人员能够配合。

（四）抓住机遇、勇于探索的策略

档案信息化建设的顺利开展必须在基本条件具备的情况下才能进行，因此抓住合适的机会开展信息化建设和网络化应用是非常重要的。特别是对那些正处于采用什么样的方案、选择什么样的软件系统入门的初级用户就更加重要。网络化应用首先是需求驱动的，并且只有在档案业务管理比较规范、人员素质较高、业务流程清晰、标准规范严格、基础数据准备充分、网络及设备资源基本具备的情况下才能开展起来。因此，无论是正在开展信息化建设还是正准备开展信息化建设的档案部门，都应抓住时机积极开展，才能取得良好的效果。

看一个单位开展信息化建设的时机是否成熟，主要看它周围的环境因素是否成熟，即人、财、物等方面是否具备，而具体需要什么样的条件取决于系统实施的内容、范围、应用规模及当前业务的规范程度等。特别是建立网络化的信息系统，涉及的人员比较多，系统的功能相对比较复杂，不仅需要购买和配置数据库的服务器以及文件服务器等，实施的过程也比较复杂。这需要根据实际情况来确定资金、人员和设备、网络资源是否具备条件，同时还要考虑本单位当前业务需要和未来的发展需要，因此制订总体规划是十分必要的，这样可以确定近期和远期的发展目标、系统功能、工作计划、实施的范围、工作的内容、搭建软硬件的环境及管理人员的培训费用，通过进行风险分析来确定开展工作的策略和方法。

（五）实行安全的保障体系和专业化服务的策略

在社会信息化的今天，档案信息化建设势在必行，但采用什么样的措施才能保障档案信息在为社会提供服务的同时，保证信息的安全性呢？这里的安全性是指信息不被篡改、不流失。从讲"互联的程度"到与"互联网隔离"等信息安全策略应根据档案的密级、保管方式、加工处理及其存储方式等采取恰当的措施。一方面，为了保证安全采取"一刀切的孤岛式管理"的极端的、片面的安全管理策略是不可取的。特别是在数字化和网络化推广应用后，档案信息管理和维护工作量比较大，数字化加工的工作量更大。一些单位采取自己加工的方式，结果不仅耗费了大量的人力、物力和财力，而且工期拖得很长，最终是得不偿失的。另一方面，是系统的维护问题，包括网络、硬件、操作系统及应用系统都需要专业技术人员进行统一的管理和及时的维护才能保障资源的安全性。针对这种情况，市场上出现了专业的数字化加工、信息化应用服务的新技术公司，对一些有条件的、信息化工作量大的单位，在制定严密的安全措施和签订保密协议的基础上，委托第三方开展专业化技术服务是行之有效的办法。

（六）领导主抓的策略

档案信息化的实施与档案管理信息系统的应用几乎涉及本单位所有的工作人员，其中最难的是对人的协调，而信息技术部门与业务档案部门之间能够解决的是业务上的沟通、系统上的理解和业务上的操作等问题，但担任不同的职位、承担不同任务的人员从不同角度上对信息化的认识和系统应用是很难达到完全一致的。因此，工作上的不足、思想上的抵触、认识上的缺陷、观念上的差异等都将会造成工作无法进行下去，而这些问题特别是人、资金及重要资源等问题，只有拥有权力的"一把手"管理层，真正"融入"到档案信息化的建设过程中，才能有效地解决。许多成功的案例也证明了这一点，只有坚持"一把手"工程，坚持管理层的参与和控制，才能将人力资源落实到位，才能将协调的难度降低，将IT资源达到最佳配置，信息技术才能真正发挥作用，应用系统才能得到深层的应用和广泛的普及。

第二节　档案信息化策略的实施措施

一、需要型措施

档案信息化是社会信息化的重要组成部分，因此它与其他信息化的建设部门有许多相同的地方，为了在信息化的过程中少走弯路，减少失误，我们必须汲取成功者的经验和教训，对自己所选用的档案管理系统有比较深刻的认识，并对本单位的实际需要进行个性化的处理，这是一项行之有效的实施方法，但绝不是直接的照抄照搬。被选用的方案是在充分了解本单位情况的基础上，再借鉴其他成功单位成功与失败的经验及教训，选择适合自己的管理系统，来开展本单位的信息化建设，坚决反对照抄照搬的拿来主义，或者既过分强调自己的个性习惯又不符合标准，这两种做法都是脱离了实际需要的错误做法，都是不现实的、不可取的。

二、有效化的措施

在档案信息化的实施方法上，要结合本单位的实际情况，如人才队伍状况以及目前档案工作开展的实际情况，切不可随意倾向任何一种实施方法。在选择实施策略上应根据本单位的技术力量状况，如果本单位的技术力量比较薄弱，就选择现成的软件系统或者对外承包的实施办法，充分利用外在的专业化的资源，不仅能够在短时间内实现快速实施与应用，还可以降低实施的成本。如果本单位的技术力量较强，就建议采取自主与外包相结合的实施方法。对专业性强、功能复杂、开发周期长的系统，可以采取外包的形式，降低实施成本，提高实施效率，在开发的过程中本单位可以派人参与软件的开发和项目跟踪，了解设计的细节，为交付使用后系统的更新和维护打下良好的基础；对专业性不强，设计的流程较为简单，开发周期短的系统采取自主开发的方式，这样不仅可以节约购买软件的经费，而且可以在开发的同时培养自己的技术人才，加强了本单位的技术队伍力量，无形中也培养了本单位的业务骨干。

三、过程化措施

（一）加强宣传过程

以此使大家充分认识到信息化策略实施是国家信息化策略的重要组成部分，使他们充分认识信息化的目的和意义，认识到管理的规范化给社会带来的良好的经济效益，认识到落实信息化策略的实施工作不仅是当前形势发展的需要，同时也是档案信息化建设的需要。

（二）加强培训的过程

加强对工作人员的业务培训，如计算机技术的培训、档案管理软件的使用培训以及安全技术防范措施的培训。

（三）规划制订过程

根据业务需求进行咨询和总体规划，其中包括信息的安全、资源的需求、系统功能等，可以了解同行业的实施情况，或通过咨询公司的规划，然后再有针对性地开展工作。

（四）购买软件的过程

在充分调研的基础上，结合本单位的实际情况，选择那些售后服务信誉比较好的大公司以及比较有发展前途的、扩展性好的硬件和软件系统。

（五）选择示范，以点带面

根据工作的实际需要，选择那些比较重要的部门实施，先树立一个示范的典型，然后以点带面，全面突破。在成功示范应用的基础上，根据馆内业务的发展需要，逐步把信息化建设扩展到整个单位的每一个部门。

四、安全保障措施

档案信息化的基础是建立在网络软件和信息管理系统的基础上的，而这些也正是引发安全问题的隐患所在。造成黑客攻击、病毒蔓延、信息窃取的问题在于安全架构不科学、制度不健全、管理不规范、措施不到位，这当中既有客观的因素也有主观的因素，其中最主要的原因是信息化建设之初，安全意识薄弱，技术方案不成熟，系统的安全保护性能较差。要想在今后信息化的道路上走得更远，我们就必须提高安全防范意识，强调今后在实施信息化的过程中全面设计和考虑安全问题，在今后的管理过程中制订并落实安全方案，加强信息过程的安全管理，对一些机密的档案落实责任到人，并加强安全措施的技术监控，只有提高安全意识，加强安全管理的技术保障，才能最终保障计算机网络和信息系统的安全。

五、应用型措施

档案信息化建设的目的是更好地利用信息资源，在实行的过程中容易出现信息化的建设与档案业务的管理脱节的现象，把信息化与业务管理分割开来，这种现象的出现主要有两种情况，一种情况是信息化的宣传归宣传，业务部门根本没有执行，仍然按照原来的工作方法和思路开展工作，为了追求可以上网的虚名，只是把档案信息的目录录入系统，档案管理者根本不关心管理信息系统运行的情况，最多是利用查询模块查询一下档案信息；另外一种现象是对购买的信息软件只使用很少的一部分功能，比如基础信息和查询模块等，对于信息的整个流程化的管理过程不了解。另外，还有一些单位信息化的热情很高，舍得花钱购买贵重的应用软件，而实际应用的部分很少，在操作时仅限于目录数据的录入，并将此部分数据导入系统，以此来满足上级单位对数据上网数量检查的要求，而档案信息系统中大量的功能如流程化管理、全文管理和全文检索都没有使用，运行几年后还要面临系统的更新换代，由此造成了投资上的浪费和信息资源的严重流失。造成这种情况的原因是既没有从本质上真正理解信息化的含义，也没有将业务管理与信息系统真正地融会贯通，而是将其隔离开来甚至是对立起来，其结果造成人力物力的极大浪费，不但没有感受到信息化带来的方便快捷，反而把人变成档案的"奴隶"，无形中加重了管理人员的负担，在一定程度上挫伤了档案人员信息化建设的积极性，为信息化建设造成了负面的影响，因此如何应用好才是信息化建设的关键。

六、落实型策略

档案信息系统的实施与应用过程中，最易出现将信息化与业务管理分离开来，认为这是两件事情，由此会出现的一些极端现象。一种是业务部门照常按照原来的方式开展工作，雇佣临时人员来录入数据，档案管理者不关心管理信息系统运行的任何情况，顶多使用查询模块查一下档案的信息；另一种现象是，业务部门的工作人员仅仅使用很少的一部分功能，如基础信息的录入和查询模块，对管理信息系统中流程化的管理思想全然不理解。

七、兼顾型措施

科学技术的发展使人们越来越考虑人的因素，即"以人为本"的理念越来越受到开发商的重视。随着人们需求的多样化，一些个性化的产品、个性化的界面、个性化的业务流程和功能模块充斥整个市场，这就与档案信息化管理标准的规范化相矛盾。因此，如何认识和处理个性化和标准化之间的关系是档案管理信息系统实施过程中的一大难题。这个矛盾的解决，必须在实施的过程中找到一个既能满足个性化要求，又能满足档案管理规范化的平衡点，才能促进档案业务与信息技术的融会贯通。选择平衡点的前提是，档案部门应制定适应时代变化的标准和规范，档案工作者应严格遵守行业规范以开展业务管理工作，个性化则是在标准规范的基础上根据管理需要进行扩充，个人习惯如果与标准背离应彻底改变。因此，在信息化的过程中，要正确处理好标准化与规范化的关系、安全与应用之间的关系，当个性化与标准发生冲突时应首先考虑标准化的原则，即个性化适应总体化的原则，只有这样才能解决好个性化与标准化的关系，保证信息化建设的顺利进行。

第三节 档案信息化实施的途径与过程

一、档案信息化的实施途径

（一）整体引进模式

选择具有丰富经验、信誉度比较好的开发商，由其提供或统一购置档案管理商品化的软件及其软硬件设备，由专业化的实施队伍负责项目的完整实施。好的软件一般是具有丰富经验的管理专家和高级专业计算机技术人员共同开发的，软件本身蕴含了许多先进的管理思想和手段，针对档案室提供各种功能的模块，这些软件模块为档案流程的优化与重组提供了可借鉴的参考模型，不仅能够在较高的层次上提升档案管理的水平，而且软件已经拥有相当多的用户。经过实际的考验一般都比较成熟与稳定，质量有保证，售后的维护不仅有保证，又有利于档案信息系统的更新。商品软件追求通用化，其功能无论虽然在方位上或是在深度上可以使档案管理部门的需求得到部分满足，但系统的实用性不强，更难以形成特色。在具体的实施过程中，单纯依靠软件的提供商可能出现用户过分按照软件提供的立项模式行事，而忽视档案管理的具体实际，或软件提供商过分依从用户的所谓特色，造成软件的先进性、通用性消失。另外，这种模式由于没有源程序代码，给系统的后期维护和二次开发造成一定的困难。

（二）自主开发的模式

采取自主研发模式的单位一般是本单位的技术力量较强，具备较强的软件开发实力。这种研发的模式一般是单位自己根据档案业务管理的需求进行定制开发，并随着业务的不断开展，对系统不断进行完善和改进。此模式适合业务比较特殊和有特殊需要的档案部门。这种研发模式的优点是能够充分考虑本单位的业务工作需要，针对性强，系统实施相对比较容易，可以考虑到本单位使用细节问题，其风险较小，可以培养自己的研发队伍，对今后的系统维护和更新都能及时到位。缺点是由于大多数档案管理队伍的人员结构不合理，往往是业务人员多，技术人员少，尤其是高技术的系统开发人员更少，而技术人员不仅要开发系统，还要跟踪现代信息技术的发展，进行系统维护，考虑系统的安全备份等问题。同时自主研发的工作量较大，开发的周期较长，相对成本比较高，并且自主开发人员不是专门的研发公司人员。在系统的开发过程中，这种模式与社会上的先进软件相比具有一定的局限性。

（三）对外承包的开发模式

采取这种研发模式的单位一般是资金比较雄厚的单位。采取的方法是购买社会上开发好的现成软件，或者选择一家软件公司，按档案业务实际需求定制开发，也就是说把档案信息系统的开发工作对外承包出去。这种模式对档案部门的工作人员要求不高，在数据的备份和系统的维护方面主要是聘用专业的技术人员来做，或是委托给专业的公司。

这种方案适用于业务比较简单的档案馆（室），它的优点是充分利用了外部主页IT公司的力量，开发的时间较短，降低了开发的成本；缺点是不注重培养本单位的研发队伍，而研发单位的人员不熟悉档案业务，开发系统的实用性较差，而档案机构人员对信息技术的认识不充分，很难提出比较好的建议，难以对开发单位的需求和设计资料进行准确的评价，往往是到使用的过程中才有较为准确的需求，给实施完成后的正常的运行带来困难，同时也浪费了资金。为了解决好开发与使用之间的矛盾，档案部门在选择开发机构时应选择开展档案信息化解决方案的专业开发商，注重考察该公司的咨询和售后开发能力，要求他们不仅有咨询能力，还要有一定的培训能力。促进档案管理人员不仅要尽快理解和掌握系统的管理思想与应用模式，还需要提高长久的系统更新能力和良好的售后服务能力。

（四）外包与自主开发相结合的模式

这种模式也称混合型模式，即信息化的项目在档案机构立项，委托第三方公司在其商品化软件的基础上，针对本单位的档案业务现状和业务发展需要进行客户化的定制及开发。采用此类模式的档案部门一般来说是基础条件较好的，相对来说资金比较充足，这种模式也是目前档案管理采用较多的一种方式。这种模式的优势在于由开发商解决技术难点，对开发过程进行科学的安排和严格的控制，这样既解决了档案机构开发队伍经验少、技术力量薄弱的问题，又为档案部门培养了懂业务、懂技术、懂管理的复合型人才。同时，档案管理机构还可以拥有信息系统的知识产权，更重要的是软件的开发切合用户的实际要求，系统未来的运行和维护也有保障。目前规模较大的一些综合档案管理机构大多采用此种模式，使用的事实证明这种混合性的实施模式是目前比较理想的运行模式。

二、档案信息化实施的过程

实施过程是在国家信息化政策的总体规划下，按照信息化建设的整体要求，来确定档案信息化建设的战略目标、总体规划，在人员、技术、资金、环境等各类资源已经具备的情况下，来开展档案信息化建设与档案信息管理系统的应用。

（一）正确理解国家信息化战略与档案信息化之间的关系

要正确理解国家信息化战略与档案信息化建设的关系。国家档案信息化战略是档案信息化目标、远景以及职能的拓展、业务流程的转变的完整融合，它描述了档案信息化的目标与方向、信息体系结构、技术路线、操作方法、信息化过程的内部操作标准、软件系统的评估方法和考核的指标体系等众多"软性"的规划和策略。

要正确理解档案信息化规划与信息系统规划之间的关系。信息化工作实际上是信息化战略的执行过程，它所研究的内容与信息化的战略有非常大的相关性，在战略体系下的具体软硬件系统设计过程，是在信息化战略的指导下，分解总体目标，针对不同的业务内容、工作流程提出功能模式，做出系统建设的成本预算，制订系统的实施计划，确定系统的组织、管理、选型方案、评估标准和过程控制方法。

总之，系统实施是信息化建设的重要内容，是完成系统建设并投入使用的关键业务过程。其成功实施标志着信息化战略与规划决策的正确性，也标志着信息化进入实质性的运行阶段。

（二）从思想上充分认识档案信息化建设的艰巨性和复杂性

档案信息化建设是一项历时较长、涉及面广、内容复杂的系统工程，而档案管理信息系统的实施与应用，是以档案业务为核心，以计算机技术、网络技术、信息技术为手段，以现代管理为指导，以提高档案的利用率和利用价值为宗旨而开展的一项划时代的业务活动，其最终目的是提高档案的信息化管理水平，挖掘档案的社会价值，提高全民族的文化素养，推动社会进步，改变经济增长模式，适应信息社会发展的需要。档案信息化的实施与应用是涵盖计算机工程学、项目管理学、档案管理学、信息技术等多学科知识在内的系统化应用工程，在应用和实施的过程中严格遵循软件项目管理的先进理念，并将多学科知识融会贯通到档案管理信息系统实施与应用的每一个环节，这就要求参与档案管理的所有人员，特别是信息化项目的主要责任人必须从思想上认识到信息化建设的艰巨性和复杂性，在思想上、认识上和行动上做好迎接挑战的准备。

第一，要从思想上充分认识到信息化是一项具有划时代意义的新型工作，其最终的目的是提高档案的现代化管理水平，挖掘档案的价值，提高全民族的素养，推动社会进步和改变经济增长的模式，适应信息社会发展的需要。在充分认识到档案信息化带来巨大的社会效益和经济效益的同时，也给各级领导和基层的工作人员带来工作上的方便性和灵活性，使每个从事档案工作的人员都真正成为信息化的受益者，从而达到统一思想、统一认识的目的，确保档案信息化工作的顺利开展。

第二，加强档案管理业务的学习。信息系统的应用是实现档案信息化的基本手段，其一切活动的开展必须服从档案业务的全过程和未来信息发展的需要，信息系统的应用要求档案工作者必须是懂业务、懂技术的复合型的人才。如果说信息专业技术人员将软件系统设计完成后，仍然对档案业务及其知识一无所知，对档案管理流程含糊不清，那么他所设计的系统一定无法使用。因此，档案技术人员在开展信息系统的基础工作时，必须加强对档案管理业务的学习，在了解、熟悉、分析和发展档案业务和档案学基础知识的基础上，综合运用档案学、信息技术、计算机技术、网络技术等知识，加强对档案管理的理论、原则、策略、方法等内容的进一步探讨与研究。

第三，加强网络信息技术的培训。在信息化的今天，档案管理人员必须通过加强网络技术知识的学习，来提高自身的管理水平。档案信息化是一个复杂的系统工程，其过程包括可行性的论证、系统的规划、详细的设计、编码、实施、应用和持续性的维护等多个阶段，每个阶段都涉及多方面的技术知识的渗透、融合与综合利用。同时，整个信息化的建设过程也是一个不断完善和逐步发展的过程，所有参与人员无论是管理人员、操作人员、系统设计、系统开发和应用实施人员都必须了解并清楚各个环节的紧密关系与各个业务功能模块的来龙去脉，重点掌握自己业务范围内和所操作的系统功能模块的基础知识，才能使整个系统顺利运行并不断得到应用。

第四，加强档案信息资源的建设工作。档案信息化建设涉及的内容不仅非常广泛，而且这些内容会随着社会时代的不断进步发展而得到不断的丰富，档案信息化建设面临的任务很艰巨，困难也很多。因此我们要有重点地突破，把信息资源的建设当作核心工作来抓，实现以重点带面的良好局面。在信息已成为重要的社会资源的今天，作为一种原生信息，档案信息正发挥着越来越重要的作用，把国家的档案资源建设好是档案工作的中心任务。

这项工作主要包括三方面的内容：一是要加快现有档案馆藏文件级目录数据库和全文数据库的建设，以满足快速检索的需要。要加快现有档案目录的整理、著录和建库工作。二是有条件的档案部门，要积极推进那些重要的、容易受损的、利用频率高的档案数字化进程，加强重要档案的保护，提高档案的利用率。三是对新产生的电子文档，要采取科学的管理方法和利用现代技术手段，收集好、管理好。随着信息技术和电子政务的不断发展，电子文件将是未来数字档案信息新的主要来源。管理好、利用好电子文件将是档案工作在信息化时代的一项至关重要的任务和面临的重要课题。各级档案部门要积极介入本地区、本部门电子文件的产生过程，加强对电子文件的积累、鉴定、著录、归档等环节的监督、指导，保证归档电子文件的真实、完整、有效。

第五，不断地提高档案信息化的服务水平。档案管理工作是一项服务性的工作，它的根本任务是为国家建设和社会的发展提供可靠的信息服务，在信息资源共享成为社会发展趋势的背景下，档案信息资源因其独特的价值而日益受到社会的关注，档案信息资源的社会共享已成为国家档案事业适应社会信息化发展潮流所亟待研究的重大课题之一。随着社会经济的不断发展，社会信息意识不断增强，为信息资源的社会共享提供了良好的发展空间。新时期档案工作应做到：经济建设发展到哪里，档案工作就延伸到哪里；政治建设发展到什么阶段，档案工作就服务到什么阶段；文化建设发展到什么水平,档案工作就服务到什么水平;党的建设对档案工作提出什么要求,档案工作就提供什么服务。为了更好地实现档案信息化建设的目标,我们应根据社会信息化的客观趋势,在不断优化传统的档案服务方式的基础上,与时俱进地促进档案工作的创新。要实现档案服务方式的创新就必须更新服务理念,整合档案资源,兼顾需要与可能创新档案服务模式,实现档案服务工作质的飞跃,使档案信息资源的社会化共享逐渐由理想变为现实。

第六,安全保障体系的建设。作为人类历史的记忆和现实工作的支撑,档案信息的安全性至关重要。因此,在管理信息系统实施与应用的过程中,应保证档案信息不流失到非保管单位和个人,应确保档案信息安全并可读取,确保档案信息分权限管理和分权限查询、浏览及检索利用。这不仅需要对档案管理信息系统提出安全保障要求,更重要的是实施单位的安全管理措施和安全管理方法要得当。

安全保障体系的建设是档案信息化建设的重要内容之一,各级档案部门在开发利用档案信息资源和网络系统建设工作中,必须提高信息安全意识,防止失密、泄密以及档案丢失现象的发生。要保证信息的安全首先要加强安全保密技术的应用。依靠先进的技术手段,在档案网络技术建设中,必须充分应用信息安全保密技术,解决好档案信息传输与存储安全保密问题。其次,要建立完善的保密制度。各级档案部门在信息化建设的过程中必须制定针对性强、操作性好的信息安全保密规定,确保档案信息的安全。最后,要建立严格的管理制度。各级档案管理部门要加强档案著录标引、数字化转换、档案网络信息公布等过程中的安全管理,实行安全责任制。非公开的档案信息一律不准在网上提供,已公开的档案目录或全文查询服务,要认真采取安全防护措施,实行严格的授权管理体系,确保档案信息和系统的安全。

我们要把档案安全问题提到议事日程上来,任何时候都不能有丝毫懈息，越是在信息化程度日益提高的情况下，越要全面兼顾档案的实体安全和信息安全。要严格执行档案安全保管的责任制度，杜绝一切事故的隐患。严把档案利用审查关，不该提供的档案坚决不能提供；要严格执行："三网"隔离制度，采取可靠的防范技术和措施，确保档案部门的网络信息安全，对面向公众的网上信息进行严格的审查，确保上网信息的安全性。

（三）加强资源建设

1.人才资源建设

档案信息化管理系统改变了传统的手工操作方法，因此对档案管理人员的整体要求比传统管理要高，因为它的应用要涉及许多方面的知识，需要有变革的管理思路。这首先要求档案管理机构转变管理理念，档案管理信息系统本身就蕴含着现代管理思想，如归档流程的自动化、信息著录标准化以及信息著录的一致性、系统集成等现代管理理念。它的成功应用是在对其进行深刻理解的基础上才能见到的明显效果，这不仅要求决策者而且要求业务人员能够接受和理解。其次是在认识上的转变。档案管理者在充分认识到网络化应用带来方便的同时也带来一些新的问题，认识到应用档案管理信息系统是提高业务服务效率与质量的手段，认识到资源共享的重要性，认识到需要不断地学习新的知识，认识到有了档案管理系统做助手，档案业务人员才能将工作的重心转移到钻研业务、深层次管理开发利用上。总之要建立一支既熟悉档案业务又懂信息技术的人才队伍，不断提高档案部门的人员素质。一方面，应通过实施各种培训、提供各种学习条件使档案管理工作人员能够很快熟悉掌握信息技术的理念、方法和思路；另一方面，应大胆引进信息技术、网络技术等方面的人才，信息技术融入档案业务管理中，真正做到业务技术双精通，做到各尽其用。

2.信息资源建设

网络环境的核心资源是档案的数据和信息，它们是网络环境的基础资源，离开了这些基础资源，网络信息化就成为无源之水。在实际运行的过程中，不是所有的档案部门都能重视这些基本资源的建设。有一些单位在规划实施甚至已经购买了设备和软件后，还未将档案的目录进行整理，系统就被淘汰了，更不用说电子文件的管理了。因此，各单位在建设网络环境之前，必须将基础数据录入到档案专用服务器中，建立分类数据库，为以后应用网络管理系统打下良好的基础。在数据信息录入的过程中必须遵循标准化、规范化的原则，这也是国家对档案信息化建设的基本要求，并不是所有的信息化单位都能够做到。在一些使用单机版的单位，其档案数据在遵循标准和规范方面离国家规定的档案管理目标还有很大的差距。因此，在进行网络化管理信息系统时，必须提前做好录入数据的规范性工作。

数据的整合是网络化之前必须要做的工作之一。数据的整合就是按照标准、规范以及网络化资源共享的要求，将同类和相关数据进行整合，将数据字段整理出来，进行合理分类。也就是将原来一个个独立存在的数据进行分类整合，并抽取其中规范的数据字段以方便统计，这项工作也是档案信息资源建设的基础工作。

3.安全资源建设

一个安全、稳定、可靠的信息系统，是顺利开展工作的可靠保证。网络版的档案管理信息系统必定需要支持网络化应用的数据库管理系统。目前有的解决方案只将档案目录信息存储在关系性数据库中，而将电子文件全文存储在文件服务器中，这样又多了一层数据管理，这些数据一旦出问题，系统就会失去存在的意义。因此必须制定相应的档案管理信息系统的安全保障措施，才能保证档案信息的安全和信息系统的安全，才能保证信息化战略的顺利实施。

4.设备资源建设

网络是信息化的基础设施，拥有一套可靠、稳定、安全的网络设备是档案信息化的基本保证。由于使用单位的情况各不相同，因此在建立本单位的网络体系时应根据实际需求状况和本单位的发展需要，构建适合自己的网络运行环境，这样既能保证目前的正常使用，又能为将来的网络扩展创造条件。

一般来说，网络布线、端口设计、设备摆放等网络基础设施的建设，在设计建楼时已经考虑到并予以实施，在使用的过程中会随着需求的不断变化而逐步调整。对网络设备的购买，最主要是结合本单位的实际需要来购买，在购买的过程中一定要严把质量关，确保购买的设备是先进的、合格的产品，绝不能为了贪图便宜以次充好，结果造成工作过程中故障频出，那样就得不偿失了。最后是警钟长鸣的安全问题。一般来说，网关、防火墙、入侵检测等安全产品是网络安全保证的基本需要，如果将本单位的计算机接入互联网而没有采取任何的保障措施，那既是非常危险的，也是违背安全保证工作条例的做法。

第四节　档案信息化系统实施的步骤

一、与信息系统实施有关的基本要素

（一）项目组织

项目组织与团队建设是项目启动工作的重要内容，也是决定整个项目能否成功的关键因素，每一个项目的实施，都涉及多方面的组织或个人的参与。为了确保项目的进度，把好项目的质量关，控制项目的资金投入，监理方通常被聘请来全面监督项目的执行。因此项目的实施至少会涉及建设方、用户方和监理三方的利益。

1.建设方

承担信息系统建设的集成商或软件系统的开发商，其职责是提供商品化产品，为客户提供信息化解决方案，根据需要进行客户化定制、实施、操作等工作，以及实施软件系统并开展必要的咨询和培训等工作。

2.用户方

客户是项目承担的主要对象，是档案信息系统实施与使用的最终机构。其主要的职责是，根据自己的需要设立项目，并选择供应商、开发商及软硬件产品。客户是项目的出资方，也是项目成果的使用商，还是最终的项目受益者。

3.监理方

客户出资聘请的项目实施顾问和项目建设质量监督方对客户负责。其主要的职责是监督和控制整个系统的进度、成本、质量等风险的综合要素，维护用户的权益，降低系统建设的成本和风险，提高系统实施的成功率。

总之，项目的成功开发，需要协调这些利益相关者之间的关系，选择平衡点，最大限度地调动所有参与者的积极性，减少项目在实施过程中的阻力和影响。

（二）项目团队

项目的开发需要人才，这就需要建立一个强有力的工作团队，并有组织地展开建设。项目团队涉及的面很广，几乎包括所有的项目相关者，在项目实施的每个阶段将会组织相关的团体。在项目启动前成立项目委员会来分析项目的可行性，而在项目的执行过程中，项目经理就起着举足轻重的作用。

当前，在我国开展档案的信息化建设基本形成了两套体系：一套是开展信息化建设和运行维护的信息管理组织体系；另一套是当前已经存在的行政及业务管理组织体系。其主要原因是业务管理和信息化应用没有真正融为一体，在业务管理和信息化的应用上存在着观念和认识上的差异。立项的管理模式是将二者合二为一，这就要求档案管理的领导者是既懂档案业务又懂信息化业务的现代管理的复合型人才，要求信息化管理机构中的每一个员工都要把档案业务和信息化管理结合起来开展工作。

（三）项目资源

资源包括的内容很广，它包括自然资源、内部资源、外部资源、有形资源和无形资源。这里所强调的资源不仅包括支持项目开发的人力资源、资金资源、技术资源、环境资源，也包括档案信息化建设过程中将不断产生的IT资源，如网络、服务器等硬件设备，操作系统、应用系统等软件资源，同时还包括档案信息资源。因此，要求我们不但要管好、用好能看得见的设备资源，也要学会管好、用好软资源。项目开发的不同阶段，资源的需求在不断地变化，有些资源用完要及时追加，任何资源积压、滞留或短缺都会给项目带来损失，各类资源的合理、高效使用对项目管理尤为重要。

（四）项目的进展

项目的进展情况需要根据项目的目标要求来进行制定，然后才能具体落实和实施。这些计划的制订对供应商、开发商以及档案管理人员的工作进度都有明确的要求。事实上，在档案信息化建设的过程中，由于档案机构内部人员的不配合、工作繁忙、需求变化等影响项目进度的情况比较常见。因此，项目在实施的过程中，要求每一个参与此项工作的人员都要明确自己的职责、进度要求，只有这样才能保证项目的顺利进行。

（五）项目的质量

质量在信息系统的管理中起着举足轻重的作用，它的好坏直接关系着档案管理机构的根本利益，同时也影响着供应商和开发商的声誉，应该说参与项目的每一个成员都希望获得高质量的实施效果。在信息化的过程中。要想保证产品的质量，就必须严把质量关，严格过程的质量监控，落实阶段目标，只有保证了每个阶段的质量，才有可能保证最终的项目质量。另外，由于参与项目的多方机构和人员对信息化项目的认知程度很难达到完全统一，质量的标准也不完全一样，即使用户在当前满意，也可能在短时间内满意度就会改变。因此，加强开发商与用户的沟通、交流、达成共识仍然是保证项目质量的有效方法。

二、系统规划

系统规划是项目工作的前瞻性、全局性和关键性的第一步，档案信息化建设的高层行政管理人员和高层信息管理人员是系统规划的主要成员，其主要任务是确定系统实施的目标、系统的体系结构、系统实施方案和实施过程的资源计划。因此，参与系统规划的人员对档案业务、现代化管理和信息技术的掌握程度以及他们的创新精神和务实态度是有效开展系统规划的基础。

系统规划阶段所做的主要工作有：工作团队的组织、系统实施的进程计划、信息系统部署方案的确定以及资金的分配使用方案，还包括人力资源、行政管理、技术支持的协同以及对项目实施过程的风险评估。

三、系统的开发

系统开发是信息系统建设工作的核心，这一阶段的工作是由承担信息化建设的软件供应商来完成的，档案馆工作者的主要任务是提出目标阶段的需求，档案馆的技术支持人员则在业务工作者和开发人员之间起到沟通桥梁的作用，并解决系统开发过程中出现的问题。

分析市场的需要是项目开发的最终目的。因此，项目开发的基本任务是要了解市场需要什么样的软件系统；该软件系统具有什么样的功能，这些功能的优缺点是什么等。尽管项目在启动时已经确立了系统的目标，但这个目标相对来说是宏观的，具体一些细节的内容并不明确，因此明确需要将会对目标系统提出完整、准确、具体的要求。需要分析阶段主要涉及三类人员，即档案业务的管理人员、管理信息系统的研发人员、系统的实施人员，这一阶段的主要任务是加强沟通和交流。这一阶段对档案管理人员的要求是能够准确描述当前及未来业务的发展需要，系统分析并能够准确理解、认识业务的需求，必要时可以借助自身的工作经验对客户进行启发和诱导，让他们说出自身更深层次的业务需要，从而指导今后的开发工作。需求阶段的工作内容主要包括以下几个方面。

（一）组织结构的调研与分析

了解用户单位当前的机构设置与管理模式，充分分析其利用的合理性、完整性及运作的有效性，用以确定信息系统的体系结构，包括系统的运行结构、功能框架结构和系统的总体部署方案。

（二）对实际需要的调研分析

以用户的需要为出发点，充分考虑用户对软件的实际需要，编写可满足用户需求的规格说明书以及用户手册，表述对目标系统外部行为的完整描述，需求验证的标准，用户对系统的性能、质量、可维护性等方面的要求以及用户界面描述和目标系统的使用方法等。

（三）信息化现状的调研分析

在充分调研的基础上，了解归档单位与档案馆目前的硬件和软件运行环境、当前应用系统的使用情况、当前的数据格式和数据规范性、数据处理的方式等，分析需求开发的继承接口系统的内容和功能、数据迁移和数据导入导出的需求，确定进行二次开发或进行系统实施过程中的具体工作和任务以及软硬件系统的需求。

（四）对需求的检验过程系统分析

人员需要在档案管理人员和系统软件的实现人员的配合下对自己生成的需求进行检验，保证软件需求的全面性、准确性和可行性，获得档案管理人员的认同，并对需求规格和用户手册的理解达成共识，达成对目标系统理解的一致性。

档案需求信息的获取、需求的分析以及编写需求规格、需求说明等工作是相互渗透、增量并行和连续反复的，其工作的过程主要包括以下几个方面：首先是系统分析员和档案业务管理员开展的面对面的交流，记录用户提供的信息，即开展信息的获取活动。其次是系统分析人员对获得的信息进行分析归类，并对客户的需求同可能的软件需求相联系，也就是开展需求分析活动。再次是系统分析人员对档案业务需求信息进行结构化的分解，编写成文档和示意图，形成需求规格的说明书。最后是组织档案管理业务的代表评审文档并纠正其错误，完成需求的验证工作。以上这几个过程是由浅入深、循环往复并渗透到客户业务系统的各个环节，贯穿客户业务系统的各个环节，并贯穿需求分析的整个工作过程，直到双方对目标系统的功能、流程、接口、数据、操作等多方面达成共识后，需求分析阶段的任务就结束了。并不是说业务需求就不可再发生任何的变动，这只是需求的"相对锁定"。

四、系统的设计

系统的设计是基于对需求分析的工作成果，对系统做深层次的功能分析实现流程设计，分析总结出行之有效的系统实施方案，使整个项目在逻辑上和物理上得到良好的实现，从而实现对最终目标系统的准确架构。

（一）系统的设计

软件系统设计的首要任务是体系结构的设计，在此设计的基础上逐步完成详细的设计工作，将设计的风险降低到最低程度。虽然一个良好的软件结构不一定能产生令人满意的软件，但一个非常差的软件结构设计，一定会导致软件项目的失败。因此，我们应高度重视软件的设计工作。

（二）软件的编码

编码就是软件系统实例化的具体过程。在完成系统分析和设计工作之后主要任务就是信息系统运行结构、模块结构和数据组成已基本确定，下面的工作就是将系统设计的结果翻译成某种程序设计的语言编写的程序以及信息系统代码编写的具体工作。这一阶段的任务是将需求分析和系统设计的结果与内容转换为用户需要的实际应用过程。

（三）系统的自测

软件的测试是系统开发过程中非常重要的环节，是系统实施阶段的一项重要工作，开发人员进行系统自测试的目的是为了尽可能地发现和修改系统设计和系统编码中的错误，开发人员自测试阶段发现的问题越多，交付的目标系统的质量就越高，后期纠错型的维护工作就越少。在实施和应用档案管理信息系统时，软件开发的执行人因项目的开展方式不同而有所区别，如果是自主研发的，则是本单位内部技术人员在开展系统设计、软件的编码和测试工作；如果采用购买商品化的软件实施方案，则一般的供应商已经根据档案业务的共性和标准流程开发出管理信息系统的原型产品，本阶段的主要工作是用户在熟悉和使用商家产品，更多的是按照自己的需求对系统进行功能、性能等方面的测试，最终确定商家的产品是否满足目标系统的要求；如果采用自主开发和商品化应用相结合的方式，也同样执行以上三个环节的内容，并对商家提供的产品原型进行改造，来适应本单位业务管理的需要。

五、系统的实施

系统实施的主要任务就是软件系统的客户化定制过程，这一时期的主要任务是建立能满足需要的软件系统。其工作的内容主要包括客户化的定制、系统的测试、系统的试运行等内容，另外还包括数据的导入与客户的培训等工作。系统实施阶段主要包括以下三方面的任务。

（一）对软件系统的针对性定制

主要包括四项内容：一是框架定义，即根据用户的业务需求建立系统总体框架结构，如按照档案的门类进行系统分类，或者按照信息分类方式，或者按照用户自己的管理方式进行分类定制；二是数据库结构定义，即按照每一个档案门类确定逐字段的属性、操作方式等；三是业务流程的定义，即按照用户对档案业务流程定义系统的功能；四是用户模型定义，即按照实施单位用户操作系统的功能和数据权限建立用户模型并授予其操作权限。

（二）数据的整合

在系统的使用过程中，数据的迁移、载入等工作是需要软件的供应商来帮助完成的，而用户单位的主要工作是定制数据的管理规则，严把实施过程关，并建立严格的档案保密措施，保证档案信息的安全。这一内容是实施过程中工作量较大的部分，是最容易被忽略的部分，同时也是最容易出现问题的部分。档案管理部门应充分认识到这一点，并在实际工作中引起足够的重视。如果原有的数据不能安装到系统中，新系统的实施工作就等于失败了。

（三）系统的检测试用

当客户定制了新的软件系统，并把原有的数据迁移、装载完成后，一个新的应用系统就算建立起来了。在这一工作完成的过程中，首先由供应商或软件开发人员对系统的原形进行全面的测试，测试的过程中一定要按照软件的要求严格测试，由建立单位严格把关，并从专家的角度提出测试意见和改进意见，最后由用户单位的档案管理人员根据最初双方形成的分析报告中规定的系统功能进行测试，如果测试没有问题则进入试运行阶段。对用户来说，试用和测试新软件的过程非常重要，它不但是检验软件系统的过程，同时也是对一个系统的学习、理解和接受先进管理理念的过程，要求所有的用户积极地参与并提出合理的建议，以便软件开发商对软件中不合理的部分及时改进。通过不断地升级更新，试运行一段时间后确定一个用户系统运行的版本，达到最终满足用户需要的目的。

六、系统的应用和培训

（一）对管理人员的培训

根据档案管理系统对各类管理人员的要求，结合用户对计算机操作系统、网络知识、数据库知识的掌握程度，根据信息系统的管理人员的工作内容进行分期培训，以适应新系统对档案用户的要求。

（二）系统的操作培训

结合档案信息化的用户操作手册，对用户进行更具针对性的培训，确保每个用户都能够在自己的权限范围内完成正常的系统与业务操作。在对业务人员的培训完成后要进行上岗前的考试，其目的是督促其掌握培训内容。在系统各级操作人员对应掌握的内容都掌握后，用备份的数据库文件替换用户培训时使用的数据库文件，使系统投入运行。

（三）系统信息的归档

一是整理此次系统实施的架构模型，特别是基础数据表、工作流程，形成本单位独有的系统运行模式，并将本单位的数据库结构进行拷贝，进行归档，以备未来使用；二是建立客户信息档案，将其基本信息实施情况、使用系统版本情况等进行归档，同时将数据库结构一同刻录成光盘进行归档，为以后系统的升级维护奠定基础。

（四）系统的实施切换

当用户得到一个可以真正接受的系统后，就可以实施系统的正式切换，也就是说可以正式利用新系统开展工作，为了保证数据的准确性以及防止数据的流失，在应用新系统开始工作时不急于将原有的系统毁掉，应在使用新系统后继续保留一段时间，在确保没有丢失数据后再彻底停止对原有数据的使用。在系统切换的构成中，一定要将系统试运行阶段的部分数据及时装载到新系统中。

七、系统的检测和验收

档案信息系统项目的验收标志着该系统已经得到用户的认可，同时也标志着实施工作将要结束。在这一阶段项目实施单位的工作内容：在此项目实施的过程中一些特殊性的信息资料，如增加了新的档案类型的数据库模板、增加了新的功能模块等，要及时进行整理，以便归档。整理可以作为项目验收依据的相关资料，如使用说明书、变更登记、用户手册等。其中一项工作是编写项目验收的文档，结合项目合同和需求说明书的内容，整理出验收的内容以及目前的运行情况及验收的标准。这一阶段客户方的主要工作内容：成立项目机构，其主要职责是按照验收申请报告、项目的合同、系统试运行报告、需求说明书等材料，结合系统现场使用的情况和递交给用户的资料情况，检查实施工作是否达到了合同中规定的要求。另一项工作是进行项目的验收。由项目验收机构对系统实施的现场进行实地考察，检查各项实施工作。如果各项工作都已达到了合同中规定的要求，就可以验收通过；对不符合要求的项目要提出改进和完善的建议。

八、对实施系统的评价

档案信息系统投入使用并运行一段时间后，用户和开发商可根据双方的合作协议及共同认可的需求分析报告、系统设计方案及相关要求，对系统进行综合分析与评价。评价的内容主要从实用与适用的程度，分析较之以前手工管理方式效率是否有明显的改善，目前已解决了哪些问题，使用是否方便，是否达到了预期的效果。如果与最初设定的目标相差甚远，尽管满足了一些实用功能的要求，也不能算是有效地实施。

当然在最初设定阶段目标时，应该采取比较现实灵活的态度，采取由小及大的方法，不断扩大成果的应用范围。一般情况下，衡量管理信息系统是否成功主要有以下五种情况。

第一，档案信息系统实施完全成功，即指项目的各项指标都已经完全实现或超过了预期设定的目标。

第二，档案信息系统的实施是成功的，即项目的大部分目标已经实现，基本上达到预期的要求。

第三，档案信息系统的实施只有部分成功，即项目实施实现了原定的部分指标，没有达到预期的目的。

第四，档案信息系统的实施是不成功的，即项目实现的目标非常有限，根本没有达到预期的目标。

第五，档案信息系统的实施是失败的，即项目的目标没有实现，必须终止项目。总之，对档案信息系统的评价结论是档案工作者应该十分重视的工作之一，应当从评价信息中获得档案管理信息系统实施过程中的经验和教训，以提高今后系统建设的成功率，从而提升档案管理信息系统的时效性。

第三章

档案信息化管理与建设的内涵

第一节　档案信息化管理与建设的目标

　　档案信息化的管理与建设目标是根据国家对档案信息化建设的基本要求，在国家宏观政策指导下建立起来的，它主要包括以下几方面的内容：按照电子政务总体建设的要求，实施电子档案工程；依托局域网、公务网和互联网，推进档案数据库建设和办公自动化建设；推进档案事业持续、快速、健康的发展，力争使我国档案信息化建设总体水平接近先进国家的档案馆水平。

一、加强档案信息化建设的基础工作

　　国家对档案信息化建设的基础工作非常重视，2002年国务院领导在国家科教领导小组举办的科技知识讲座上指出："随着信息技术在世界范围内的健康发展，特别是互联网技术的普及和应用，电子政务的发展正成为现代信息化的最重要的领域之一。"国内外有关电子政务的提法很多，如电子政府、虚拟政府、数字政府、政务工作信息化等，其宗旨是指各级政府部门运用现代信息技术和网络技术进行办公，实现政府组织结构和工作

流程的重组优化，为社会公众和自身提供一体化的管理及服务。档案馆所收藏的档案信息历来以政府信息为主题，因此电子政务必然与档案信息化有密切的关系。从促进电子政务完善发展的角度考虑，档案信息化建设作为国家信息化建设的重要组成部分，它的目标、任务和原则应在国家信息化战略目标的要求下，结合档案部门的实际情况和工作需要来制定。

档案信息化建设的基础工作包含的内容很多，概括起来主要有以下几个方面：一是硬件基础设施建设。随着电子政务业务的普及和人们认识程度的不断深入，人们对电子政务建设的要求也越来越高，为了适应电子政务建设的需要，各级档案管理部门应加大力度提高计算机的普及率，加强对档案管理人员的技术培训，用现代的计算机管理代替传统的手工管理，添置各种必需的服务器和客户 PC 机。同时各级档案管理部门还应配置保证局域网、公务网和互联网安全运行的网络设备及存储设备，购买满足档案数字化需要的配套设备。二是加强数据库建设，随着电子政务的不断发展，各级档案管理部门必须根据电子政务建设的要求，建设访问用户的档案检索系统，而档案数据库是档案计算机检索系统的核心部分。各地档案管理部门应本着资源数据共享的原则，不断加强数据库建设，提供更高层次的数据库管理方式，以满足不同层次用户对信息数据的需求。三是加强网络环境建设。网络环境建设是档案信息化建设基础工作的重要内容，它包括局域网、公务网和互联网建设。要想在信息化的建设中实现"三网并进"的战略，就必须做到如下两个方面：首先依托局域网建设，带动档案管理各个环节的办公自动化，尤其是档案利用服务窗口建设，将档案管理的局域网应纳入本地区的局域网信息管理系统，与本地区的公务网、政务网、政府网站同步。各专业、部门、企事业档案馆的网络建设要纳入本系统、本单位办公自动化和业务管理系统。依托公务网、政务网的建设实现电子目录、电子文件数据的接收和传送；依托档案网站的建设，实现档案馆之间的互联互通，从而提高档案资源的利用效率，最大限度地实现档案资源的利用价值。

二、实现档案资源的整体规划和综合利用

档案管理部门应在"加强统筹规划，促进综合利用，避免盲目发展"的思想指导下，制定档案信息化的整体规划，最大限度地实现档案资源的综合利用。按照"统一、通用、科学、标准、共享"的原则要求，积极推进应用先进的计算机管理软件工作。按照国家电子政务的基本要求，加强档案计算机管理系统和办公自动化管理系统之间的衔接与融合，广泛应用文档一体化管理系统；进一步健全档案网站，不断丰富网站内容，有计划地开放数据库，提供网上查询和利用服务，并逐步增加交互式的网上办事功能。加快使用率高的专题数据库建设，不断增加档案信息资源的数量，加快查阅率相对较高的专题数据库建设，不断扩大数据来源和规模，最大限度实现档案资源的综合利用。

三、实现档案信息资源的社会共享

作为社会信息的基础资源，档案信息资源已经成为衡量档案馆综合实力的一个重要标志，也是档案馆融入社会，成为提供公共服务的"资本"。如果把档案网络环境比作道路交通设施，把档案馆计算机软硬件当作交通工具，档案信息资源就好比亟待流通的"货物"，因此档案资源建设是档案信息化建设的核心，它包括各种载体的档案资料，特别是电子档案的收集、档案馆馆藏资料的数字化和档案信息资源共享体系的建设。它主要包括以下三方面的内容。

（一）电子档案的归档

随着电子政务的不断发展，大量的电子档案和电子目录是今后档案信息的主要增长点，同时也是档案信息资源建设的源头之一。从档案信息化

建设的长远考虑，各级档案管理部门必须加强对电子档案的归档、保管、利用的技术手段的管理，制定电子档案的接收标准的管理制度。同时还可根据实际情况，实行纸质档案和电子档案"双轨制"的接收模式，并依托局域网构建电子档案的网上接收平台，开展电子档案目录和电子档案的全文接收，达到省时快捷的建档效果。电子档案目录的建立方便了档案的检索和查找，加速了档案的周转，提高了档案的利用率。

（二）电子档案的数字化管理

传统的档案管理体制下，档案多以纸制的为主，为了适应信息化建设的需要，实现档案信息资源的社会共享，就需要对纸质的档案进行数字化转换。档案信息的数字化包括两个方面的内容，即档案目录信息的数字化和档案全文信息的数字化。档案目录的数字化包括全宗级目录、案卷级目录和文件级目录。各级档案馆必须在加快档案著录速度、严格规范著录标引的前提下，建设覆盖馆藏档案的全宗级目录和案卷级目录数据库；一些重要的档案将逐步实现文件级目录的机检，有条件的档案馆可实现全部文件级目录机检。档案全文信息的数字化，应围绕利用需求，以建立高质量的数据库为目标，积极地加以推进。通常是一般的馆藏照片、音视频档案应全部数字化，一些重要的全宗档案、利用率高的馆藏资料和专题文件应逐步进行全文数字化；一些条件比较好的档案馆，可建立多媒体全文数据库，形成档案全文数据中心，这样不但可以方便对电子文档的检索，也可以满足电子文件实现社会共享的需要。

（三）电子档案共享平台的建设

网络环境下的档案信息资源建设，不仅包括自身馆藏的信息资源，还包括馆藏以外的档案信息资源。这种可供双向利用信息资源的实现模式就是建设档案目录中心。档案目录建设的实质是网络环境下各种档案信息资源的"虚拟整合",以实现更大范围内的资源共享。各级档案馆应有计划地建设本系统的档案目录中心和目录分数据库,并通过公务网与主数据库连接,整合各种利用率较高的专题档案目录,建立机读目录的逐年收集和送交机制。

四、加强电子档案的安全保障体系建设

随着档案信息化建设的不断发展,档案信息化的安全问题显得越来越重要。国家对信息化的安全问题极为重视,特别是党的十六届四中全会,把信息安全和政治安全、经济安全、文化安全放在同等重要的位置,这在我们党的历史上是前所未有的。档案信息的安全保障体系建设主要包括以下几个方面的内容。

首先,要建立科学的归档制度。归档时应对电子文件进行全面、认真地检查,在内容方面检查电子文件是否完整,真实可靠的相应的机读目录、应用软件以及其他相关的内容是否一同归档,归档的电子文件是否是最终的稿件,电子文件是否反映产品定型技术状态的版本或本阶段产品技术状态的最终版本,电子文件与其他纸质的文件的内容是否一致,软件产品的源程序与文本是否一致等。在技术方面,应严把质量关,严格检查电子文件是否有病毒存在,确保信息的准确性。

其次,要建立严格的保管制度。所有归档的电子文件都必须做保护处理,使之处于安全的状态中。在对电子文件进行处理或对电子文件实行格式转换时,要特别注意转换过程中的信息失真。另外,我们还必须对电子文件进行定期的有效性、安全性的检查,当发现信息或载体有损伤时,及时采取维护措施,进行修复或拷贝。

再次,建立电子文件管理的记录系统。电子文件形成后会因载体转换和格式转换而不断改变自身的存在形式,如果没有相关的信息可以证明文件的内容没有发生任何变化,人们是无法确认它的真实性的,因此应该为

每一份文件建立必要的记录，记载文件的管理内容情况，确保信息的准确可靠。

最后，要维护公共设施的安全。随着电子档案信息应用范围的不断扩大，数字档案信息的安全工作也日益重要。目前威胁数字档案信息物理安全的因素主要有：机房、办公室管理不严，人员随意出入，对电脑文件、数据、资料缺乏有序的保存管理，工作人员对技术防范手段、设备认识不足，缺乏了解，操作不当造成设备损坏，内部网、电脑办公网与互联网混用等。

第二节　档案信息化管理与建设的内容

档案信息化管理与建设是一项庞大的系统工程，它的最终目标是实现档案信息资源的共享。为了避免各地信息化建设各自为政，国家有必要制定与信息化建设配套的规划标准以及相应的法律法规来保证信息化建设的正常进行。

一、档案信息化的规范化建设

标准规范化是促进档案信息化建设的重要内容之一。在档案资源的收集过程中，资源的存在形式是多种多样的，社会对信息资源的需求形式也是多种多样并在不断发生变化的。因此没有标准化的规范体系，数字资源将很难保证其内容的长期保存、有效操作、数据交换、永久性保管，更难以实现信息资源的社会共享。

目前，我国档案信息化系统建设层次标准不一，各种标准的规范性、标准性、共享性较差，还不能完全适应档案信息化建设共享的社会需求。从信息化建设的科学性要求和解决目前信息化建设中存在的各自为政、相互封闭、重复建设的问题出发，我们在档案信息化建设中必须总体规划，制定统一的规范化标准，这是做好信息化建设的最基本的工作，也是必须做好的首要工作。

所谓标准，"是对重复性的事物和概念所做的统一规定。它以科学技术和实践经验的综合成果为基础，经有关方面协商，由主管机构批准，以特定形式发布，作为共同遵守的准则和依据"。

所谓标准化是指"在经济、技术、科学及管理等社会实践中，对重复性的事物和概念，通过制定、发布和实施标准，达到统一，已获得最佳之需和社会效益"。

档案信息化的最终目的是实现档案资源的社会共享。档案信息化体系建设是以档案信息资源库建设为核心，以信息技术的应用为手段，以网络建设为基础的系统工程。档案信息资源体系建设涉及各种数据、网络建设和应用体系开发等各方面，档案信息标准是档案信息资源共享体系建设的重要保障。

标准统一是实现网络信息互通、信息资源共享的前提条件。标准规范体系包括管理、业务、技术三个方面。管理性的标准规范包括计算机安全法规与标准，工作人员、用户及设备管理规范，利用管理规定对数字档案信息资源合法性的确认等。业务性标准规范包括术语标准以及相关电子文件和电子档案管理的标准、规范。技术性的标准规范可分为硬件、软件、数据标准等三个方面。硬件包括计算机、网络服务器、网络通信等电子设备，软件包括系统软件和应用软件数据，数据标准是确保档案的通用、共享与交换，确保在软硬件环境变化时档案数据的完整、安全与有效。

二、档案信息化基本设施的建设

一是软硬件的基础设施建设。网络的建设是以计算机为基础的。它是用基本设施和线路，将多个计算机连接起来，再用网络的信息软件进行信息的传递，实现资源的共享。网络的建设是以计算机为基础的。网络硬件的基础设施主要包括网络的布线、交换机、路由器、配线柜、电源等设备、终端计算机、输入输出和存储以及编辑等设备形成完善的网络系统。软件系统包括网络管理软件、服务器数据管理、互联网的节点控制等。

二是网络的数据库建设。用现代化的管理手段代替手工管理方式，对收集来的档案信息资源进行信息化的处理和存储。数据库是档案网络化建设的重要组成部分，是重要的网络资源，要加强网络化建设，就必须加强数据库档案资源的信息化建设。

三是数据库管理人员的培养。数据库管理队伍的建设是档案信息化建设的重要组成部分。当前档案管理的整体素质建设与信息化建设的总体要求还有较大的差距，因此档案信息化建设必须依靠加强人才队伍的建设来提升和改造传统的档案管理与利用方式。在档案信息化建设的过程中，整个人才队伍的建设包括：一是档案信息化建设的组织领导体系。负责档案信息化建设的决策、规划、推进、指挥，为档案信息化建设提供良好的工作环境。二是具有领导能力、富有组织领导责任的领导人。这些人具有信息化的意识和时代的紧迫感，能够在自己的领域内，大力推进档案信息化的进程。三是数据库管理人员。他们负责档案信息化建设具体内容的实施，他们是档案信息化建设的骨干力量，现有的大部分档案管理人员缺乏信息社会应有的整体素质，所以目前人才建设的重点是立足对现有人员综合素质的培养和提高，把数据库管理人员作为重点培养的对象。

三、档案信息资源的建设

档案信息资源的开发利用是信息化的核心工作，是信息化工作取得实效的关键。目前，我国信息资源在开发利用中还存在许多问题，如信息资源的开发力度不足，利用效率不高，基础设施和应用系统落后，政务信息公开速度不快，跨部门信息共享困难等，这些都严重制约了我国档案信息化建设的发展。档案的信息化建设要想在信息化的社会中求得生存和发展，就必须把档案管理融入信息化的网络环境中，才能提高档案的利用率，提升档案自身的利用价值。

档案信息资源包括的主要内容：一是接收的电子文件档案。对电子文件的接收和管理是档案信息资源建设的重要内容。二是馆藏档案。馆藏档案是目前最主要的信息资源来源，是目前档案信息化建设的重点工作。三是网络信息资源的获取。档案信息化建设是我国信息化建设的组成部分，所以它的发展不可能离开整个社会信息化的大环境，档案信息化建设要想不断得到发展，就必须扩展自己的工作思路和范围，这样才能给信息化建设以更大的发展空间。四是其他资源的获取。另外，档案信息资源还包括信息人员、信息技术、信息系统等。

档案信息资源建设的构成体系。一是数字化处理前的准备。档案信息从数字化处理角度可以分为符号信息、静态视频信息、动态视频信息和音频信息。每一种信息都有不同的处理方式，因此要对不同的信息制订不同的处理方案，最大限度地将档案实体上的信息保留下来。因此，档案信息数字化前的准备工作，对提升数字化档案信息的质量起着十分重要的作用。二是数字化处理子系统。这一部分是整个系统的核心部分，它利用各种设备系统对不同类型的档案信息分别进行处理，然后进入数据库，进行必要的组织和管理。该系统包括电子文件的处理系统、对电子文件的接收和实行统一规范的管理以及提供网上查询利用服务。三是数据存储子系统。系统可以按不同类型存储在各类数据库和文件系统中。四是档案馆藏数字化处理系统。它是对非数字化的档案采取不同的方法进行数字处理，成为统一的数字化档案信息。

四、档案信息资源数据库的建设

档案信息资源数据库是档案信息化建设的核心部分，档案信息的数字化、网络化工作都要围绕着数据库建设进行，其工作结果都要存储在数据库中，数据的质量对提升数据库的质量起着实质性的作用，其建设要以国际、国家标准为依据，为此必须做到数据的准确性，要保证存储的数据规范、准确。数据准确是对档案数据的最基本的要求，数据的规范要求档案数据库的数据著录项目符合规范要求，对目录数据库的建设要依照事先确定好的著录标准进行数据库建设。要想做到数据的有效性，就要采用通用的文件格式标准记录档案数据，特别是对一些图形、图像、声音等全文信息，要采用标准和通用格式进行记录，降低未来有可能进行的数据存储格式转换和数据迁移的成本，杜绝馆藏数据无法读出情况的发生。最后是数据的稳定性，在档案建设重要的数据库结构、数据著录标准确立后，不能轻易变更，以维护系统的稳定和数据规范的连续性。

第三节　档案信息化管理与建设的任务

一、档案信息化数据库建设

档案信息化建设的指导思想，是以档案信息资源建设为核心的，档案信息资源建设的最重要体现，便是档案信息数据库。它既集中了档案信息的精华，又是社会利用档案信息的最主要源泉，理应成为档案信息化建设中的主要任务。

（一）档案信息化数据库的性能指标

一是收录数据的准确性。数据库中收录的数据是否准确、可靠，关系到档案检索系统的检索效率。数据的任何差错，如字符的不一致、格式的不统一、拼写的错误等，都会对计算机检索产生影响，尤其在数据型数据库中，数据的不准确通常会造成严重的后果，可能降低信息系统在用户心中的可信度，会使用户对信息的准确性产生怀疑。数据记录的完整性是评价数据库质量的首要指标。数据库覆盖面的大小、收录数据的完备程度，关系到它是否能全面满足用户的检索需求，这是取信于用户的基本前提。

二是信息内容的丰富性。信息内容的丰富程度是揭示信息特征的重要指标，如对一份档案著录项目的翔实程度、有无摘要、外文、标引深度的大小。数据库的内容越充实就越有助于用户判断档案的价值及其切题程度，从而帮助用户准确、快速地找到其所需的信息。

三是数据库的及时性。数据库的及时性主要指一份档案从形成到其被纳入数据库之间的时差。如果用户先看到原始档案，然后再从数据库中检索到其所需的信息，就会认为数据库提供的数据不及时。数据库的及时性对要求现实效益较强的科技档案来说尤其重要，数据库的时差越短，其价值就越大。

四是数据库的成本效益。建立数据库需要花费大量的人力、物力，因此经济成本是衡量与选择数据库类型的重要指标，应尽可能用最低的成本获得最大的效益。计算数据库成本的指标包括每个字段、每条记录的平均费用以及每次检索记录的平均费用等。

（二）档案信息化数据库的组成和功能

数据库、数据库管理系统和数据库系统这几个概念通常混淆，其实它们是三个不同的概念。通常人们所说的数据库是指数据库系统。一个数据库系统是一个实际可行的，按照数据库方式存储、维护和向应用程序提供数据或信息支持的系统，它是存储介质、处理对象和管理系统的集合体，通常有数据库、硬件、数据库管理系统和数据库管理几个部分组成。对档案库来说，还应包括档案信息数据。

数据库就是存储信息的仓库。这些数据被存储到计算机中，使人们能快速方便地对数据库进行查询、修改，并按一定的格式输出，从而达到管理和使用这些数据库的目的。硬件机制存储数据库和运行数据库管理系统的硬件资源，包括物理存储数据库的系统和其他外部设备等。数据库管理系统是负责数据库的存取、维护和管理的软件系统。

数据库系统克服了以前数据管理方式的缺点，试图提供一种完美的更高层次的数据管理方式。它的指导思想是对所用的数据实行统一、集中、独立的管理，进而实现数据共享。数据库系统管理方式具有数据共享、数据结构化、数据独立性、统一数据控制功能等特点。

（三）档案信息化数据库的构成

档案信息数据库中的各类档案数据，不仅包含馆藏档案的各类信息，如纸质文献、照片和音频、视频资料，还包括政府的公开信息，从而使档案管理资源库通过计算机通信网络连接成为大规模的知识群库。离开了这些数字化信息的资源库，档案馆信息化建设就会成为无源之水，无本之木。档案数据库中存在的档案信息种类繁多，既有案卷级目录信息和文件级目录信息，又有全文信息数据，有专题目录数据和视频目录数据等。不同类型的档案数据库，通常和不同类型的应用软件相配套使用。目前，档案信息数据库的建设主要包括以下几个方面。

一是档案全文信息数据库建设。档案全文信息数据库是最实用也是最受社会不同层次利用者欢迎的数据，因为这些全文信息通过网络环境，有可能使各方面的利用者不受空间的限制，以便方便其得到利用。建立全文信息数据库关键是档案文献数字化前的处理工作。

二是档案文件级目录建设。档案文件级目录一般包括重要文件级目录和案卷文件级目录。档案文件级目录建设至少具有两项优点：一是有利于用户对有关档案文献做更深度地检索和查阅工作，使查找更具有专指性；二是有利于与档案全文信息数字化开展相匹配工作。由于文件级目录建设耗时、耗力，一般以馆藏重点全宗档案为对象。

三是档案案卷级目录建设。案卷级目录是档案资源建设最基础的数据。在档案信息化的建设中，档案案卷级目录应涵盖档案馆全部馆藏，必须达到馆藏要求，其内容包括馆藏各个时期和各种载体档案的目录。

四是照片档案目录建设。照片档案目录是最受重视的专题档案目录之一。它有以下三个特点：第一，著录项目多，与普通纸质文件相比，照片档案的著录项目更为齐全，因而其揭示的信息特征更多。第二，照片目录与数字化或图片文件数据相关联使用。照片档案目录建设的关键是每条目录数据著录项目的完备性。第三，分类标准独特，与普通纸质档案比，照片档案的分类更切合档案馆藏的实际，使用者更易接受。

五是专题档案目录建设。专题档案目录是目前最热门的电子档案检索工具之一，是以真正提供利用为目的、方便利用者的检索工具。专题档案目录中积聚了馆藏中有关档案专题的所有案卷级目录和文件级目录，这些目录包括全宗的目录集合体。专题的内涵包括档案内容、档案文本或档案载体等。专题档案目录建设的关键是对有关专题的选择和确定，需兼顾馆藏特色和社会利用需求。

二、数字档案的收集

数字档案馆主要收集各个立档单位的电子文件以及各立档单位经过数字化处理后的传统档案，是档案馆数字档案信息的重要来源。

一是电子文件的收集。电子文件和纸质文件的生成背景和发挥作用的不同，造成其收集方法和要求也不相同。例如，"无纸化"的电子文件，不仅要收集积累，更要有严格的安全措施，因此可制作成拷贝文件，以免电子文件系统发生意外使文件信息丢失；起辅助作用或正式作用的电子文件，应及时收集与整理，并与其相应的纸质文件之间建立标识关系；草稿文件一般不予保留，如果出于对所保留电子文件重要性的考虑，则应对其进行收集和积累。

在进行电子文件的收集时我们应具体问题具体分析，不能用同一种收集方式。因为不同信息的电子文件，由于其技术特性不同，存储载体和记录信息的标准、压缩算法也不同，所以应分别采取措施保证其"原始性、真实性、完整性"。另外，与纸质文件不同，电子文件的读取、还原，离不开其生成的软硬件环境和元数据等，所以电子文件的收集、积累还必须包括这些内容。

电子文件的类型多种多样。按形成电子文件的性质分，有文本文件、图形文件、图像文件等；按电子文件的功能分，有各种公文、文本文件、设计文件、研究试验文件等。对电子文件的收集、积累应包括归档范围内所用的电子文件，对未列入收集归档范围的电子文件，有的也要收集，因此尤其需要对一些项目做补充归档或扩大归档。因此，归档人员需要了解一些未列入接收电子文件的形成、承办情况，有的要及时主动收集。特别是对个人电子计算机产生的电子文件的收集工作，实践性很强，一旦错过时机，电子文件就有失散、损毁的可能。

电子文件归档的具体形式和要求。电子文件归档的形式概括起来主要有三种形式，即物理归档、文本转换归档和逻辑归档。物理归档是将带有规定标志的电子文件集中拷贝到耐久性能好的磁、光记录介质上，一式三套。一套封存保管，一套共查阅使用，一套异地保存。这种归档方式缓解了紧张的存储空间，并且延长了数字化电子文件的寿命。拷贝归档，通常采取压缩归档和备份系统归档手段。压缩归档即采取数据压缩工具，对电子计算机网络上应归档的文件，在经过一段时间积累后进行压缩操作，录入磁、光记录介质上，这种方法通常对将来的电子档案管理有利。备份系统归档，即在电子计算机网络环境下，将归档的电子文件在网上进行一次备份操作，就可将归档的电子文件记录在磁、光记录介质上。为保证电子文件的真实性，在归档电子文件时也可以将记录日志和数据库都备份到磁、光记录介质上。

文本转换归档是将电子文件转换成纸制文件归档，并使纸制管理系统与电子管理系统建立互联关系。这种归档方式是为了适应现有的科技水平，保证电子文件的原始性和凭证价值而采取的措施，有一定局限性。

逻辑归档是指电子文件的管理权从网络上转移到档案部门，在归档工作中，电子文件的存储格式和位置暂时保持不变。这种归档方式解决了许多机关"收集归档难"的问题，并使档案部门对其应予以接收的电子文件有了控制权。

目前，电子文件归档分三步。首先，由电子部门和文书处理部门合作，在电子文件的形成或收到的同时，对列入归档范围的文件进行逻辑归档；其次，在有逻辑归档标识的电子文件办理完毕后，有专人对电子文件进行真实性和完整性的检验，检验无误的纸质文件与该电子文件的物理载体建立互联并一同归档；最后，对有逻辑归档标识的电子文件定期进行物理归档。

加强电子文件归档管理的标准化建设，电子文件是电子政务和电子商务发展的必然产物，它必须有标准化、管理的现代化。因此，有必要对电子文件著录标准化、存储格式化和元数据标准化等电子文件标准化管理中的基本问题进行深入的研究，尽快使电子文件的管理全过程做到有章可循，保证电子文件从生成到归档管理上的连续性和规范性，为最终确定电子文件的法律效应创造必要的条件。

制定科学的电子文件归档标准是当前我国档案管理标准化工作的重点，也是加强电子文件管理的一项有力的措施和必要的途径。制定标准应充分重视以下几项任务：第一，明确当前急需攻关解决的标准问题，如电子文档的归档标准、电子文件著录格式标准、电子文件的储存格式标准等。第二，提倡使用统一的软件。通过统一的软件，使电子文件归档管理逐步纳入规范化的轨道上，由档案行政管理部门与专业软件公司共同技术攻关，合作开发通用软件，并逐步在各级档案部门中推广使用，将是一条切实可行的途径。第三，与计算机行业联手合作，区分档案部门内部制定的标准和档案部门与计算机行业联手制定的技术标准，尤其是后者要列入规划，最终构成完整的电子文件归档管理标准体系。

电子档案的接收和迁移。按档案存储法的有关规定，电子档案一旦到了一定的年限就应向综合档案馆移交，其中包括目录和全文信息。综合档案馆的收集一般采用介质接收和网络接收两种形式。介质接收即用存储体传递的电子文件，如磁盘、光盘，进行卸载式离线报盘接收，一般按规定进行登记、签署，对于更改处，要填写更改单，按更改审批手续进行，并存有备份件防止出现差错。网络接收即在电子计算机网络系统上进行在线接收，系统应设计自动记录功能，记载电子文件的产生、修改、删除、责任人以及记录数据库的时间等，并在进入数据库之前，对记有档案标识的内容进行鉴定、归档和接收入库。

在数字档案的接收过程中，我们从一个网络的数据库中，将数据导出到磁、光介质，再将这些介质接到另一个网络，将数据导入其数据库，从而完成从一种技术环境到另一种技术环境的转换，使数字信息发生了迁移。在数字信息迁移过程中，要注意三个问题：一是确保档案信息内容的真实和维护使用功能。对那些在不同操作系统之间迁移的数字信息而言，即使不可能保持原格式外观，也必须保证内容和使用功能的不变。二是降低迁移成本和风险。数字信息迁移需要考虑迁移成本和可能存在的风险，因此要考虑合适的迁移间隔时间。三是确保信息内容的原始性和完整性。

三、馆藏档案信息数字化

馆藏档案信息的数字化是档案信息建设的一个重要组成部分，其主要目的是利用计算机、扫描设备、图像处理技术等现代信息技术将传统的介质存储的各类档案，根据需要进行数字化处理，以积累数字档案资源。档案馆经过几十年的建设，不仅可以将各种档案信息组织化和有序化，而且形成了丰富而独特的档案文献信息资源。在档案馆收藏的大量经过整理、分类的档案文献资源，除极少数在其形成的过程中和前期运行阶段就采用了数字化记录形式以外，绝大部分是纸质档案。针对这一现状，现阶段和今后一段时间内，对纸质档案信息进行数字化转换，便成为档案馆藏数字化的中心任务。

（一）馆藏档案信息数字化的工作内容

馆藏档案信息数字化主要包括两项任务：一是将传统载体的档案目录进行数字化，二是将档案内容进行数字化。

档案目录数字化的主要工作是对载体档案进行编目，并将目录信息录入到计算机中，建立档案目录数据库，利用管理信息系统实现档案目录数据的计算机管理和目录信息的资源共享。

档案内容数字化的主要工作是馆藏的纸质、录音、录像、照片等档案，通过扫描、加工、处理转变为文本、图像、图形、流媒体等数字格式信息，存储在网络服务器中，利用计算机及信息系统提供查询、检索和浏览。

档案内容数字化工作包括数字化预加工和深加工两个步骤，数字化预加工能够将纸质档案、照片档案、微缩胶片等转变为电子图像文件，不能将纸质档案上的文字信息进行完全处理；数字化的深加工则是利用技术含量较高的语言识别处理技术获取载体档案中的文字信息，方便提供全文检索。

（二）馆藏档案信息数字化的业务流程

一是数字化的预处理。预处理是数字化加工的第一步，其主要的工作是将馆藏的实物档案，如纸质档案、录音、录像、照片、微缩胶片等按照数字化加工的轻重缓急原则进行筛选，然后再按照下一步数字化处理工作的具体要求做拆分、分类、整理、模数转换等处理工作。此环节中的安全风险主要来自公共环境等人为因素，主要安全任务是防火、防抢、防盗、防泄漏以及防止因错误操作而导致档案受损事故的发生。因此，该阶段采取的安全防范措施是：按照加工工序制定严格的安全管理制度，明确各项工作的岗位职责，并严格监督执行；启动档案馆的安全监控系统，实行实时监控，一旦出现问题就要立即采取措施。

二是数字化加工与转换。就是将传统的档案转换为数字形式标识的档案信息资源，其主要工作包括：纸质档案的扫描、录音、录像、数码拍照的数字化转换以及微缩胶片的数字化等。本阶段安全问题主要是加强对损坏程度比较严重的纸质又很薄、很难直接进行扫描或者无法采取扫描方式进行数字化的历史档案的处理。本阶段的安全重点是数字化过程中原件的保护，必须在大量实践经验的基础上，选择科学、合理的数字化加工与转换技术与指标开展工作。

三是信息的处理。信息处理的主要工作是将数字化后的图像文件、多媒体信息等与档案的著录信息进行关联的重要过程，也是整个数字化工作的重要内容。首先是档案资源的编目、标引等基础数据的录入和处理等工作，其次是将图像与多媒体文件对照原始档案而进行的核对、压缩等处理工作。无论是纸质档案还是录音、录像档案，通过模拟到数字化的转换后，都可能造成一定程度的数据丢失或信息失真。因此，本阶段的安全重点是保证档案数字化后能够被存储、保存和利用，并考虑如何将失真度降到最低的问题。

四是信息的存储。经过处理的数据需要存储到网络环境中并提供利用，而不仅是存储在光盘上保存在库房做档案备份。因此，应根据数字化的存储容量及网络化的利用要求，选择网络存储设备、考虑数据库与电子文件存储和被访问的方式，这一阶段安全的重点是考虑电子文件的存储和保管的安全模式，严格按照档案管理的标准开展规范化操作。

五是信息的利用。这一阶段将采用计算机应用软件系统，按照档案法及本单位的管理规范，将数字信息发布到网上，并提供不同网络范围内的不同数据内容的档案利用。本阶段安全防范的重点是：系统用户权限的严格管理、对访问系统中用户身份的严格认证，以及内网、外网计算机之间的访问、控制等安全问题。同时还要严格管理网络上各服务器、客户端等计算机系统，并防止应用程序受病毒的感染、网站受黑客的攻击等非安全因素的发生。

（三）馆藏档案信息数字化方案的确定

选择什么样的方式是进行馆藏信息数字化的关键。由于档案馆保存的档案数量众多，不同档案的价值信息和开放利用的时间不相同，对不同档案的保密程度也各不相同，因此在档案信息化之前，档案馆必须确定哪种信息可以数字化，哪种档案信息资源目前不需要或者暂缓数字化，哪些资源应优先数字化。最后选择何种方案，应当紧密结合馆藏的具体情况和社会利用发展趋势做出判断。目前主要有以下几种形式。

一是全部馆藏数字化，采用此方式是将传统的档案馆全部馆藏信息数字化，建立数字档案馆，完全继承传统档案馆的全部信息资源。这是理论上最彻底的数字化方案，对利用者来说是最理想的。这种方案比较适应那些馆藏档案数量较少，开放档案占据馆藏档案绝大多数的档案馆。对那些馆藏数量众多，利用率较低，且档案数量大、需要控制利用档案数量较多的档案馆，从降低成本和效益的角度来考虑，这个方案不一定是最佳策略。

二是高利用率馆藏数字化。这种方案在一定程度上可以起到降低成本、提高效益的作用，但具体实施有一定的困难。一般来说，不同用户所需要的档案信息，在范围和重点方面有不同的特点，且对不同类型的档案信息的使用频率也不同。另外，一部分高利用率的档案具有时效性，因此档案馆通过向利用部门提供一份较长时间的利用反馈报告，可能是对馆藏高利用率档案的合理选择。

三是珍贵馆藏数字化，从理论上说这是最合适的方案，其难点是对"珍贵档案"必须具有可操作性的诠释，这种可操作性应是建立在对馆藏档案资源熟悉和价值判断的基础上。一般来说，那些"高龄"档案，涉及某一地区重要机构、重大事件和重要任务的档案，在同类档案文献中较为稀少的档案等，都可以被列入珍贵馆藏之列，一般来说，这部分档案的利用率是很高的。

四是即时利用数字化，即对部分档案并不数字化，只有在利用时才进行数字化。这是最具功利色彩的"用户至上"方案。所有用户不需要的馆藏均被排除在外，这是该方案最突出的优点，同时也是最致命的弱点所在。用户的即时需求有很大的偶然性，过分考虑这一需求，无疑会增加档案馆数字化的经济成本。

总之，选择什么样的信息化策略应根据实际需要来定，不考虑实际需要单纯地选择某一种方案都会导致片面，如何兼顾馆藏具有永久价值的档案和用户当前的信息需求，将上述几种数字化方案有机地结合起来，才是馆藏档案数字化的最佳方案。

四、数字档案馆信息化建设

广义的数字档案馆是指存储、利用档案信息资源的信息空间，是一个由众多档案资源库存、档案信息资源处理中心、档案用户群构成的数字档案馆群体。这个数字档案馆群体是建立在现代信息技术普遍应用的基础上，利用数字化手段，以综合档案信息资源为处理核心，对数字档案信息资源进行收集、管理，通过高速宽带通信网络设施相连接和提供利用，实现在线资源共享的超大规模、分布式数字信息系统。简单说，就是利用电子网络远程获取档案信息的一种方式。因此，广义的数字档案馆不是一种物理存在，而是一种虚拟的信息组织与利用环境。

狭义的数字档案馆是指某个具体的个体档案馆，除了馆藏档案数字化，还涉及档案信息的采集、整理、存储、检索、传递、保管、保护、利用、鉴定、统计等过程，代表的是一种信息环境和基础设施的构建，包括软硬件系统的设计和组织实体的建立，具体内容有：对应归档的电子文件及其元数据，开展馆藏档案的数字化，实现馆藏各种档案实体的自动化管理，以网络连接并提供各类档案信息资源，组织对数据的有效访问。

数字档案馆信息化的特点：第一，接收档案的数字化程度高，即档案馆可以及时对电子政府和立档单位的电子档案、电子文件实行卸载报盘接收，或网络在线接收。第二，档案信息在线共享程度高，即不仅可以接收在线的网上信息，而且可以与众多的档案信息资源库相连接，或借助档案目录中心的构建形式，实现广泛的信息资源共享。第三，对不同信息技术的容纳程度高。数字档案馆以信息技术为基础，充分利用多媒体信息处理技术、数据库技术和内容的检索技术等。第四，实体档案的数字化程度高，即利用者借助计算机检索系统，可以实地或在线查阅到丰富的档案目录信息和档案全文信息。

数字档案馆建设的内容十分广泛，其主要的建设内容主要有：基础设施建设、应用系统建设、信息资源建设、政府公开信息和标准规范建设。

一是基础设施的建设。与一般的档案馆相比，数字档案馆具有海量存储、用户多和长期接收服务请求等特点，需要稳定可靠、可扩展的运行系统做保障。基础设施建设包括网络更新建设、硬件更新建设和系统软件建设等。数字档案馆网络工程的建设根据服务对象的不同可分为三个层面，即档案馆内部网、与政府各职能部门相连接的政务网和与互联网连接的外部网，这三网之间适应物理隔离，并各司其职。硬件设施主要包括数字化加工设备、网络设备、服务器、存储设备和输出设备。系统软件包括计算机的监控管理程序、调试程序、语言翻译程序、数据库管理程序、数据通信程序及操作系统，其中计算机操作系统是系统软件的核心，它独立于计算机，是控制和组织计算机活动的一组程序，是用户和管理的接口，是整个系统运行的基础。

二是应用系统建设。数字档案馆的应用系统是一个可根据需求进行扩展的网络应用系统，其功能通常包括档案的数字化加工，档案信息的收集、录入、检索、利用、编研，具有可扩展和使用特性。应用系统的开发必须具备开放性和扩展性、易用性和易管理性、稳定性、安全性等。

三是信息资源建设。信息资源是数字档案馆的核心资源，因此信息资源的建设是数字档案馆建设内容的核心。信息资源主要来自传统档案馆馆藏、各立档单位的材料、专题信息数据和政府公开信息等。传统档案馆收藏的大量纸质、声像、微缩等传统介质的档案资源是数字档案馆重要的信息资源。通过多媒体技术和数据压缩技术等手段，将可以公开的馆藏载体的各种文献数字化，能充分发挥档案馆的资源优势，加强熟悉档案馆的资源建设工作。除传统介质的档案文献外，各传统档案馆馆藏的各种在电子环境中生成的电子档案也是数字档案馆的重要采集范围。同时各立档单位的档案文献和目录也是数字档案馆的重要收集内容。随着办公自动化的广泛普及，各立档单位产生出大量的电子文件和电子档案，按照档案移交的有关规定，按年限通过网络或介质向档案馆移交，其中包括档案文献全文或文献目录。专题档案数据已经成为档案馆资源建设的新生力量，其中包括各种备受社会关注、社会利用需求集中的、具有档案性质的政府或行业信息。专题信息数据包括全文信息和目录信息两种，且大多以电子形式报送传统档案馆。

政府公开信息。各政府职能机构现实产生的可公开政府信息，尤其是其中的行政规范性文件易被社会各界所关注，其查阅量之大、需求之集中、访问量之多，在一定时间段内，已经接近甚至超过档案文献的利用率。政府公开信息大多生成于电子环境中，并且以电子文献形式报送传统档案馆，所以将越来越成为数字档案馆资源建设的重要来源。

标准规范建设。标准规范是实施数字档案馆工程的重要基础之一。面对数字档案馆资源形式的多样性以及社会对数字资源共享要求的广泛性，传统档案馆应根据国际标准和通用标准规范，确保数字资源内容的长期保存、数据交换、资源管理和安全实用。一个完善的标准、规范体系的制定，应借鉴国内先进的相关标准、规范，考虑国家之间信息化接轨，优先采用相关的国际标准、规范，并在使用过程中进行必要的本地化工作。数字档案馆的标准化建设包括管理性标准规范、业务性标准规范和技术性标准规范。

第四节　档案信息化管理与建设的原则

档案信息化建设是档案部门为了适应社会信息化建设的需要，根据社会对档案信息资源的利用需求，通过利用现代计算机技术和网络技术，将反映馆藏档案内容和形态特征的目录信息以及部分馆藏档案主题的信息进行数字化处理，以数字化的方式，方便快捷地为社会各界所利用的过程。这一过程不仅涉及大量的信息资源的著录、部分档案信息资源的整合等基础性的工作，也涉及按照各种不同的信息的检索利用等要求进行一系列方便系统利用的系统功能的开发工作。因此在人力、物力上必然会进行较大的投入，是一项十分庞大的系统工程。

档案馆信息化建设的具体措施，必须在科学、缜密的思想指导下进行，才能少走弯路，以较少的投入取得最大的效益。在实际运行的过程中，这些缜密、科学的指导思想是根据社会信息化发展的一般规律，并结合档案信息化自身的特点总结和提炼出来的，在具体实施档案信息化建设的过程中，这些指导思想便转化为必须遵守的原则。因为档案信息化建设本身是社会信息化的一个方面或一个组成部分，因此社会信息化实施所应遵循的原则，同样适用于档案信息化建设，如信息共享原则、以人为本原则、信息化建设可持续发展原则等。下面所阐述的几项原则，主要是针对档案信息化建设而言，即在考虑信息化建设固有规律的同时，要注重档案馆自身信息化建设的特点。

这些原则中有的已被其他行业信息化实践证明是行之有效的，有的则被一些档案部门已有的实践所检验，因此贯彻这些原则，对确保档案信息化建设的顺利进行和收到实效，具有十分重要的意义。当然随着档案信息化建设的不断深入，这些原则所包含的思想和理念也将不断地丰富和发展。

一、协调发展的原则

档案信息化作为一项规模庞大的系统工程，从工程的组织实施来说，其固有的规律是各个子系统之间必须协调发展，这是档案信息化建设必须遵守的一项基本原则。

（一）与档案馆的基础工作协调发展

档案信息化建设需要进行大量的基础工作。其主要的工作在于各种档案信息的加工和集成，离开了这些基础工作，档案信息化建设就会成为一句空话。因此，档案信息化建设必须贯彻同基础工作协调发展的原则。在基础工作中，档案信息的著录和输入是最基本的内容。档案信息的著录根据利用的要求可以有多种形式，通常用的是档案著录和文件级档案著录。档案案卷级著录体现着国家的有关政策，对一个案卷的内容进行著录，产生几项重要的知识性信息，从而揭示出这一案卷在内容、载体方面的重要特征。

文件级著录级别较高，针对性较强，因此，在著录的过程中投入的人力、物力也相对较多。因此，对于一般的档案馆一般并不要求一定要实行档案馆藏的文件级著录，可以根据实际情况进行分步实施，可以选择一些比较重要的档案进行文件级著录。对于档案馆藏较少的档案馆，在人力、物力条件允许的情况下，则可以考虑实行所有文件级著录。信息的输入不仅包括已经著录的文件级条目和文件级条目的输入，也包括档案信息的全文扫描输入和相应关系的建立。这些工作从技术层面上并不复杂，但由于工作的程序复杂、工作量较大，因此在信息化实施的过程中绝对不能忽视，必须与基础工作同时考虑，严防由于基础工作没有及时完成而影响整个信息化建设的进程。

（二）与信息技术的开发利用协调发展

信息技术的综合利用是档案信息化建设的难点。信息技术的综合利用，包括各种信息软件的开发、硬件配置的集成、网络环境的构建。大量的实践证明，信息化能否取得实效，其预期的效果能否达到，系统软件的开发和利用十分重要，信息化建设的先进性就在于此。与信息技术的开发协调发展是指，要充分重视与信息化建设密切相关的系统软件开发和应用的重要性，在考虑做好丰富馆藏和加强著录信息化前期工作的同时，必须把实现效能的系统开发软件放在重要的位置，加大投入力度，进行广泛的调研论证。

在进行系统软件开发的过程中，我们应积极将先进的技术成果加以利用。然而信息技术的不断发展变化，任何最新技术都是相对的，因此在新技术的应用方面，我们必须面对现实，实事求是。我们必须认识到在系统软件开发完成后，其功能的不断完善还需要一个渐进的发展过程。系统的开发者多数是对档案业务不熟悉的计算机技术人员，他们对系统软件的需求、结构和功能的认识有一个逐步深化的过程，而信息技术的实现是各种设想和技术整合后的具体体现，因此许多技术软件在当初开发时都还不十分成熟，需要在以后的实践中不断地补充、完善和发展。因此，在信息化的建设过程中，切实贯彻与信息技术的开发、利用、协调发展的原则十分必要。

（三）与馆藏信息一同协调发展

档案信息化的根本目的是实现资源的社会共享，决定档案信息的功能和作用的发挥是看资源本身为社会提供了多少有价值的信息，所有这些都取决于档案馆藏的数量和档案资源的丰富程度。如果一个档案馆的馆藏达到一定的程度，结构比较合理，信息的种类也比较齐全，那么信息化就会有比较好的资源基础，在实施信息化的工程中就不会感到在档案的门类等方面存在较大的缺憾。反之，如果一个档案馆本身的数量有限，资源的种类单一，再加上自身结构的不合理，那么信息化的发挥将会受到很大的阻碍，因此在实施信息化之前，档案馆自身馆藏的实际情况是一个必须考虑的基本因素。由于历史的原因，我们虽然无法改变档案馆已有的馆藏，但我们可以通过征集等措施尽可能增加馆藏的品种数量，达到档案信息的多门类、多品种，为档案信息化建设提供较为丰富的资源基础，避免因为馆藏不足影响信息化建设进程的事情发生。

（四）与实际应用协调发展

档案信息化的目的在于利用，不能为了信息化而信息化，因此在实施信息化的过程中必须贯彻与档案利用工作协调发展的原则。也就是说，必须以社会对档案利用的需求为导向，来规划和调整信息化的实施步骤。一方面，要将利用率高的信息作为信息化的重点内容，使信息化有一个牢固的使用基础，充分显示其对社会的适用性；另一方面，要根据社会利用需求的发展趋势，进一步扩大档案的利用范围，充分发挥档案信息的内在潜质，对信息化建设做出全面的统筹和规划。另外，档案信息化建设是一个长远发展的战略性建设，其信息化的过程也是一个动态的发展过程，因此我们必须对信息化做出一个长远的发展规划。因信息化是一个长远的动态发展过程，所以在信息化实施的过程中，必须根据社会对档案利用的需求变化，对要调整的档案门类和品种进行及时的调整，避免关起门来工作的封闭做法。因此信息化建设要贯彻协调发展的原则，就必须重视信息化建设与实际应用协调发展的原则。

二、分步实施的原则

档案信息化建设是一项庞大的系统工程，因此它的建设不可能在短时期内完成，由于各地档案馆的实际情况不同，有的档案馆的信息储存量多，实施信息化需要投入的人力、物力较多，同时由于计算机技术的发展变化较快，实施信息化在硬件上的投入较多，也不可能一步到位。因此，信息化建设必须实行分步实施的原则。它的实施包括信息资源的分步实施和系统功能的分步实施两个部分的内容。

信息资源的分步实施。档案目录信息资源的建设是信息资源建设的重要内容之一，它的主题内容包括本身的馆藏目录和本地区所用的档案目录建设两个部分。这两个部分资源覆盖的范围不同，基础条件也不同。对建设本馆所藏的档案目录来说，需要从馆藏结构特点出发进行规划和设计，提出整体规划和设计要求，然后组织实施。对覆盖地区范围的目录中心，由于地区方位内各档案机构的基础状况不同，目录的数据结构不同，首先对能够在同一平台上运行的目录进行整合和转换。在整合转换的过程中需要解决许多技术问题，必须以科学的态度，逐一加以解决，因此在构建目录中心时，必须根据具体情况制定具体措施，分步组织实施。对那些基础性、专题性和全文信息的实施步骤，一般是将基础性的信息作为信息化的第一步内容，将专题性的信息作为信息化的第二步，将全文性的信息作为信息化的最后内容来处理，这是我们需要根据信息实际操作方便的难易程度以及人力、物力的投入多少等因素综合考虑后来实施的分步策略。

系统功能开发的分步实施。档案信息化的利用程度在很大程度上取决于系统功能软件的应用，关系到以计算机技术的应用为主题的系统功能的开发。一般的开发原则是，考虑到系统开发的费用巨大，计算机技术的迅猛发展，系统功能的开发可采用分步实施的原则，急用、利用率高的功能先开发，拓展性功能可以延续开发。系统功能的分步开发在经济上可以避免一次性投入过大的开发经费，减轻经济上的压力，在安全性上可以避免因重大失误而导致整个信息化实施遭遇重大挫折，从系统功能的最佳实现方式来说，由于采用了不同的计算机技术，有利于技术的及时更新，保证系统功能与最新技术的接轨与同步。

三、安全的原则

档案的安全管理是信息化建设的首要前提条件。档案安全本身的重要性是由档案本身和档案管理的性质所决定的，档案信息化的建设必须充分考虑到安全问题，正确处理好方便、高效与安全管理的关系。一般来说，数字化的档案存储应该使用带自动备份功能的服务器，配置备份信息设备，如光盘库、专用网络存储设备等，对备份信息实施迁移。同时，还要使用安全介质定期刻录备份信息实行异地保管。

数字档案的安全保障必须建立严格的管理制度和操作规范，必须实行有效的网络安全措施，必须建立严格的授权管理系统。安全保障的原则主要包括以下几个方面内容。

1.密级区分原则。即对密级档案实行物理隔离并落实责任到人。

2.内外区分原则。将开发档案信息与内部业务运行过程的信息实行隔离。

3.用户区分原则。将档案管理人员和档案形成人员、内部用户和公共用户加以区分。

4.系统区分原则。将档案信息管理系统及其网络化归档、信息共享、辅助决策等子系统加以区分。

四、应用性原则

当建设档案信息资源共享体系时，其主要任务是将能揭示和反映档案主要内容与原形特征的目录信息、相关原始档案信息，经过现代计算机技术的应用，进行海量存储，并通过多种检索途径，顺利地实现快速的直接查阅与利用。要想取得这些海量档案信息利用的理想效果，涉及很多的工作环节，需经历多个阶段。一般将档案信息资源的整合和开发作为信息化的前处理工作，不管前处理工作多么复杂，其最终的目的是实现档案信息工作的有效利用。为此，档案馆在实施信息化建设的过程中，首先应该贯彻的原则就是实用性原则。实用性原则的指导思想，是所有在信息化过程中被整合处理的档案信息，必须能够适应各种利用及需要。也就是说，档案信息化必须以社会各方面在相当长一段时间的利用及需要为原则。

获取知识的第二课堂。档案馆除了具有查考和存史的功能，还具有传播知识的功能。档案馆蕴藏着丰富的馆藏文化以及本地区经济社会发展的档案资料，这些丰富的档案资料对社会公民以及青少年了解本地区的文化发展来说都是不可多得的珍贵史料。我们可以把档案馆当作是学生获取知识的第二课堂，这样既能使档案馆的信息功能得到延伸，也避免了信息资源的浪费。因此，在信息化的构成中，我们应注意把知识性的信息放在首位，这一崭新的课题对档案部门是一个新的挑战。因为以往的档案馆主要是供查找资料之用，所以档案馆在查找接待方面积累了丰富的经验，而将档案馆作为获取知识的场所则是一个全新的管理课题。对此档案管理者必须树立全新的管理理念，从适用于知识获取方面考虑，可以将档案信息中具有知识性的内容有限信息化，如反映本地区社会经济发展的信息资料、反映本地著名人物的历史传记以及具有历史渊源的档案史料等，都可以作为开辟第二课堂的生动教材，这些史料对当地居民和青少年了解当地的历史具有十分重要的学习价值。

在档案信息化建设与管理的过程中，凡是有关当地物质文明建设和人文发展历史方面的档案信息，都可以作为知识性的信息加以知识化，以适用于社会大众特别是青少年知识获取利用的需要，同时也是档案馆为当地的精神文明建设做出的积极贡献。

为领导的决策起助手和参考作用。科学的决策源自科学的管理，科学决策是科学管理的重要手段，是各级领导组织管理实施各项大型工程或推进建设事业全面发展的先决条件，同时也是提高执政能力的重要措施。科学的决策需要有充分的科学信息，经过周密的论证最后做出科学的判断，进而形成科学的决策。因此，充分地获取各种信息有助于领导做出科学的决策十分重要。

档案信息记录了以往历史活动的进程和结果，是前人智慧的结晶，同时也积累了丰富的经验和教训，所有这些宝贵的信息资料对领导做出科学的判断具有重要的参考价值，这些信息可以开阔领导者的眼界，借鉴前人的经验和教训，以便在前人成果的基础上进行新的突破。因此，档案管理部门在信息化的过程中必须把适应于领导决策参考的信息放在首位，在进行信息化的过程中，应该将那些能够为领导决策提供借鉴作用的档案信息资源进行整合，为这些信息的检索提供方便快捷的查找方式。

为科学研究提供重要的参考。科学研究是人类社会不断发展的原动力。科学研究需要大量的信息资源，特别是社会科学的研究，其研究的主要内容多为社会的政治、经济、文化和社会发展方面的内容，也离不开档案馆的信息资源。因此，将适应于科学研究作为档案信息化必须遵守的规则，是档案馆信息化建设所要重点考虑的内容。档案信息化要想适用于科学研究，就必须将那些具有研究价值或者能够提供可持续研究对象的原始材料的档案信息进行信息化。这类信息从大的方面来说，包括的内容十分丰富，它不仅包括经济发展的基础数据，也包括政治、文化以及生活各个方面的详细资料。科学研究所涉及的信息面非常广泛，因此研究所使用的信息更是包罗万象，但由于各个时期社会的研究会有不同的侧重点，因此我们应根据社会研究的需求采取分步实施的原则，即对档案科学研究急需的资源应首先进行信息化，及时准确地为科学研究提供参考资源。

成为爱国主义的教育基地。随着社会的不断进步，档案馆的职能不仅局限在提供需要查找的历史资料，还肩负着开展爱国主义教育的重要任务。档案馆应充分挖掘自身的教育潜能，对社会特别是对青少年开展爱国主义教育、革命传统教育，将档案馆办成爱国主义的教育基地。国家档案局适应这一形势，提出将档案馆建成"一个中心、两个基地"的要求。这两个基地其中一个就是爱国主义的教育基地。因此，档案信息化必须服从爱国主义教育基地的建设要求，坚定不移地贯彻开展社会教育的原则。从这一原则出发，在实施信息化建设与管理的过程中，对具有教育功能和作用的有关信息档案进行整合、处理以及建立专用的检索渠道就显得十分必要。这就需要从档案信息中挖掘具有教育意义的信息，如反映本地区反封建的历史进程的史料，人民群众的各种创造性的成果以及反映在各个历史时期所发生的重要而深刻的变化和取得的巨大成绩的信息等。考虑到爱国主义教育基地的建设和影响，除了文献信息，也可将这些史料制成专题片或光盘配送到各个学校，使这些珍贵的史料更贴近生活，使青少年在潜移默化中受到爱国主义教育，增强他们的民族自豪感和自信心。

业余休闲的需要。随着社会经济的不断发展，人们的文化需求也在不断发展并呈现多元化，休闲活动正成为一种时尚开始流行。在一些发达国家，民众文化休闲已经开始从图书馆、博物馆向档案馆延伸。因此，人们前来档案馆利用档案必定是有专门目的的习惯正在被打破，休闲型利用已经成为一种时尚行为，读者可以在休闲的环境中得到文化熏陶和审美享受。

在国内，近年来档案界的一些有识之士也开始重视这种发生在档案馆的新的利用方式，并呼吁尽快建立相应的环境和机制，促使这种休闲型利用的环境成熟起来。为此，在档案馆实施信息化的过程中，应该看到这种处于萌芽状态的社会需求可能随着社会经济文化的快速发展而快速成长。休闲利用与其他利用相比有它的特殊性。由于这方面的利用目前还没有得到很好的开展，我们很难对这方面的需要归纳出一些规律性的内容，但我们可以从图书馆、博物馆、展览馆方面汲取营养，深入思考，进行借鉴。

休闲作为人们的一种生活方式，历史悠久，而文化性的休闲活动也必定有其自身的规律。既然是休闲，就同正规的工作完全不同，它可以没有目的，随机而来，人们在这里转了一圈后，得到了美的享受，精神上得到了某种启示与升华，得到的是精神上的休息与放松，也是一种收获。基于这样的认识，我们在实施信息化时，应该重视将那些具有可读性、知识性、趣味性、观赏性、珍贵性的档案信息优先予以信息化，以吸引和满足人们潜在的休闲利用的需要。

五、效益原则

档案信息化建设和管理要贯彻效益原则，这种效益主要是功能效益和利用效益。

（一）系统功能效益

在一定程度上系统的功能状况是衡量信息化是否达到了预期效果的一个重要指标。信息化能否顺利地进行和运转，在很大程度上取决于信息化功能的实现程度。信息化投入最多的经费是在系统功能的设计、开发以及硬件设备的配置上，因此信息化功能的显示不但包括系统功能覆盖的全面性，操作维护的方便性，系统运行的快捷性、安全性等，同时也包括整体功能的先进性和稳定性。一个系统如果达到了以上几个方面的要求，我们就可以认为它是成功的、有效的，否则这个系统就是失败的。

（二）利用效益

利用效益指的是信息化系统能够进行各种专职性信息利用的程度。一般来说，满足度与针对性效益是成正比的，既满足度越高，其针对性效益也越高；反之，满足度越低，针对性效益也越低，这种满足度主要取决于信息积聚的覆盖面以及新增信息的周期性和及时性。由于社会对档案利用的专职性需求经常处于动态变化中，这就决定了信息的积聚和扩充也处于动态的变化之中，既能够把社会的有用信息增补进整个信息系统中，最大程度地满足专职性、特殊性信息利用的需要，提高信息利用的更具针对性。

（三）成本效益

档案信息化建设管理是一项长期的系统工程，特别是网络技术的运用，使整个系统的结构更加复杂、技术含量更高，因此在对系统进行使用和管理上，除了对管理人员有技术的要求，在经济上也需要投入相当多的成本。一般系统维护和管理的成本效益主要包括两个方面：一是系统建设必须建立在科学和可靠的基础上，即必须有比较成熟的技术做支撑，确保系统建成后日常的维护和管理能够以相对较低的费用加以维持，而不会出现系统的功能发挥虽然可以，但系统维护的庞大开支却难以支撑的情况，或者是系统建设先天不足，使用中漏洞百出，致使在维护和管理上不断增加投入。二是系统的建设必须考虑今后功能的扩充和设备的升级。也就是说，系统在建设的过程中必须考虑以后系统升级的兼容性。如果一个系统建设得很好，但生命周期很短，几年之后无法扩容，原来的系统就无法使用，只能购买新的系统，那么这样的系统建设就没有贯彻效益原则。也可以说，这样的系统是不成熟的，是不能被市场所推广和利用的。

在信息化建设管理的过程中，我们应始终贯彻效益原则，这样可以使我们投入少量的资金，取得较好的经济效益，达到预期的效果，从而使档案信息化建设进入良性的发展轨道，加速信息化建设持续、稳定、健康地向前发展。

六、社会化原则

档案信息化建设管理涉及的范围广，工作难度大，需要的技术力量相对较强，这就决定了档案信息化建设仅仅靠档案馆自身的力量是远远不够的，必须依靠外在的社会力量才能胜任信息化建设的各项任务，这种依靠外在社会力量的做法，就是社会化原则的具体表现。

（一）建档的基础工作的社会化

建档的基础工作主要指各种原始档案信息资源的加工、整合和存储。由于档案馆的信息利用比较广泛，内容也相对较多，因此这方面的工作量也相对较多，面对比较丰富的馆藏资源要想进行信息化建设，仅仅靠档案管理人员去做是远远不够的，必须借助社会的力量来完成。例如，把档案数据录入的基本工作承包给专业公司来做，聘请有丰富经验的档案管理人员来帮助进行档案文件的著录工作等，档案馆要加强技术指导和质量的监督，把好质量关，这样不仅可以减少档案馆的建档工作任务，也使档案馆的工作人员有更多的时间钻研业务，在时间上保证了档案信息化的历史进程。

（二）系统的开发社会化

由于档案馆缺乏专业的软件开发人员，因此档案信息系统的开发必须依靠社会上专业的开发公司才能完成。在这个过程中，关键是要选择社会信誉高、技术力量雄厚的开发公司作为合作伙伴，现在比较可行的方法是通过招标的形式确定合作伙伴。这并不是说档案馆就没事可做，由于系统的开发涉及专业的档案管理的应用，一些开发公司并不了解档案管理的业务，因此在借助社会力量进行开发的过程中，应该派有经验的档案管理人员积极参与，了解整个开发过程，特别应该注意掌握和了解一些程序技术的关键点，防止在今后的使用中一旦出现程序问题就束手无策。同时也防止在今后的使用中被开发商牵着鼻子走的被动局面。这样也为以后本单位为软件升级换代打下良好的基础。

（三）系统管理的社会化

随着IT行业的不断发展，软件公司也拓宽了服务业务，开始接受管理系统的委托服务。对一些比较小的档案馆可以考虑采取委托管理的办法来进行信息系统的日常维护和管理。这种委托公司的做法好处是：可以节省人力，弥补单位人员不足的缺点，同时可以节省在系统维护方面的经费开支，系统出现什么问题都由托管方负责处理。从不利的方面考虑：主要是缺少了使用的自主权，在信息扩容、系统升级和更新方面不能及时进行，需要和委托方商量才能解决，在一定程度上制约了信息系统的拓展。如果寻找的软件公司人力缺少、业务繁忙或技术力量不十分强，那么整个系统的升级运作将会受到阻碍。委托服务作为一项社会化的内容有其存在的合理性，并且今后随着第三产业的不断发展和壮大，社会监管力度的不断加强，社会服务质量的不断提高，IT行业服务领域的拓展和完善以及档案管理人员的进一步精简，系统管理的社会化服务必将得到进一步的发展，服务行业在运行的过程中出现的一些弊端会不断得到改进，相信服务行业的发展必将为信息化的发展起到积极的推动作用。

七、数量和质量统一的原则

数量和质量相统一，是我们开展各项工作经常要遵循的一个重要原则。在档案馆信息化建设管理的过程中，不仅要必须遵循这一原则，而且更具有现实的意义。档案馆信息化功能和作用的发挥，十分重要的一个因素是整个系统必须达到一定的信息量，也就是说信息化首先是以一定的信息量为基础的。只有把其中不同门类的信息积累在一起，满足用户不同利用的需要，才能真正显示出信息化的优越性。集聚的这些新信息必须要有一定质量的信息，这就决定了档案馆信息必须遵循质量和数量相统一的原则，这一原则不同于传统意义上的数量和质量统一的概念，而有其很强的针对性。主要体现在以下三个方面。

（一）基础信息数据数量和质量的统一

在档案馆信息化建设的过程中，如果整合和存储的基础性数据，如案卷级目录、文件级目录等没有达到相当的数量规模，所谓的信息化将大打折扣。如果有了数量庞大的基础性数据，这些数据的质量却有问题，将会直接影响信息检索的正确性，严重时将影响信息检索的顺利实现。就信息化功能的实现来说，基础数据的数量决定和限制了信息化的辐射面，而基础数据的质量将决定和限制利用者直接的利用效果，因此数量和质量的保证，是确保信息有效检出和利用相辅相成的两个方面，必须高度重视。为贯彻这一原则，在实现信息化的过程中，我们既要考虑使基础数据的整合和存储达到一定的存储规模，同时必须严把质量关，确保每一条基础数据都要符合规定的质量标准，使整个信息系统的功能得到最充分的实现。

（二）系统功能与系统稳定运行的统一

人们在实施信息化建设的过程中，通常希望所建立的系统具有多方面的功能，能够满足多方面的要求，这可以说是对系统功能作用发挥的数量要求。从信息化能够收到实效的实际经验来看，整个系统的稳定运行，确保其设计的功能能够实现也很重要，这可以说是对系统平稳运行的质量要求。在实际过程中，系统多项功能要求的实现，同时也给系统运行本身带来很重的负担，它对系统的稳定运行是一种负担，同时也是一种威胁。所以，新系统功能的强大和系统稳定运行通常是信息化过程中一对突出的矛盾。

一个功能强大而又运行稳定的系统是人们所期待的，但实现这个愿望通常充满风险和压力，也就是说，越是功能强大的系统，要保证其稳定运行，付出的代价将更大，负担将更重。为此，我们需要在实际建设中正确把握好系统本身建设的数量和质量要求，既不能好高骛远，不切实际地要求系统具有多方面的功能，也不能因陋就简，在低水平上重复，既要有创造性，敢于突破，又必须扎实稳妥，注重实效，以确保系统的多功能性和稳定运行达到圆满的统一。

经费投入的数量与信息化建设的质量相统一档案管理中的信息化建设管理是一项规模宏大的工程，尤其是一项需要投入巨额经费的建设，为此必须贯彻因地制宜原则，确保投入的经费能取得理想的效果，防止过分贪大求全、不计成本、忽视效果的做法。为此，我们在信息化过程中需要制定严密的制度，通过信息化系列的环节，对经费投入后建设的质量进行检测和评估，对质量达不到要求的环节要采取措施加以整改，以确保工作质量。同时，按照经济管理学投入产出的原理，对信息化所做出的巨额投入，应该要求有相应的产出。

当然，由于档案信息化作用的发挥在很大程度上具有公益性，不能简单以经济收益的多少来要求和衡量其产出的效能，而应该从社会效益和经济效益两个方面来综合评估所产生的效能。比较而言，档案馆所固有的特点，决定了社会效益的产出将是对档案馆信息化评估的一个重要方面。此项内容的贯彻，对避免因考虑不全所造成的浪费，防止没有经过科学规划和严密论证而盲目建设及决策失误等带来的损失都具有十分重要的意义。

第四章

档案信息化建设的基础依据

第一节　网络基础设施

网络基础设施是针对档案信息化的特殊要求而建立的档案信息收集、管理、存储、利用和传输的技术平台，它将分布在不同地域、不同部门的档案信息资源连接起来，通过信息资源的互通互联、集成共享，充分提升档案信息化的整体效能。

一、服务器

服务器，承担档案信息化数据存储、管理和应用系统运行的任务，具有高速度、高可靠性、高性能、大容量存储等特点，为各用户端的访问提供各种共享服务。

服务器是网络环境中的高性能计算机。所谓高性能，是指服务器的构成虽然与一般PC相似，但是它在稳定性、安全性、运行速度等方面都高于PC，因为服务器的CPU、芯片组、内存、磁盘系统等硬件配置都优于PC。服务器接收网络上的其他计算机终端提交的服务请求，并提供相应的服务。为此，服务器必须具有承担和保障服务的能力。档案计算机网络系统建设可根据其提供的功能、性能、数据量等配置一台或多台服务器。

（一）服务器功能的确定

服务器按照其提供的服务可以分为文件服务器、应用服务器、数据库服务器、Web服务器等。由于档案管理系统的目录和全文数据量庞大，一般来说，应配置数据库服务器或文件服务器；如果涉及多媒体档案管理，为了提高系统性能，可以配置多媒体数据库服务器。此外，还可配置运行档案管理应用系统的应用服务器，不同级别或地域的档案部门可根据系统的规模各自配置或集中配置应用服务器。如需实现档案数据网上查询服务的，配置Web服务器；如需加强档案馆安全管理的，配置数据备份服务器；如为了支持办公自动化系统中大量电子邮件发送的，也可配置专用的E-mail服务器等。

（二）服务器数量的确定

根据本单位投入资金的多少、信息化应用的功能需求、数据的存储和分布要求等来考虑服务器的数量。原则上FTP服务器、E-mail服务器、Web服务器、内部业务服务器、数据服务器等都需要单独建设，但考虑到资金和安全等因素的限制，应至少建设一个支持办公管理的业务服务器、提供对外服务和内部公共服务及允许外网访问的公共服务器、支持档案管理工作运行并提供档案数据存储和管理服务的档案数据专用服务器。

（三）服务器性能的确定

不同架构、不同品牌、不同档次的服务器，其性能、质量、价格有很大的差别，选择服务器时要综合考虑档案业务的需求和资金条件，同时还要考虑选择能够提供良好服务的供应商。每个服务器的性能主要取决于CPU、主板和服务器芯片组性能的好坏，服务器系统的功能与可靠性取决于每台服务器的功能和服务器集群的部署与连接方式。

（四）操作系统的选择

每台服务器上安装的第一个软件就是操作系统。它是控制和管理计算机硬件与软件资源、支持计算机联网通信、提供多种应用服务的基础软件，也是各类应用程序加载、运行的软件支撑平台。

操作系统按照应用领域可分为桌面操作系统、服务器操作系统和嵌入式操作系统，一台服务器能够安装和兼容哪一类操作系统一般在出厂时就已基本确定，用户在选购服务器时也会连同操作系统一起购买。同时操作系统的选择同时还需要考虑用户所选用的核心业务系统，如档案管理信息系统的应用程序运行模式、所需要的操作系统与数据库管理系统的支撑环境等。

（五）服务器连接与工作方式的确定

为确保网络数据的安全存储与高效访问，网络上的服务器通常采用集群工作方式实现互联。同时具有灾难备份系统的还可能在异地建立镜像服务器系统，服务器之间的通信与数据交换方式根据业务系统的需要而定，可以是实时的，也可以是定时的。

二、应用软件

系统软件的特点是通用，它并不针对某一特定应用领域，而应用软件的特点是专用，即针对特定的管理业务，并应用于某些专用领域的信息管理。例如，用于政府信息化的电子政务系统、用于企业信息化的电子商务系统、用于辅助行政办公和决策的办公自动化系统、用于机关档案室信息化的数字档案室系统、用于档案馆信息化的数字档案馆系统等。这里所指的应用软件具有以下特点：一是在特定的操作系统环境下，运用特定的软件工具研制而成。二是针对特定的信息处理需求和管理业务需求进行设计开发，且应用于特定的专业领域、行业、单位或辅助特定的管理业务中。

数据库管理系统DBMS，是操纵和管理数据库的一组软件，用于建立、使用和维护数据库。DBMS具有以下功能：一是描述数据库，运用数据描述语言，定义数据库结构。二是管理数据库，控制用户的并发性访问，数据存储与更新，对数据进行检索、排序、统计等操作。三是维护数据库，确保数据库中数据的完整、安全和保密，数据备份和恢复，数据库性能监视等。四是数据通信，利用各种方法控制数据共享的权限，在确保数据安全的前提下广泛共享数据。

各种工具软件：软件工具是指为支持计算机软件的开发、维护、模拟、移植或管理而研制的软件系统。它是为专门目的而开发的，在软件工程范围内也就是为实现软件生存期中的各种处理活动（包括管理、开发和维护）的自动化和半自动化而开发的软件。开发软件工具的最终目的是提高软件生产率和改善软件运行的质量。

三、终端设备

终端设备是经由通信设施向计算机输入程序、数据或接收计算机输出处理结果的设备。这里所说的终端设备主要是指用于各类用户访问服务器或进行档案信息处理工作的主机、外存储器、输入和输出设备等。其中，输入终端设备有：鼠标、键盘、手写板、麦克风、摄像头、扫描仪等；输出终端设备有：显示器、音箱、打印机、传真机等。其他类别的终端设备有：无线、路由器、网卡、U盘、移动硬盘等。目前，档案网络终端设备的主机大多为PC机，又称终端机。影响终端机处理能力与速度的是主板、CPU、内存、显卡等组成计算机的核心部件，它的选择要根据各业务人员的工作要求进行。

终端机从网络应用的角度又称"客户端"，常见的客户端分为两类：

一类是"胖"客户端，是指主机配置较高档、数据处理能力较强的客户端。例如，一般工作中的PC机，它负责网络系统中大部分的业务逻辑处理，以减轻服务器的压力，降低其对服务器性能的要求，因此对客户机的性能要求比较高；另一类是"瘦"客户端，是指数据处理能力比较弱的客户端，它基本上不处理业务逻辑，只专注于通过浏览器显示网络应用软件的用户界面，数据储存和逻辑处理基本上由服务器集中完成。网络终端机经历了从胖客户端到瘦客户端的发展历程。

目前，档案信息管理系统的网络终端大多为"胖"客户端，然而"瘦"客户端在档案信息化建设中的应用前景也不容忽视。"瘦"客户端配置的优越性：有利于档案数据的集中存储、高效管理和广泛共享利用；有利于对档案信息共享权限的集中控制和安全管理；有利于网络系统的维护、扩展和升级。通过客户端的即插即用可提高网络维护的便捷性和可靠性；有利于节约档案网络系统建设和维护的成本；有利于云计算技术在档案网络系统中的应用。此外，由于"瘦"客户端一般不配置软驱、光驱、硬盘等部件，从而杜绝病毒产生的来源，不易损坏，能显著提高系统的稳定性。

CPU的技术指标主要由主频、总线速度、工作电压等决定，它也决定了计算机系统的技术效能和档次。一般来说，主频和总线速度越高，计算机系统运行的速度越快；工作电压越低，计算机电池续航时间提升，运行温度降低，也使CPU工作状态更稳定。当前各种移动终端的发展和普及就是得益于CPU技术的迅猛发展。

四、网络设备

网络设备是指用于网络连接、信号传输和转换等的各类传输介质、集线器、交换机、路由器、光电转换等设备。为了正确配置网络设备，首先需要确定档案信息网络连接的范围。该范围需要根据档案工作的内容、档案数据共享范围和密集程度来确定，一般分为内网、专网、外网和物理隔离网四个区域。内网是档案馆的内部局域网，一般部署在一幢建筑物内部或相邻近的大楼之间，覆盖大楼的不同楼层和房间。专网，即档案工作专用网，一般部署在档案形成单位与档案室、档案馆之间，或档案馆与档案馆之间。外网，即与互联网相连接的提供对外服务的网络，主要是方便档案利用者查询公开上网的档案信息。物理隔离网，是由一台或多台与任何其他网络在设备和网络线路上完全隔离的终端机或服务器系统，用以存放和管理保密档案。网络体系的结构主要有三种，不同结构有不同的特点和适用范围，也有不同的网络连接设备。

总线结构。它是通过一根电缆，将各节点的计算机系统连接起来的。该结构连接简单，易于安装，传输速率较高，便于维护。缺点是任何节点的故障，都会影响整个网络的运行。这种结构适用于10～20个工作站的小型档案馆。

星型结构。该结构将网络中的所有节点都连接到一个集线器上，由该集线器向目标节点发送数据。因此，该结构不会因一台工作站发生故障而影响整个网络。缺点是一旦集线器发生故障将影响整个网络。这种结构适用于网络节点位置分散的大型档案馆。

环形结构。该结构连接各节点的电缆组成一个封闭的环形，结构简单，相对容易控制，但由于在环中传输的信息必须经过每一个节点，任何节点的故障，都会使这个网络受阻，因此在档案馆网络建设中很少使用。

目前，档案馆局域网中使用最多的还是以太网，其拓扑结构是总线型或星型，传输介质可以是同轴电缆或双绞线，具有建设投资小、网络性能好、安装简单、网络互操作性强、数据传输速度快等优点，其缺点是当网络信息流量较大时性能会下降。因此，以太网被广泛应用于中小型档案馆。网络连接设备分为内网连接和外网连接两类。内网即局域网，其连接设备包括网卡、集线器、中继器、交换机等。外网即互联网以及与互联网相连的广域网、城域网等，外网间连接设备包括网桥、路由器、网关等。

同时网络设备还有用于保护档案数据、信息系统和网络平台安全的硬件设施及其他配套设备，如用于终端机和服务器等数字设备的断电保护，使数字设备在断电之后仍能正常运行，提升系统运行的稳定性、可靠性。

第二节　数字化设备

数字化设备是指将传统模拟档案信息转换为数字档案信息的设备。数字化设备是建设数字化文本、图像、声音和影像档案资源必不可少的设备。正确选择和使用数字化设备，直接关系到档案数字化的质量和效率。

一、纸质档案的数字化设备

纸质档案是指以纸张为载体的档案，占据了我国馆藏档案的绝大多数，因此对其进行数字化加工是档案数字化的主要任务。由于传统照片、底片记录的照片档案数字化与纸质档案数字化相类似，因此本节所介绍的数字化设备也包括照片底片档案的数字化设备。

（一）扫描仪

扫描仪是利用光电技术和数字处理技术，以扫描方式将图形或图像信息转换为数字信号的设备。扫描仪是目前纸质档案数字化的主要设备。正确选择扫描仪对提高纸质档案数字化的效率和质量十分重要。

扫描加工是馆藏中纸质、照片、缩微品等档案转变为数字化信息的主要方法，数字扫描仪是进行数字化处理的主要工具。在选择和使用扫描仪时，需要了解扫描仪的工作原理、分类方法、技术指标等，以实现对扫描设备的正确选择和科学使用。

扫描仪基本工作原理。扫描仪通过对原稿进行光学扫描，将光学图像传送到光电转换器中变为模拟电信号，然后将模拟电信号变换成为数字电信号，并通过计算机接口传送至计算机中。扫描仪的工作方式主要有反射式和透射式两种。

大多数平板扫描仪采用反射式扫描原理。在扫描仪内部，有一个步进电动机驱动的可移动拖架，拖架上有光源、反射镜片、透镜和CCD光电耦合元件等。扫描时，原稿固定不动，拖架移动，其上面的光源随拖架移动，光线照射到正面向下的原稿上，其过程类似复印机。图片反射回来的光线通过反射镜片反射到透镜上，经过透镜的聚焦，投影到CCD光电耦合元件上，经过光电转换形成电信号，然后进行译码，将数字信号输出。

采用透射式扫描原理的扫描仪一般有两类，一类是专用胶片扫描仪，另一类是混合式扫描仪。专用胶片扫描仪的结构紧凑，反射镜片、透镜、CCD和光源安装在固定架上，不能移动，可移动的是胶片原稿。扫描时，固定在移动架上的胶片原稿由步进电动机带动，进行缓慢移动，光源发出的光线透过胶片照射到反射镜片上，经过反射、聚焦，由CCD元件转换成电信号，最后经译码传送到主机中。混合式扫描仪是在普通平板扫描仪上增加一个带有独立光源和相应机构的配件，该扫描仪就具备了透射式扫描的特点，可扫描胶片的芯片和负片。在扫描时，胶片原稿固定不动，移动拖架在步进电动机的带动下移动，顶部的独立光源同步随之移动，该光源的光线穿透胶片照射到移动拖架上的反射镜片、透镜和CCD元件上，变成电信号，最后经过译码，把数字化图像送到主机中。

扫描仪的种类：由于广泛的社会需求，近年来，数字化扫描技术迅速发展，扫描仪的种类越来越多，用途越来越专业。目前，按扫描速度可以将扫描仪分为高速、低速两种，按工作原理可以将扫描仪分为手持式、平板式、胶片专用、滚筒式和CIS扫描仪等多种类型。

高速扫描仪：扫描分辨率在50～600dPi以内。在200dPi以下，黑白或灰度扫描，每分钟可扫描90多幅影像；彩色扫描，每分钟可扫描60多幅影像。扫描幅面从小卡片至A3纸张都适用，既可单面扫描，也可双面同时扫描。它的优点是扫描速度快，图像处理功能强。缺点是扫描时容易卡纸，损坏档案，对字迹质量较差的档案不易扫清楚，扫描后的图像处理工作量比较大。适用于纸张质量状况较好，可以统一A3、A4幅面的文书档案或尺寸较小的票据、单证等，也可扫描纸张较大的A4报表。

宽幅扫描仪：这是一种大型的扫描仪，最大进纸宽度可达到54英寸，最大扫描宽度达到51英寸，扫描厚度达15毫米。这种扫描仪分辨率在50～800dPi以内，有黑白、灰度、彩色等扫描模式。自带扫描和图像处理系统，具有全面支持色彩管理、快速预览、处理大型文件、改进批量扫描等功能，能有效提升扫描的效率和品质。它的优点是能扫描零号及零号以下的工程图纸，大幅的地图、字画，超长、超厚的文书档案等。缺点是扫描速度比较慢，价格比较昂贵。

零边距扫描仪：扫描分辨率在100～1200dpi以内，有彩色、灰度、黑白三种扫描模式，可自动适应A3、A4纸张大小，可自动进行页面校正。这种扫描仪外形类似平板扫描仪，不同的是有一侧无边框，由此适用于扫描原件不能拆除装订的图书、资料和珍贵的档案。缺点是扫描速度较慢，价格高于平板式扫描仪。

底片扫描仪：照片底片，又称负片或透明胶片，主要用来扫描幻灯片、摄影负片、CT片及专业胶片，高精度、层次感强，附带的软件较专业。底片扫描仪是直接对底片进行数字化处理进行模数转换及处理，并将处理结果输送至计算机进行存储。目前，市场上的底片扫描仪分专业级和普通级两种。专业级底扫一般体积较小，只能扫描底片，它采用透射光源，分辨率极高。普通级底扫是在普通扫描仪上加透扫适配器，采用的是反射光源，分辨率也等同于主流扫描仪的指标，实质上是"带底片扫描功能的平板扫描仪"，价格与普通扫描仪相当

手持式扫描仪：价格便宜，使用方便，光学分辨率一般在100～600dpi以内，大多是黑白的。

平板式扫描仪：平板式主要扫描反射稿，扫描分辨率在100～2400dpi以内，色彩位数从24位到48位，扫描幅面一般为A4或A3纸张。它的优点是扫描图像清晰、色彩逼真，不易损坏纸张。缺点是扫描速度比较慢，图像处理功能比较弱，适用于纸张状况较差，如纸张过薄、过厚、过软或破碎的档案。

滚筒式扫描仪：以点光源一个一个像素地进行采样，采用RGB分色技术，优点当然明显，即可达到真正的专业级质量，价格也很昂贵。

CIS扫描仪：它是"接触式图像传感器"，不需光学成像系统，结构简单、成本低廉、轻巧实用，但是其对扫描稿厚度和平整度要求严格。

扫描仪的主要性能指标。扫描分辨率、扫描精度、色彩位数、灰度级、扫描幅面、扫描速度、兼容性、接口性等都是选择和使用扫描仪时应重点考虑的技术指标，了解扫描仪的性能指标有利于我们可以正确选购适用的扫描仪设备。

扫描分辨率：主要是指扫描仪的光学分辨率，是决定扫描清晰度的主要参数指标，dpi的数值越大，扫描的清晰度就越高，并决定扫描仪记录图像的细致度。描述分辨率的单位一般为dpi，代表垂直及水平方向每英寸显示的点的数量，分辨率越高，图像越清晰，同时数字化图像所占有的容量也越大。光学分辨率是扫描仪的光学系统可以采集的实际信息量，即扫描仪感光元件的分辨率；最大分辨率是通过处理软件或算法可以捕获的信息量。

购买扫描仪时应当首先考虑光学分辨率指标，因为它不仅决定了扫描仪对原始图像的最大感知能力，还决定了扫描仪的价格档次。扫描的分辨率越高，扫描图像的品质越高，但这是有限度的。当分辨率大于某一特定值时，只会使图像文件放大而不易处理，并不能显著改善图像质量。所以，分辨率选择应根据用途、原件字体大小来决定。一般需兼顾显示、打印或识别的要求，适当考虑存储空间效率，过高的分辨率不仅无法显现效果，反而会放大原件的干扰信息，而且对存储空间造成浪费。

扫描速度：扫描速度是指扫描仪从预览开始到图像扫描完成的过程中光头移动的速度。在保证扫描精度的前提下，扫描速度越快就越好。扫描速度主要与扫描分辨率、扫描颜色模式和扫描幅面有关，扫描分辨率越低、幅面越小、单色，扫描速度越快。扫描速度有多种表示方法，因为扫描速度与分辨率、内存容量、存取速度以及显示时间、图像大小都有关系，通常用指定的分辨率和图像尺寸下的扫描时间来表示。档案数字化工作量大，高速扫描有利于提高工作效率，缩短档案数字化的时间，但是我们必须在保证图像质量、不损害档案原件的前提下正确选择高速扫描仪。

色彩分辨率：色彩位数用以表明扫描仪在识别色彩方面的能力和能够描述的颜色范围，它决定了颜色还原的真实程度，色彩位数越大，扫描的效果越好、越逼真，扫描过程中的失真就越少。色彩分辨率是表示扫描仪分辨彩色或灰度细腻程度的指标。理论上，色彩位数越多，颜色越逼真。灰度级是扫描仪从纯黑到纯白之间平滑过渡的能力，灰度级位数越大，相对来说扫描结果的层次就越丰富、效果越好。

扫描幅面：扫描幅面表示扫描图稿的最大尺寸，平板扫描仪、零边距扫描仪、高速扫描仪一般可选择A4或A3幅面，宽幅扫描仪可以扫A0以下幅面的图纸。

接口方式：扫描仪与计算机之间的接口方式主要有SCSI、EPP、USB和IEEE 1394四种类型，其中以SCSI、USB较常用。SCSI接口的最大优势是它工作时占用CPU的空间很少。目前，扫描仪软件接口标准已经得到广泛地使用，适应32位、64位的软件和驱动程序正在开发中。

EPP即打印机端口，其特点是使用方便，对计算机要求低，但扫描质量较差。USB接口速度较快，安装方便，可以带电拔插。随着USB应用的日益广泛，USB接口的扫描仪已成为主流。SCSI扫描仪安装时需要在计算机中安装一块接口卡，安装较复杂，价格较高，但速度快，扫描状态稳定，扫描时占用系统资源少。其实，无论EPP USB还是SCSI接口，都不是影响扫描仪扫描速度的主要因素，扫描速度与扫描仪本身性能息息相关，因而使用任何一种接口方式，在扫描速度上并无太大差别。从接口上看，最适宜档案馆使用的是USB接口。当然，如果配置SCSI接口卡，则扫描仪性能更佳。

SCSI接口的扫描仪需要一块SCSI卡将扫描仪与计算机相连接，早期的扫描仪大多是SCSI接口。优点是传输速度较快，扫描质量高；缺点是需要开机箱安装一块SCSI卡，要占用一个ISA或PCI槽以及相应的中断，有可能和其他配件发生冲突。EPP接口是采用计算机连接打印机的接口，与SCSI的扫描仪相比速度较慢，扫描质量稍差，但安装方便，兼容性好，大多采用EPP接口的扫描仪后部都有两个接口，一个接计算机，另一个接其他的并口设备。

USB接口是采用串口方式进行连接，当前已经成为连接标准，优点是速度快，可带电插拔，即插即用。有的扫描仪可直接由USB口取电，无须另加电源。

IEEE 1394接口是苹果公司开发的串行标准，中文译名为火线接口。与USB一样，IEEE 1394也支持外设热插拔，可为外设提供电源，省去了外设自带的电源且能连接多个不同设备，支持同步数据传输。作为高性能的快速通信接口，它尤其受到专业扫描仪厂商的青睐。不过，对IEEE 1394规范来说，苹果公司采用收费授权的方式，也就是使用IEEE 1394规范的产品都必须向其支付一笔使用费。IEEE 1394接口虽然具有里程碑意义的变革，但是由于其较昂贵的价格还很难在家庭用户中普及。所以，采用IEEE 1394接口扫描仪的价格比使用USB接口扫描仪高很多。

扫描仪最新发展：高质量的镜头和CCD是扫描仪发展的主要突破点，"镜头技术"是指现代专业扫描仪中光学镜头的相关技术，内容包括可变焦距镜头技术和多镜头技术。扫描仪采用多个自动变焦镜头或镜片进行组合，由更为精密的电机伺服系统驱动，目的是实现更好的均匀度和锐度，使扫描原稿的边缘聚焦准确，并使扫描质量得到进一步提高。

随着扫描仪使用的广泛普及，人们对扫描仪的精度、准确度、灵敏度、速度等都提出了较高的要求，扫描仪的生产厂家也在RGB同步扫描技术、高速图像处理技术、色彩增强技术、智能去网技术、光学分辨率倍增技术等方面不断研究和进步。同时，为了更好地满足用户的特殊使用要求，生产厂家将各种技术、图像处理系统与扫描仪的使用相结合，开发出以人为本的功能更强、性能更好、使用更方便的零边距、无边距、无盲区、无变形、自动翻页等扫描仪。例如，全息无损、自动定位高速采集、超大幅面、智能化图文优化、图像文件批处理等都是一些新型产品具有的特点，大大提高了扫描加工的效率，降低了扫描加工人员的劳动强度。

（二）模数转换技术

声像档案的数字化过程与纸质档案完全不同，这是因为传统的声像多采用模拟的磁带、录音带、录像带来保存，必须通过模拟到数字转换才能实现数字化。

模数转换是将模拟输入信号转换成二进制数字信息的一种技术，主要包括采样、保持、量化和编程四个过程，实现这些过程的技术很多，并采用这些技术研制出各种转换设备和系统，在开展声像档案数字化过程中必须了解和熟练掌握这些设备的功能、性能和操作规程。模拟声像档案数字化的核心过程就是要完成声像档案的数据采集与数字化转存，实现声像档案从模拟数据向数字信息的转化。这个过程主要依靠模拟声像资料播放机数模转换线、视频采集卡、影像工作站等设备搭建的声像数模转换系统完成。声像数据的数字化转换过程是实时的，即一个小时的模拟声像资料转化为数字格式同样需要一个小时。

（三）OCR文字识别技术

档案内容数字化工作包括数字化预加工和深加工两步。预加工是通过扫描处理将纸质档案、照片档案、缩微胶片等转变为电子图像文件，不能将纸质档案上的文字信息进行完全处理；深加工则是需要获取档案内容中的文字信息，以提供档案的全文检索服务。

光学字符识别OCR就是用于从数字化档案的图像文件中以获取档案标引信息和全文信息的一种技术。档案数字化加工的主要步骤包括图文输入、预处理、单字识别及后处理。

一是图文输入。它是指实现档案原件的数字化，通过扫描设备或数码拍照等方式形成档案的数字化图像文件。

二是预处理。它是在对数字化档案的图像文件进行文字识别之前做的一些准备工作，主要包括版面分析、图像净化、二值化处理、文字切分等。这一阶段的工作非常重要，其处理效果将直接影响到识别的准确率。

三是单字识别。它是文字识别的核心技术，主要包括文字特征抽取和分类判别算法。人之所以能够通过大脑简单地认识文字，是由于在人的大脑中已经保存了文字的基本特征，如文字的结构、笔画等。要想让计算机识别文字，首先就要存储类似的基本信息。那么，存储什么形式的信息以及如何提取这些信息，则是一件比较复杂的事情，并且需要达到很高的识别率。通常采用的方法是根据文字的笔画、特征点、投影信息、点的区域分布等进行分析，常用的分析方法是结构分析方法和统计分析方法。

四是后处理。它是指对识别出的文字进行匹配，即将单字识别的结果进行分词，与词库中的词进行比较，以提高系统的识别率，减少误识率。对文字的识别，从文字类型上划分，通常分为印刷体文字的识别和手写体文字的识别；从识别的方式划分，通常分为在线识别和脱机识别。由于印刷体和手写体的文字特征差异较大，所以其处理方法是不相同的。

（四）数码翻拍仪

随着数码影像技术的飞速发展，一种新型的数字化设备——数码翻拍仪正在悄然流行。数码翻拍仪，又称数码拍摄仪、数码缩微仪等，是一种将数码相机安置在可垂直调节高低的支架上，用以拍摄文件材料或其他实物的数字化设备。目前，市场上数码翻拍仪按照翻拍性能、翻拍对象、尺寸等分为多种。数码翻拍仪与扫描仪相比所具有以下优越性。

一是数字化速度快，平板式扫描仪每扫描一页文件都有扫描灯管的往复移动和翻盖的过程，扫描速度较慢，若采用200dpi来扫描A4幅面真彩图像，每分钟扫描加工数量一般为1～2页，而高速扫描仪对档案的纸张质量要求较高，容易损坏档案，因此使用有一定的局限性。用数码翻拍仪拍摄文档没有机械运动的过程，只是曝光一下，速度不到1秒，扫描加工数量一般可以做到每分钟8～20页。

二是对档案材料损害小。平板式扫描仪扫描装订的档案时，难以做到平整扫描，扫描的图像通常会倾斜或扭曲，导致后期处理工作量增加；高速扫描仪不拆档案根本无法加工。数码拍摄可以省略档案拆装过程。应用数码翻拍仪提供的低畸变镜头和图像变形处理软件，可以解决拍摄档案倾斜线条变形等问题，这不但大大提高了数字化处理的效率，而且避免档案在拆装过程中造成的损失。

三是加工对象直观。用扫描仪扫描文档，若要在扫描前浏览扫描图像的效果，一般需要选择扫描仪预览功能，这样就降低了扫描加工的速度。数码翻拍仪的全部操作过程直观可见，即真正做到"所见即所得"。

四是加工对象不限于纸张。扫描仪一般只能扫描纸张材料，数码翻拍仪除了扫描纸张材料，还能翻拍特种载体的档案，如奖旗、奖牌，甚至奖杯等立体的物体。

五是便于调节扫描幅面。一般扫描仪只能扫A4幅面的纸质材料，扫大幅面图纸的扫描仪价格十分昂贵，利用率也不高，不适宜于一般机构配置。数码翻拍仪只要调节数码相机与底板的距离，就能灵活地选择拍摄不同幅面的纸质档案，这对扫描尺寸频繁更换的档案特别具有优势。

数码翻拍仪与传统翻拍仪相比所具有的优越性。传统的翻拍仪采用传统相机进行档案拍摄和缩微，与之相比，数码翻拍仪具有以下显著优势。

一是使用成本低。传统的翻拍仪拍摄需要胶片，拍摄后需要冲洗显影，阅览需要购置专门的缩微阅读仪，使用成本和人力成本都比较高。数码翻拍仪的翻拍与普通数码相机一样，使用不需要耗材，当拍摄图像有问题时，可立即重拍。当拍摄形成的照片，任何计算机系统都可以阅读。

二是图像处理便捷。传统的翻拍仪形成的缩微片图像很难进行处置。数码翻拍仪形成的影像电子文件可以被灵活加工处理，如纠偏、去污点、去黑边框等应用翻拍仪自带的OCR软件进行字符识别，将扫描形成的图像文件识别成可编辑的word、Pdf等格式文件，进行二次编辑与加工。应用图像处理软件，将扫描中出现的线条扭曲、图像变形等问题进行纠正，有些数码翻拍仪还自带防畸变镜头，自动调整大幅面图纸拍摄中四周弯曲的线条。

三是便于计算机技术应用。传统翻拍的缩微胶片不便于查找、传递、编辑、整理，这些缺点都是数码翻拍技术的优势所在。数码翻拍仪形成的电子文件，具有采集高效、处理灵活、传播迅速、检索快捷、多媒体集成、生动直观等缩微技术难以比拟的优势。

四是充分整合了数码相机技术。传统的翻拍仪一般只翻拍成黑白胶片，数码翻拍仪不仅能翻拍成黑白图像，还能翻拍成彩色图像。数码翻拍仪借助高分辨数码影像技术，拍摄图像清晰逼真、色彩丰富；支持色差、亮度、对比度、饱和度、伽马值等后期图像增强功能；能通过USB接口直接连接电脑，将拍摄的档案文件直接在电脑中显示或通过邮件发送出去，实现档案的无障碍传播；USB能直接给翻拍仪供电，不需要另插电源；将所有拍摄操作按钮都整合在底板上，操作十分简便；突破传统使用扫描枪扫描条形码识别的方式，用户只需鼠标轻点，即可完成条码识别，不但提高了工作效率，也省下购买扫描枪的费用；可拍摄录像，将动态的图像，如手工翻阅档案的过程记录下来，用作视频编辑的素材。

五是灵活使用各种数码拍摄设备。有些数码翻拍仪的活动支架可以固定数码相机、手机等各种拍摄设备，用户可以借助拍摄设备翻拍档案材料。

数码翻拍仪的应用范围。数码翻拍仪是传统的复印、扫描、投影、拍照、录影等技术的融合，由此兼有这些技术的优点，它无论是对传统的翻拍缩微还是扫描技术来说都是一场变革，并受到社会各领域的普遍关注和应用。目前，该技术已经广泛用于政务领域红头文件、往来信函等文件翻拍；银行传票、合同、抵押担保、会计凭证和信用卡等文件翻拍；证券期货行业股东账户开户、买卖合同、股东身份等文件翻拍；保险行业合同、发票、身份证等文件翻拍；工商税务行业税务年检等业务文件翻拍；学校学生学籍、成绩单等档案翻拍；国土行业房地契、图纸、合同等档案翻拍；司法行业往来信函、红头文件、法律文件、卷宗等档案翻拍；医疗行业病历、处方等档案翻拍；公安部门案件档案翻拍等。

数码翻拍仪在纸质档案数字化中的应用前景。尽管数码翻拍仪已经在各政府机关、企事业单位得到广泛的应用，然而其在档案信息化中使用较少。其原因之一是档案界人士对这种设备的发展现状和趋势不够了解，以为它就是传统的缩微翻拍仪。由上述分析可知，它特别适用于以下情况：一是中小型企事业单位办公室或业务部门对尺寸频繁变化的文件材料进行数字化。二是各级各类档案馆或机关档案室对纸质材料老化，不便于拆卷的档案进行数字化。三是建筑设计、制造业等企业既未购置大型扫描仪，又需要对大幅面图纸档案进行数字化。四是对奖旗、奖牌等实物档案进行数字化。五是虽对尚无条件对纸质档案数字化，但在利用时临时需要对查阅的档案进行数字化，以便通过网络提供远程查档服务。鉴于数码翻拍仪既具有使用成本低、拍摄精度高、速度快、操作简便，又便于做OCR字符识别和其他图像处理等特点，相信会吸引越来越多的档案用户。随着数码翻拍仪应用范围的扩大，数码翻拍仪的功能和性能将会不断改进和完善。因此，它有可能在不远的将来部分取代扫描仪，成为纸质档案数字化的得力工具。

（五）缩微胶片扫描仪

已经对纸质档案进行了缩微复制，可以采用专用设备——缩微胶片扫描仪，对缩微胶片上的影像进行数字化转换处理缩微影像转换技术的应用，包括对缩微胶片进行扫描，把缩微模拟影像转换成数字影像，进行存储、还原和检索输出等。

缩微胶片扫描的优缺点。与纸质档案扫描相比，缩微胶片扫描的主要优点是：扫描速度快，节约时间和成本；没有尺寸和形状的限制，可以同时对各种幅面的纸质档案进行扫描；缩微胶片可以继续留存，作为数字档案备份的一种形式；可以进行批处理，操作简便易行；便于对图像做调节亮度、对比度、拉直和裁剪等优化处理；易于对输出的图像信息进行检索、阅读、打印和传递。缩微胶片扫描的主要缺点是：所得的图像已经是第二或第三次转化，失真明显，图像虽然可以强化，但有时效果不明显；一些胶片的状况较差，出现了划痕、装订线阴影等，影响扫描影像质量；扫描仪的分辨率不足以捕捉原件中所有有价值的信息。

缩微胶片扫描设备的选择。缩微胶片扫描仪相对纸质档案扫描仪，扫描效率要高得多。目前，缩微影像转换成数字影像的技术日趋成熟。选购缩微胶片数字扫描系统，既要考虑产品的技术领先，又要考虑适用以及性价比。选购时应考虑胶片类型，如缩微平片、封套片、开窗卡片、16毫米胶卷、35毫米胶卷等；放大倍率的范围；扫描速度，即每单位分辨率，如

4.5秒/400dpi；光学分辨率和输出分辨率，如300～800dpi等。

（六）纸质档案数字化的软件配置

纸质档案数字化除了必要的硬件设施，还需要运行硬件设施所需的档案数字化工作软件。该软件有两大类：系统软件和应用软件。系统软件包括操作系统数据库管理系统等平台。应用软件是在上述软硬件平台的基础上实现数字化流程的文档扫描、图像处理和数据存储等功能的软件。这些软件可以从市场上购置，或从网络上免费下载，或随硬件设备配送获得。对大批量纸质档案的数字化处理而言，仅仅靠上述分散的、专用的工具软件是不够的，必须采取系统集成方式将整个数字化流程集合为一个统一的制作加工系统，开发出专用的档案数字化加工管理系统，实现对包括档案整理、目录建库、档案扫描图像处理、图像存储、数据质检、数据挂接、数据验收、数据备份、成果管理等档案数字化加工全过程的流水作业和安全质量控制。

二、录音档案的数字化设备

1857年，法国发明家斯科特发明了的声波振记器，这是最早的原始录音机，是留声机的鼻祖；1877年，爱迪生制造出人类史上第一部留声机；1898年，丹麦工程师普尔森发明了磁性录音；1963年，荷兰生产出音频盒式磁带机；到20世纪80年代，盒式磁带录音迅速普及，这一技术被迅速应用于声音记录，许多单位用之录制领导讲话、会议座谈、文艺演出、要人采访等，形成许多重要的录音档案。

现存的模拟录音档案一般已有30年以上的历史，其内容十分珍贵。然而随着时间的流逝，使用次数的增加，加上不适宜的环境条件影响，其声音很容易衰减或消失，甚至由于没有播放设备，其声音无法还原。利用多媒体数字技术，把模拟录音带转录成数字音频档案，有利于录音档案的及时抢救、长期保存编研制作和共享利用。随着数码音像技术的普及，模拟录音档案的数字化也被提到重要议事日程上来。录音档案数字化比较容易实现，主要硬件有放音设备、存储设备和计算机等，录音档案数字化软件较多，可根据个人习惯和熟悉程度加以选择。

（一）录音档案数字化的硬件

传统放音设备。根据拟数字化录音档案的规格、型号配置相应的放音设备，如开盘式放音机、钢丝带放音机、盒带录音机、电唱机等。放音设备必须能将声音源以电平信号的方式，通过音频输出插孔输出，若原设备不具有音频输出插孔，应进行改装模数转换设备。模数转换设备是录音档案数字化的核心部件，品质好的模数转换设备有低失真、低时延、高信噪比的特点。模数转换设备主要是声卡。声卡是多媒体技术中最基本的组成部分，是实现模拟信号和数字信号相互转化的一种硬件，其基本功能是将来自磁带、光盘、话筒等的原始声音信号加以转换。它的工作原理是将获取的模拟信号通过模数转换器，将声波振幅信号采样转换成一串数字信号，并存储到计算机中。重放时，这些数字信号被输送到数模转换器，以同样的采样速度还原为模拟信号。声卡的技术指标主要有：一是采样频率，采样频率越尚，声音越保真。一是声卡的采样频率一般应达到44.1kHz或48kHz。二是样本大小，当前声卡以16位为主。8位声卡对语音的处理虽能满足需要，但播放音乐效果不是很好；16位声卡可以达到CD音响水平。

内部声音混合调节器。内部声音混合调节器的主要功能是把不同输入源中输入的声音信号进行混合和音量调节，通常要求该混合器是可编程或可控制的。监听拾音设备，如监听音箱、监听耳机、话筒等。

（二）录音档案数字化的软件

数字化转换软件主要为音频制作软件。此外，Gold Wave不仅是一种功能强大、占用空间少、免费共享的绿色软件，而且可以在互联网上免费下载。刻录软件品种较多。

三、录像档案的数字化设备

录像档案数字化的整个设备系统由四个部分组成：提供模拟视频信号输出的放像设备，如与录像带相配套的录像机、放像机等；对模拟视频信号进行采集、量化、编码的视频采集设备，通常由视频采集卡来完成；对数字视频进行编辑的编辑系统；数字录像档案的存储设备或存储系统。

（一）录像档案数字化的硬件

放像设备。放像设备要按照录像档案载体的不同而做出不同的选择。受到数字设备的冲击，许多传统的放像设备已经退出市场。曾经流行的模拟录像带及其播放设备按照制式来分主要有 VHS、Beta 和 8 毫米等类型。VHS 是家用视频系统的缩写，这种录像机采用带宽为 1/2 英寸的磁带，习惯称"大 1/2 录像机"。

目前，档案馆保存的模拟录像带中绝大部分是 VHS 带。Beta 录像机采用不同于 VHS 的技术，图像质量优于 VHS 录像机，所用磁带的宽度也是 1/2 英寸，但磁带盒比 VHS 小，故又称"小 1/2 录像机"。8 毫米录像机综合了 VHS 和 Beta 录像机的优点，体积小、图像质量高，所用磁带宽度仅为 8 毫米。模拟录像机不仅有制式的不同，而且按照其信号记录方式及保真度的不同而分不同技术质量等级。不同制式、不同等级、不同品牌的录放设备及其不同性能的录像带，相互之间并不兼容，因此必须针对录像带的类型选择相应的放像设备。根据录像带规格、型号选用设备，如 WHS 放像机、3/4 放像机等。普通模拟录像机可输出清晰度在 200 多水平线的模拟录像，高清晰度模拟录像机可输出清晰度在 400 水平线的模拟录像；数码摄像机可输出清晰度在 500 水平线的数字录像。档案部门保存的录像带形式各异，主要有小1/2带、大1/2带、3/4带等。与这些录像带匹配的可运行的放像机越来越少，档案部门应当尽快将这些珍贵的录像带做数字化处理。否则，将来这些古董放像机一旦被淘汰，带中的影像就很难再现了。

视频采集设备。视频采集设备由高配置的多媒体计算机的内置或外置的视频采集压缩卡组成。录像档案数字化的一个重要工作是音像采集。所谓音像采集是指通过硬件设备把原录像带保存的模拟信号转换成数字信号采录至计算机中，并以数字图像格式保存的过程。图像采集的过程是保证数字图像质量的关键环节，因此正确选择采集所使用的硬件设备即采集卡至关重要。目前，市面上的采集卡种类较多，档次功能高低不一，按照其用途从高到低可分为广播级、专业级、民用级视频采集卡，档次不同采集图像的质量不同。档案部门应采用专业级以上的视频采集卡。由于视频的数据量非常大，因此对计算机的速度要求很高。在未压缩的情况下，采集一分钟的视频数据可能超过几百兆，如果CPU和硬盘跟不上要求，将无法进行采集或者采集效果较差，如画面失真、停顿、掉帧等。

（二）录像档案数字化的软件

录像档案的采集、转换和编辑除了需要采用视频卡，还需要借助视频采集软件和视频编辑系统来实现。通过视频采集软件，在实现录像档案的数字化采集之前，可以设定所需生成的视频文件格式，设置视频文件的各项参数，如调节录像信息的亮度、视频取样标准等，以确保采集信号的质量。

采集软件。视频卡配套提供的视频采集软件功能相对简单，通常无法对视频信息进行复杂的编辑和转换。因此，对采集后的视频信息，在必要的情况下，可以使用专门的视频编辑软件甚至功能强大的非线性视频编辑系统进行编辑处理。视频编辑与文本编辑类似，是将采集好的视频素材进行二次加工，如插入、剪切、复制、粘贴、拼接视频片段等。另外，还包括字母、图形乃至不同视频、音频的叠加、合成等。通过上述处理，在不破坏真实性的前提下，可以使录像档案更加清晰、美观和生动，并对视频内容进行适当的引导、指示和标注。

编辑软件。视频编辑软件是对视频进行录制、切割、合并、重组、批量处理、格式转换等制作的软件。当前，针对各种需要产生的视频格式繁多，而流媒体格式因其在网络浏览和传输支持上的优势，越来越得到用户广泛的青睐。现今信息产业界已开发出许多功能强大、界面友好的视频处理软件。

第三节 数据存储设备与数据备份

档案数字信息的长期安全存储取决于存储设备的选择和存储技术的应用，是档案安全保管的重要内容。

一、数据存储系统

档案信息化数据存储是指数据以某种格式记录在计算机内部或外部存储介质上，其存储系统分别使用不同的存储介质和存储技术。

数据存储介质。从古至今，介质存储一直是保存档案的主流方式，不同介质承载的档案本质属性并无差别，是人类认识世界和改造世界的历史记录，也是社会的重要信息资源。人类曾以石器、竹器、纸张、磁带、缩微胶片等作为载体记录档案的内容。在网络信息时代，档案的形成在很大程度上依赖于计算机及其应用系统环境，档案信息以数字形式展现给人类。为了保存这些数字形式的文件和档案，人类发明了软盘、磁盘、光盘等存储数字信息的新型载体，使用这些载体，人们能够方便地存储、迁移、展示和传播档案信息，开展深入的编研开发工作，为社会提供档案利用的多样化服务。与传统档案载体相比较，数字形式的档案载体为公众提供了灵活、方便利用档案的机会，而对习惯保管传统载体档案的档案工作者来说，面临的新挑战是如何将这些新型载体档案进行永久保存和广泛利用。

关于数字资源永久保存问题的研究，国内外已经有很多单位付出了努力，有的致力于提高数字信息载体的寿命，有的则在扩大载体的存储容量、降低存储成本上下功夫。然而，正是由于数字信息载体的更新换代太快、太频繁，尽管一代代产品的兼容性越来越好，但由于档案这一固定内容的"原始性不能被修改"的属性决定了档案具有快速发展和频繁更新的特殊性，肩负保管社会历史记录重任的档案工作者，不仅要考虑档案信息利用的深度和广度，还需要重视档案的完整保存和真实有效。因此，很多专家提出了21世纪"双套制"工作策略并被很多单位所采纳，即将有保存价值的电子文件归档时，同时做一套纸质备份或制作缩微胶片，以延长档案的保存寿命，将存储在数字信息载体上的档案主要用于提供利用服务和载体备份。

"双套制"是过渡时期档案管理的一种可操作解决方案，虽在一定程度上减轻了档案工作者保存档案的压力，但增加了管理过程的成本。在实际工作过程中，很多单位采用纸质、缩微数字信息载体各制作一套备份，这样制作成本、管理成本呈现持续上升的趋势。随着档案信息量的增大，这种方式很难持续较长的时间。另外，并不是所有的数字档案都能够制作纸质或缩微的备份，只能以数字载体形式进行存储，这就需要加强管理，制定长期保存数字档案数据的管理规范和规章制度。在选择较长寿命存储载体的前提下，定期进行检查，根据需要做数据迁移，并在数据迁移的过程中确保档案的真实、完整和有效。

目前，数据存储介质主要有磁存储介质、光存储介质和电存储介质三种。

（一）磁存储介质

磁存储技术是将声音、图像和数据等变成数字电信号，通过磁化磁介质来保存信息。磁存储介质主要有硬磁盘、磁带、磁盘阵列、磁带库等。

1.硬磁盘

硬磁盘是由若干盘片重叠在一起放入密封盒内组成，盘片的结构类似软盘，盘片一般用合金或玻璃材料制作，磁性层则一般使用 $\gamma-Fe2O3$ 磁粉、金属膜等制成。硬盘的存储量大，数据传输速度快；硬盘盘片与驱动器装在密封容器内，不易受周围环境影响，工作稳定性好、可靠性高，由此常作为网络数据传输的在线存储介质。硬盘按尺寸分，有5.25英寸、3.5英寸、2.5英寸、1.8英寸等。5.25英寸硬盘早期用于台式机，现在已被淘汰。3.5英寸台式机硬盘正广泛用于各式电脑；2.5英寸硬盘广泛用于笔记本电脑及移动硬盘；1.8英寸微型硬盘广泛用于超薄型笔记本电脑、移动硬盘及苹果机播放器。按转速分，有5400转/秒、7200转/秒、10000转/秒和15000转/秒。按存储方式分，有固态硬盘、机械硬盘、混合硬盘。相对机械硬盘，目前的固态硬盘不仅有存取速度快、耗电量小、稳定性好等优点，也有存储量小、价格昂贵等缺点。混合硬盘可以起到扬长避短的作用，值得档案工作者关注。

2.磁带

磁带一般由聚酯薄膜带基和附着在带基上的磁性涂层，经过磁性定向、烘干、压光和切割等步骤制成。磁带存储容量大，数字磁带的最大容量已经达到TB级，在数据备份和档案文件存储等方面一直占据着重要的地位；成本适宜，操作方便，只要通过一定的驱动器就能顺利地读取。但是，磁带是串行记录方式，存取速度较慢；工作方式为接触式，易使磁带、磁头磨损。鉴于磁带的这些特点，它适合用在按顺序存取数据、存储量大而读写次数少的电子档案备份系统中，可作为硬磁盘数据长期备份的存储介质。

3.磁盘阵列

磁盘阵列是应用磁盘数据跨盘处理技术，通过组合多个硬盘，把多个读写请求分散到多个硬盘中来突破单个磁盘的极限，并使其协同工作。在使用过程中如同仅使用一个硬盘，却可以获取比单个存储设备更快的速度、更好的稳定性、更大的存储能力、更高的容错能力。它可以按照用户对存储容量的需求进行阵列配置，从而达到海量存储的要求。磁盘阵列系统存储容量大、安全性高。数据存储在由多个磁盘组成的磁盘组上，通过数据的冗余存储，可在一个或多个磁盘损坏、失效时，防止数据丢失；磁盘阵列通过并发读写，能够提高数据的存取速度，把多个硬盘驱动器连接在一起协同工作，大大提高了数据的读写功能。

4.磁带库

磁带库是一种机柜式的、将多台磁带机整合到一个封闭系统中的数据备份设备，是离线存储系统中的关键设备之一。它主要由磁带驱动器、机械臂和磁带构成，可实现磁带自动卸载和加载，在存储管理软件的控制下具有智能备份与恢复、监控统计等功能，能够满足高速度、高效率高存储容量的要求，并具有强大的系统扩展能力。磁带库具有自动备份和恢复功能，可实现数据的连续备份，也可在驱动管理软件控制下实现智能恢复、实时监控和统计；存储量大，存储容量不仅可达到PB级，备份能力也很强大，是集中式数据备份的主要设备。

（二）光存储介质

从磁存储到光存储是信息记录的飞跃，光存储是利用光学原理读或写的。光存储技术是采用激光照射介质，激光与介质相互作用，导致介质的性质发生变化而将信息存储下来的。读出信息是利用定向光束在存储介质表面进行扫描，通过检测所经过点的激光反射量，读出所保存信息的一种技术。光存储介质有光盘、光带、光卡、光盘塔、光盘库等，其中以光盘应用最为广泛。光盘是继磁性介质之后产生的又一种新型的数字信息记录介质。它不仅具有存储密度高、信息容量大、稳定性好、可移动成本低等特性，也是电子档案的重要存储介质。光盘通常分为CD、DVD、蓝光光盘等几种。

1. CD

CD光盘采用红外激光器读取数据，存储容量较大，存储成本相对较低；在日常使用中易发生磨损，造成数据被错误读取和解析；在受力不均匀时易发生变形，造成数据无法读取。CD采用单层储存形式，容量一般为700M。由于光盘技术的迅速发展，目前该类光盘已经趋于被淘汰。

2. DVD

DVD与CD的外观极为相似，直径都是120mm，一般单层容量约为5G。DVD分为预录制和可录制光盘两种。预录制光盘的数据只能由厂商用专用设备录制。可录制光盘又分为一次写入型和可擦写型两种。一次写入型光盘可用光盘刻录仪一次性刻录数据，但不能擦除。档案部门可利用这种光盘的特点，保存档案信息，防止归档电子文件被改写和篡改。可擦写型光盘录入的数据可擦除和重写，可反复使用。

3. 蓝光光盘（BD）

目前主流的单层BD容量为25G，可烧录长达4小时的高清视频；双层BD容量为50G；多层BD容量为100G以上。随着蓝光刻录机和盘片价格越来越低，BD很有可能是继CD、DVD之后的档案数据又一主要存储介质。光盘共享技术的发展为大容量存储数字信息提供了可能，光盘塔和光盘库也成为存储电子档案的主要设备。

（三）电存储介质

电存储介质是继磁存储和光存储之后的利用半导体技术做成的一种新

型存储介质，它通过电子电路以二进制方式实现信息的储存。电存储介质主要有闪存盘和数据存储卡。

二、数据存储技术

数据存储技术随着科技的发展也在不断地发展和变化。目前，数据存储技术主要有直接存储、网络存储两种。

（一）直接存储技术

直接存储技术是目前存储数据的主要技术方法。直接存储技术是利用计算机等存储设备，将档案信息保存在性能稳定的载体上。存储载体主要包括只读光盘、一次写光盘、磁带、硬磁盘、可擦写光盘、光盘塔和磁带库等。其特点是：投资低、读取速度慢；资料可供同时读取的人数少；检索光盘时，会出现内部机械手臂容易出故障、光盘容易磨损划伤等问题。

（二）网络存储技术

在数字化高速发展的背景下，网络已经渗透到社会各个领域的日常运营管理中。具有海量存储性能的网络存储产品及其组织与管理数字信息的软件系统的问世，为数字档案的存储提供了可能。各级机构建立的互联网、专网和内网则为档案的网络化收集、整理、归档、存储、传播利用提供了基础平台，这就需要借助网络在线存储技术以获得更可靠的存储方式，提供更快的访问速度。

存储设备与主机的连接方式：主机与网络存储系统之间的连接方式有多种，主要有在线存储、近线存储和离线存储。磁盘阵列与服务器之间的直接连接就是采用在线存储方式，存取速度快，成本高，适合高速数据存取的应用场合；光盘库与主机之间采用近线存储方式，存取速度中等，成本合理，适合于对在线访问速度要求不高的档案馆、图书馆等；磁带库、脱机存储设备是采用离线存储方式，不仅平均存取速度低，成本也较低，适合大规模后备备份或者用以保密数据的保管和访问等。

存储设备与网络连接的接口标准：存储设备与网络的连接标准也有多种方式，主要有SCSI连接、光纤连接等。SCSI连接和光纤连接是档案馆中通常使用的连接方式。

网络存储解决方案：网络存储领域最典型的代表有直接附加存储（DAS）、网络附加存储（NAS）、存储区域网（SAN）以及内容寻址存储（CAS）。事实上，DAS、NAS、SAN和CAS是集数据存储硬件设备和数据管理软件系统为一体的存储解决方案。区别于介质存储的脱机方式，网络存储的主要作用是提供数字信息的在线访问，而数据管理则是解决网络上数据的组织、存取与访问方式等问题，目的是管理数据并提供访问机制。通常采用关系型数据库管理系统、文件数据管理系统和内容存储管理系统等。

直接附加存储（DAS）技术：直接附加存储通过电缆直接与服务器相连接，存储设备作为服务器的附加硬件，不带操作系统，直接接收所连服务器的I/O请求，完全依托服务器，通过服务器上的网卡向用户提供数据。它是典型的分散式存储模式。

DAS是一种传统存储方式，是在本地将存储设备（磁盘、磁带、磁盘阵列、带库等）通过SCSI接口的电缆一对一地直接连接到服务器或者客户端的扩展接口上。它自己没有独立的操作系统，而是依赖其宿主设备——服务器或客户端的操作系统来完成对数据的存储与管理。服务器和存储设备之间的连接通道是独立的、专用的。存储设备只能由与其直接相连的服务器通过一个智能的控制器来访问。该方法主要是为了克服主机上驱动器槽的缺陷而发展的。当服务器需要更多的存储量时，只要增加连接一个存储器就行。另外，该方法同时还允许一台服务器成为另外一台的镜像，这个功能是通过将服务器直接连到另一台服务器的界面上来实现的。

DAS的优点是数据存储速度快，所有数据能够时刻在线，为用户提供快速的访问响应。不足在于大量占用服务器资源。当用户数增加或者服务器上的应用程序运行繁忙时，服务器就成为数据存储与访问的瓶颈，当网络上存储设备和服务器被添加进来时，DAS环境将导致服务器和"存储孤岛"数量的剧增，产生巨大的管理负担，并致使资源利用率低下。由于受到服务器扩展能力的限制，不可能进行无限度的扩容，容量会受到一定的限制，因此它比较适合于数字化信息量较小的档案馆使用。

网络附加存储（NAS）技术：网络附加存储是一种连接在网络上的存储设备。通常使用RJ45口，通过以太网向用户提供服务。采用集中式数据存储模式，将存储设备与服务器彻底分离。NAS是一种基于文件级别的存储结构，存储设备直接连接到局域网上，具备文档存储功能的装置，系统通常使用NFS（网络文件系统）或者CIFS（通用互联文件系统），这两者都是基于IP的应用。它将存储设备从服务器上脱离出来，完全独立于网络中的主服务器，连接到现有的网络上，通过网络共享方式给各客户机提供网络数据资源服务，客户机完全可以不经过服务器而直接访问存储设备上的数据。NAS服务器一般由存储硬件、操作系统以及其上的文件系统等几个部分组成。

第五章

档案数据的利用与共享

第一节　档案数据库的知识

一、数据库的概念

数据库是现代信息科学与技术的重要组成部分，是计算机数据处理与信息管理系统的核心。数据库解决了在计算机信息处理过程中大量数据有效地组织和存储的问题，使数据库系统减少数据存储冗余、实现数据共享、保障数据安全以及高效地检索数据和处理数据。

（一）数据

数据是描述事物的符号记录。在计算机系统中，各种字母、数字、符号的组合以及语音、图形、图像等统称为数据，数据经过加工后就成为信息。在计算机科学中，数据是指所有能输入计算机并被计算机程序处理的符号的介质的总称，是用于输入电子计算机进行处理，具有一定意义的数字、字母、符号和模拟量等的通称。

（二）数据库

数据库是按照数据结构来组织、存储和管理数据的仓库，它产生于60多年前。随着信息技术和市场的发展，特别是在20世纪90年代以后，数据管理不再仅仅是存储和管理数据，而是转变成用户所需要的各种数据管理的方式。数据库有很多种类型，从最简单的存储有各种数据的表格，到能够进行海量数据存储的大型数据库系统，都在各个方面得到了广泛的应用。

（三）数据库的主要特点

数据库技术之所以如此迅速发展，是因为它具有以下特点：一是实现数据共享。数据共享包含所有用户可同时存取数据库中的数据，也包括用户可以用各种方式通过接口使用的数据库，并提供数据共享。二是减少数据的冗余度，与文件系统相比，由于数据库实现了数据共享，避免了用户各自建立应用文件，从而减少了大量重复数据，减少了数据冗余，维护了数据的一致性。三是数据的独立性。数据的独立性包括逻辑独立性（数据库中数据库的逻辑结构和应用程序相互独立）和物理独立性（数据物理结构的变化不影响数据的逻辑结构）。四是数据实现集中控制。文件管理方式中，数据处于一种分散的状态，不同的用户或同一用户在不同的处理过程中其文件之间毫无关系。利用数据库可对数据进行集中控制和管理，并通过数据模型表示各种数据的组织以及数据间的联系。五是实现数据一致性和可维护性。主要包括安全性控制，以防止数据丢失、错误更新和越权使用；完整性控制，保证数据的正确性、有效性和相容性；并发控制，在同一时间周期内，既允许对数据实现多路存取，又能防止用户之间的不正常交互作用，以确保数据的安全性和可靠性。六是故障恢复由数据库管理系统提供一套方法，可及时发现故障并修复故障，从而防止数据被破坏。

（四）数据库类型

1.关系型数据库

关系型数据库以行和列的形式存储数据，以便于用户理解。这一系列的行和列被称为表，一组表组成了数据库。用户用查询（Query）来检索数据库中的数据。一个 Query 是一个用于指定数据库中行和列的 SELECT 语句。关系型数据库通常包含下列组件：客户端应用程序、数据库服务器、数据库。关系型数据库管理系统中储存与管理数据的基本形式是二维表。

2.网状数据库

网状数据库是处理以记录类型为结点的网状数据模型的数据库，处理方法是将网状结构分解成若干二级树结构，被称为系。系类型是两个或两个以上的记录类型之间联系的一种描述。在一个系类型中，有一个记录类型处于主导地位，被称为系主记录类型，其他被称为成员记录类型。系主和成员之间的联系是一对多的联系。

网状数据库的代表是 DBTG 系统。现有的网状数据库系统大多是采用 DBTG 方案的。DBTG 系统是典型的三级结构体系：子模式、模式、存储模式。相应的数据定义语言分别被称为子模式定义语言 SSDDL、模式定义语言 SDDL、设备介质控制语言 DMCL，另外还有数据操纵语言 DML。

3.层次型数据库

层次型数据库管理系统是紧随网状数据库而出现的。现实世界中很多事物是按层次组织起来的。层次数据模型的提出，首先是为了模拟这种按层次组织起来的事物。其次层次数据库是按记录来存取数据的。层次数据模型中最基本的数据关系是基本层次关系，它代表两个记录型之间一对多的关系，也称双亲子女关系（PCR）。数据库中有且仅有一个记录型无双亲，被称为根节点。其他记录型有且仅有一个双亲。在层次模型中从一个节点到其双亲的映射是唯一的，所以对每一个记录型（除根节点外）只需要指出它的双亲，就可以表示出层次模型的整体结构。

二、档案数据库

档案数据库是以一定的组织方式存储在一起的机读档案数据的集合。"记录"是档案数据库的基本单元，是对某一份文件或案卷的题名、责任者、时间、页码、分类号、主题词、摘要等进行描述的结果，每条记录相当于一条著录条目。一个档案数据库由若干条记录组成，这些记录被组织起来以供检索和显示之用。

（一）档案数据库的特点

1.集中性

档案数据库对档案数据实行集中化控制，可将各种有关数据集中在一起进行统一的控制和管理，保证了数据的一致性和完整性。

2.结构化

档案数据具有复杂的数据结构，它将各应用系统的全部数据合理地组织起来。

3.低冗余度

数据库中的档案数据重复少，数据的冗余度被控制在最低限度，节省了计算机的存储空间。

4.可靠性

数据库系统采取各种手段加强了对数据的保护，保证了数据的安全可靠。

5.共享性

数据库系统内的各应用程序可以共用，数据库还可以出售，供不同用户、不同系统使用。

（二）常见档案数据库形式

档案数据库一般包括目录数据库或元数据库、内容数据库等。

1. 目录数据库

目录数据库是数字档案资源管理的基础，它是将反映数字档案特征的规范数据，依照一定的字段要求存入计算机中，通过系统的排序等处理环节，形成由计算机检索的目录数据体系。目录数据库建立的方式主要有两种基本途径：一是通过传统载体档案数字化采集的档案目录数据库由人工录入建库方式建立的；二是通过接收电子文件方式形成的数字档案，一般是通过档案管理系统自动采集生成或从数字档案元数据库中提取而形成的，其可以经过数据整理规范审核与补充完善后建立。

2. 元数据库

保存数字档案元数据是保证数字档案可靠和可用的一项重要措施。元数据库可以按照数字档案元数据采集规范要求建立。元数据采集方式主要是通过对电子文件或数字档案的背景、结构和管理过程信息进行自动生成和适当人工添加而形成的，如数据仓库就是对基础数据进行重新设计、编辑所获得的新的数据库。元数据库主要承担优化检索的计算任务。数据仓库中的数据主要来自基础数据库，由数据抽取工具经综合集成处理而成，数据根据一定的主题经过二次加工形成，是面向数据利用而建设的。

数据仓库可以叫作系统的搜索引擎数据库。数据仓库中的数据可能来自基础数据库中的一个或多个数据表，并且可能是其中的一个或多个字段，源数据表的结构可以是异型、异构的。例如，数据可能来自档案、资料等不同数据库。数据仓库数据是为检索而生成的，比基础数据库中的数据更加规范、简洁，如其可以只保留信息关键字、录入人、录入时间等为系统管理而设定的字段不再出现。另外，这些数据一经形成也具有一定的稳定性。数据仓库对基础数据库中的数据进行集成、转换和综合，重新组织成面向利用的数据集，从而实现对数据的整合。

3. 内容数据库

内容数据库是数字档案资源建设的主体，它是通过数据库、数据仓库等技术方法将档案全文按照一定的分类、排序方式排列形成的集合。内容数据一般通过与目录数据挂接方式实施有效管理，随着信息技术特别是检索技术的发展，将来也会采用其他技术方法对内容数据进行有效管理。对于由电子文件归档形成的电子档案，其内容数据还应与其元数据建立持久、有效的联系，防止被非法修改，并采取技术措施，确保其可靠和可用。

内容数据库是数字资源管理的主体，内容数据通常表现为非结构化数据，不方便用数据库二维逻辑表来表现，如文本、图片、XML、HTML、各类报表、图像和音频、视频信息等。从方便管理和利用、软硬件有效配置、资源安全等角度考虑，应分别建立管理不同档案内容数据的内容数据库。按照档案内容和形式特点，可划分为电子文件数据库、扫描文件数据库、照片数据库、多媒体数据库等。电子文件多为文本文件，所占空间小，内容易于编辑，与形成单位联系密切，可建立单独的数据库（电子文件中心），依托政务网构建较为有利。扫描文件数据多为馆藏档案数字化转换而成，存储格式比较统一，可以建立扫描文件数据库；照片数据和多媒体数据各自有独特的存储格式，占用存储空间相对较大，管理方法也有特殊要求，宜分别建立照片数据库和多媒体数据库。这种划分不是必然的，数字档案馆建设可按照资源数量、设备条件、用户需求等，建立符合实际的档案内容数据库。

（三）档案数据库的性能指标

1. 数据收录的完整性

这是评价数据库质量的首要指标。数据库覆盖面的大小、收录数据的完备程度，关系到它是否能全面满足用户的检索要求，是取信于用户的基本前提。

2.数据收录的准确性

数据库中收录的数据是否准确可靠，是保证档案检索系统检索效率的重要因素，数据的任何差错，如格式的不一致、字符的出入、拼写的失误等，对计算机处理数据和检索结果都将有很大影响。尤其在数值型和事实型数据库中，数据的不准确将会造成严重后果，可能会导致用户对数据库的彻底否定。

3.信息含量的充分性

信息含量的充分性指档案数据库揭示档案信息特征的充分程度，如对一份档案著录项目的详细程度、有无摘要、摘要的详略如何、标引深度的大小等。数据库的信息含量越充分，就越有助于用户判断档案的价值及其切题程度，从而帮助他们迅速、准确地找到自己所需要的档案。

4.数据更新的及时性

数据更新的及时性主要指一份档案从形成到纳入数据库之间的时差。如果用户先看到原始档案，然后才从数据库中检索到该档案的有关信息，该用户就会认为数据库所提供的数据不及时。数据库的及时性对现实效用较强的科技档案来说尤其重要，数据库的时差越短，其价值就越大。

5.数据库的成本效益

建立数据需消耗大量的人力、物力，租用或购买数据库的花费也不小。因此，经济成本是衡量与选择数据库的重要指标，应尽可能地选用最低的成本达到较大的效益。计算数据库成本的指标包括每个字段、每条记录的平均费用，每次检索、每条命中记录的平均费用。

三、档案目录管理和档案检索体系

档案目录管理是有关编制、管理档案目录，并向档案工作的其他环节和档案利用者提供目录服务的业务系统，是档案工作的一项基本内容，由档案著录、档案目录组织、建立档案目录体系、建设档案目录信息网络等四部分组成。

（一）档案目录的基本职能

1. 存储职能

档案目录的存储职能是将分散在各个全宗、案卷、文件中的档案信息加以提炼、加工，按照目录组织原则和方法，由分散到集中，组成一个档案二次信息系统。档案目录的存储职能，要依靠档案著录、目录组织、目录体系确定等档案目录工作环节来实现。

2. 检索职能

档案目录的检索职能是通过提供多种检索手段和检索途径，使档案利用者将检索要求和档案目录信息进行相符性查找，找到符合检索条件档案的准确位置。档案目录的检索职能是在档案利用的过程中实现的。

（二）档案目录的种类

档案目录是将档案的著录条目按照一定的次序编排而成的检索工具。按检索工具的编制方式来划分，档案目录是档案检索工具的一种。常见的检索目录有以下几种。

1. 案卷目录

登录案卷题名、档号、保管期限及其他特征，并按案卷号次序排列的档案目录。它们是档案馆（室）基本和必备的检索工具。其类型基本有两种：一种是以全宗为单位编制的综合目录，另一种是以全宗内各种门类的档案编分册目录。分册目录一般以全宗内的类别为单位，或按保管期限、年度、阶段、机密程度为单位分别编制。目录类型的选择和设置的数量，应考虑便于档案的检索和管理。

2.卷内文件目录

登录卷内文件名和其他特征并固定文件排列次序的表格，排列在卷内文件之前。其用于揭示卷内文件的来源、内容等，固定卷内文件顺序，统计卷内单份文件数量。

3.归档文件目录

指以全宗为单位编制的所有归档文件名册。归档文件应依据分类方案和室编件号顺序编制归档文件目录。

4.主题目录

以若干能表达案卷或文件中心内容的主题词作为检索标识，将档案著录成卡片条目，按主题词的顺序排列组织而成。主题词是经过优选和规范化处理，能表达各种概念的词或词组。这种目录具有专指性、集中性、直观性、灵活性的优点，便于特性检索，可以弥补因受分类体系、归类标准等因素限制而造成的不便，其缺点是缺乏逻辑体系，系统性差。另外，由于每一条目往往标引若干个主题词，手检的主题卡片须为每一主题词各制一卡，将同一形式的若干张卡片分别按不同主题词排列，因而造成卡片数量庞大，不便于编制和管理。

5.分类目录

打破全宗及其原有整理系统，按照档案内容性质，采用等级体系的分类法组织而成，通常依据统一制定的检索分类大纲进行分类排列。这种目录在揭示文件或案卷的内容和形式特征方面，具有分类系统、问题集中的特点，是沟通利用者与贮存系统的基本媒介，是档案馆（室）起主导作用的检索工具。

编制方法：以文件级或案卷级为单位著录成卡片条目，再按类别及分类号的顺序分别集中和排列，形成大类、项、目、细目的层次分明的线性系统，其格式一般以《档案著录规则》的规定为准。

6.专题目录

超越年度、全宗的界限，按照一定题目，将涉及同一专题的档案著录成卡片条目，集中组合而成。其针对性强，便于迅速查找专门需求的档案材料。编制程序大致为：选题、选材、制卡，按问题、部门、时间、地域或其他特征设置类别体系，各类和类内再依照一定顺序系统排列。

7.全宗文件目录

以逻辑体系分类的形式，将一个全宗内各种文件的内容和形式特征著录成卡片条目，按内容反映的主题分类排列组织而成。它突破按年度和组织机构等全宗内档案分类体系，便于从专业和专题的角度查找档案，有较高的查全率和查准率。其著录格式、填制方法和排列顺序大致与分类卡片目录相同，如将其条目编上顺序号，印制成簿册即为全宗文件目录。

8.人名目录

将档案中涉及的人名情况著录成卡片条目，集中排列而成。它向利用者提供姓名及其有关信息的线索。人名目录主要有两种：简单地只著录人名（包括别名、曾用名）和材料出处的档号；详细地包括人物生平简况、档案内容提要和材料出处的档号、备考等。条目排列顺序：中国人名一般按姓氏笔画或汉语拼音字母等顺序，外国人名一般按姓的外文字母顺序，并在不同笔画或字母的人名卡片间放上突出的指引卡片。

（三）档案检索体系

1.档案检索

档案检索是指对档案信息进行系统存储和根据需要进行查找的工作，它是开展提供利用工作的基本手段，是开发档案信息资源的必要条件。它包括两个阶段：一是按照一定的规则，对档案信息进行著录和标引，组成各种检索工具，即输入过程。二是根据用户需求，依据检索工具，查找所需要的档案信息，即输出过程。

2.档案检索体系

档案检索体系是指为进行档案检索而建立的完整的检索系统。它由以下四个部分组成。

第一，检索语目。检索语目也称档案标引语旨，是根据检索的需要而编制的一种专门语言，是表达档案主题内容和作为索取依据的一种标识。档案检索语言有两个基本特点：单义性和专业性。单义性可以减少匹配误差，提高检索效率。专业性要求档案检索语言的词汇及编排方法都符合档案的特点，便于档案标引和查找时使用。档案检索语言具有保证检索效率、揭示检索标识之间的逻辑关系、对检索标识进行系统化排列的作用。

第二，著录、标引规则。著录、标引规则是指对档案信息用检索语言和有关符号等加工存储环节进行标识的规范。目前，我国已制定了《档案著录规则》《中国档案分类法》《中国档案主题词表》等标准，作为著录与标引的依据。

第三，检索工具。检索工具是档案信息经过加工浓缩而存储起来的一种载体，主要包括各种档案目录和各种数据库。

第四，检索设备。检索设备是指有关的设施设备，包括目录夹、卡片柜、计算机、检索网络的终端等配件设备。

3.档案检索效率

档案检索效率是指在检索过程中满足利用者需要的全面性和准确性程度，它是衡量档案检索系统性能以及每一个检索过程质量高低的最基本的指标。档案检索效率通常采用检全率（查全率）和检准率（查准率）两个指标来衡量与表示。

查全率是指满足利用者要求的全面程度，即检出的有关档案与全部有关档案的百分比。与之相对应的是漏检率，即未检出的有关档案与全部有关档案的百分比。

查准率是指满足利用者要求的准确程度，即检出的有关档案与检出的全部档案的百分比。与之相对应的是误检率，即检出的不相关档案与检出的全部档案的百分比。

第二节 计算机档案信息检索系统

一、计算机档案信息检索的基本知识

计算机档案信息检索是计算机技术在档案管理领域的重要应用内容，从20世纪80年代以来，我国各级档案馆及一部分单位的档案室进行了计算机档案信息检索的探索和实际应用。它极大地提高了档案信息检索的效率，大大提升了档案管理的现代化水平。目前，计算机档案信息检索正逐渐取代手工检索而占据主导地位。

（一）计算机档案信息检索系统的特点

计算机档案信息检索系统是以电子计算机作为检索设备，将档案信息以二进制代码的形式记录在磁性载体上，由计算机检索软件进行控制，对输入的档案信息自动进行存储、加工、检索、输出、统计等操作的一种信息检索系统。与手工检索系统相比，其优点十分明显。

1.检索速度快

使用传统的手工检索查找档案，需要较长时间逐张翻检有关检索工具，这常常是一种烦琐、费时的手工劳动，而用计算机进行检索，速度就会快很多。要查找一个或一批文件级档案条目，少则几秒钟，多则几分钟就可完成，这保证了提供档案的及时性。

2.存储量大，检索途径多

计算机能够用较小体积存储大量的档案信息，这是书本式、卡片式检索工具远远不能相比的。计算机具有为每个文件提供多个存取点的能力，因而可以实现对档案信息的多元检索，档案著录的每一项目，既可单独作为一条检索途径，又可把若干项目结合起来进行检索。

3.检索效率高

计算机信息检索系统对各种检索要求有很强的适应性。将文献的多种特征输入计算机后，通过计算机本身的处理系统可以满足利用者的多方要求，并将检索结果迅速打印输出，其检索效率较之手工检索工具大大提高。

（二）计算机档案信息检索的现实价值

计算机档案信息检索的现实价值主要分为以下几个方面。

1.直接向社会提供有价值的各种档案信息

几千年来，档案之所以作为一种重要的社会信息被历朝历代的统治者认真地收藏，主要有两个重要的原因：其一，原始真实的档案信息可以"存史"，即人们可以通过查阅档案的内容记载和解历史，甚至可以再现历史；其二，档案信息中记载的历史事实可以发挥"资政"的作用，即帮助人们总结历史的经验教训，为现实工作提供参考和依据。如果我们只是将档案收集保管起来而不对它进行利用，那么再多的档案到头来也只能成为一堆故纸。所以，检索工作通过对社会提供规范化、有序化后的各种档案信息，才能使档案信息真正发挥社会功能，人们保存档案的目的才能最终得以实现。

2.提高档案信息检索质量

档案作为一种特殊信息，它的保管方式从古到今都有一定的特殊性。全宗是档案实体保管的主要方式，是按照档案实体的来源和档案内容的内在联系形成档案信息的组成方式。这种方式不同于一般图书资料的管理，在检索时要求检索者对档案信息的来源情况有一定了解，对于一般利用者而言，往往需要提出需要检索的内容，而对于这些内容的来源情况并不熟悉，而档案管理者可以利用自己熟悉档案信息的来源和组织方式优势，提高检索的查全率和查准率，为利用者节约检索时间，提高检索质量。

3.提高档案信息管理标准化、规范化、科学化水平

检索是一项对技术要求很高的工作，它不仅要求档案实体管理要全面规范，还要求档案信息处理要达到标准化、规范化的要求，如检索工具应该多样化、层次化，分类方法应该统一，主题词选用，应该规范，著录、标引格式应该标准化等。通过开展检索工作，可以极大地促进这些工作的开展，同时也能为实现全面档案信息计算机检索创造条件。

4.促进档案管理的基础工作

档案信息检索不是一项孤立的工作，它必须以一系列档案管理具体工作为基础，如检索的对象必须是集中保存的档案实体中的信息。没有进入保存系列的档案信息是无法通过规范的检索手段完成检索的，例如一些没有按规定及时归档的档案、散存在民间的档案、私家档案等。同时集中保存的档案如果没有进行有序化整理和加工，胡乱堆积在一起，位置不固定，内容缺乏联系，对这样的档案也很难完成对相关信息的检索，即使是集中保存并进行了有序化整理的档案，如果没有完备的检索工具，要准确检索有关信息仍然是很困难的。可见，开展档案信息检索工作，不仅是档案信息直接服务于社会的需要，也能从根本上促进档案管理整体工作水平的提高。

（三）计算机档案信息检索系统的类型

1.按数据库的性质分

按数据库的性质分为目录信息检索系统、事实与数值信息检索系统、全文信息检索系统。目录信息检索系统存储的是经过加工的档案目录信息，检索结果是符合检索要求的档案线索。目录信息检索系统目前在档案计算机检索系统中占绝大多数，它是发展最早、应用最广泛的检索系统。

事实与数值信息检索系统存储的是档案中所包含的种种事实或数据，它对档案材料进行了更高层次的加工，输出的检索结果为用户可直接利用的事实和数据。这种检索系统有逐渐增多的趋势。全文信息检索系统存储的是机读化的档案全文信息，通过这种检索系统可以检索档案原文中的任何一个字、句、段、节等，也可直接输出档案全文。

2.按检索方式分

按检索方式分为脱机检索系统、联机检索系统。脱机检索系统是将用户的检索提问集中起来，由系统操作人员统一输入、统一查找，再把检索结果打印出来分发给用户。这种检索系统的用户不能直接使用计算机参与检索过程，需要较长时间才能获得检索结果，适合那些不需要立即获得结果但对检全率要求较高的检索。

早期的计算机检索系统大多为脱机检索系统。联机检索系统是以人一机对话的方式，通过计算机终端和通信线路由检索人员直接对档案数据库进行检索。用户不但可以随时查找所需的档案信息，而且能马上获得检索结果，还可随时修改检索提问，直到获得满意的结果为止。

3.按服务方式分

按服务方式分为定题检索系统和追溯检索系统。定题检索系统是将用户提出的检索要求编成逻辑提问式输入计算机里，组成提问文件并存储在磁盘上，每隔一定时间对数据库中新收入的档案信息进行检索，并按一定的格式打印输出给用户。定题检索服务一般是以脱机方式进行的。

追溯检索系统是根据用户的检索要求，对数据库中积累的档案材料进行专题检索，可以普查若干年内与检索课题有关的所有材料，其检索可追溯到档案数据库所能提供的年代。

4.按检索语言分

按检索语言分为受控语言检索系统和自然语言检索系统。受控语言检索系统采用分类表、词表等规范化的检索语言对标引和检索所用的词汇进行控制，检索时需通过分类表、词表将标引用语和检索用语进行相符性比较。自然语言检索系统直接采用自然语言存储检索档案信息，能够方便标引和检索，但要以计算机检索技术的高度发展为前提。

（四）计算机档案信息检索系统的构成

计算机档案信息检索系统由机读档案数据库、计算机硬件、计算机软件三个部分构成。

1.机读档案数据库是将一系列档案文献条目用二进制代码的形式，记录在磁带、磁盘或光盘上，以便让计算机阅读理解和运算，其内容与普通的检索工具基本一致。为了便于计算机判断和处理，在条目中增加指示符、分隔符、结束符等标志，并记明各个著录项目以及整个条目的长度与地址。为了提高检索效率，计算机还需对目录数据库进行进一步加工，排成各种索引文档。一个计算机检索系统包含若干种文档。

2.计算机硬件指计算机及外部设备，它是进行信息存储、运算、输入、输出的实体。计算机的选型，应根据馆藏量、系统规模及检索功能的要求来决定。根据我国档案馆（室）现有条件，一般以采用微型机或小型机为宜。尤其是微型机售价低，其容量和功能不断提高，能满足大多数档案馆（室）档案检索的要求，是财力不充足的档案机制的最佳选择。在配置硬件时应考虑各种设备的兼容性、处理速度与处理能力、可靠性与适应性等因素，既要考虑目前的需要，又要着眼于将来的发展。

3.计算机软件指控制计算机各种功能的一系列指令，没有这些指令，计算机就不能运行。目前，市场上出售的软件较多，先要配齐有关的系统软件，应用软件可以购买，也可以自己研制开发。由于档案种类的多样性、内容的复杂性以及档案管理、利用的特殊性，要求档案检索系统的软件开发须从档案的特点以及档案工作实际出发进行系统分析和设计，不能完全搬用情报检索系统的软件。

二、计算机档案信息检索技术

（一）全文检索

　　档案全文检索又称档案原文存储与检索，是借助于光盘存储器与缩微设备联机实现的一种档案检索方式。全文检索系统的核心组成是全文数据库和全文检索软件。全文数据库是将一个完整的信息源的全部内容转化为计算机可以识别和处理的信息单元而形成的数据集合。全文处理采用"一次扫描技术"，即计算机索引程序顺序扫描文章全文，对每一个（字）词建立一个索引，指明该（字）词在文章中出现的次数和位置。用户查询时，检索程序根据建立的索引进行查找，并将查找的结果反馈给用户。这个过程类似于通过字典中的检字表查字的过程。应用全文检索软件，可以对文件全文，包括字、句、段、章、节等不同层次的内容进行编辑、加工和检索，将受控语言与自然语言检索相结合，采用布尔逻辑检索、截词检索、邻近检索、模糊检索等方法可以查找原文中任何细小单元的信息。

（二）多媒体存储与检索

　　多媒体存储与检索技术是指将文本、数值、图形、图像、声音等多种类型的档案信息进行综合处理的技术。迄今为止，已有不少多媒体档案检索系统问世，如清华大学档案馆技术部研制的《THDA–MIS多媒体档案及办公管理信息系统》等。多媒体存储与检索技术能够使用户方便、直观、迅速地获得全方位的档案信息，进而保证档案信息的完整性与准确性。本地区、本部门举行的重大活动，召开的重要会议等实况录像、录音均可录入计算机供随时调用，体现了档案的原始记录性。

　　多媒体检索系统是信息技术迅速发展的结果，与多媒体检索系统相关的技术包括数字信息处理技术、计算机存储技术、面向对象的数据库理论和技术。

（三）超文本和超媒体检索

普通的文本多为文字材料，其知识单元按线性顺序排列，只能进行顺序检索。超文本是用非线性方式把知识单元及其关系组合在一起的一种网络结构，利用计算机进行快速扫描、追踪、查询和交流。超文本是一种包含多种页面元素（文字、图片、音频、视频）的高级文本，它以非线性方式记录和反映知识单元（节点）及其关系（链路），具有直观性以及人机交互性等特点，并且可以深入到知识单元中。超媒体是超文本和多媒体在信息浏览环境下的结合。超文本主要是以形式表示信息，建立的链接关系主要可以体现出文本之间的链接关系。超媒体除了使用文本，还可以使用图像、图形、声音、动画或视频片段等多种媒体来表示信息，建立的链接关系可以体现出多种媒体之间的链接关系。超文本具有两种检索模式，即浏览式的检索模式和提问式检索模式。

（四）联机检索

联机检索技术产生于20世纪60年代中期，20世纪70、80年代迅速发展，目前已经得到广泛应用。联机检索允许用户以联机会话方式直接访问系统及其数据库。

（五）光盘检索

沈阳市档案馆于1991年最早开始光盘原文存储与检索的应用研究。此后，光盘原文存储和检索逐渐由实验走向普及。档案原文存储与检索的发展主要依赖于光盘技术的支持。CD-ROM可提供追溯检索、定题检索、子库、国际联机检索的预处理、检索人员培训等服务。

（六）智能检索

档案智能检索技术是指应用人工智能技术模拟档案检索的过程，实现档案信息的存储、检索和推理的一种先进的档案检索技术。从国防科工委档案馆等单位研制的实验性的智能化系统来看，这种智能检索系统可以部分实现自然语言检索，提高检全率和检准率，代表了档案检索系统的发展方向。

第三节　档案信息的利用与共享

20世纪90年代以来，随着社会信息化的不断发展，社会公众信息知情权日益提高，人们对获取档案信息的愿望逐渐加强，对信息的取得不受时空限制、面对信息源直接检索而获得信息的方向发展。随着网络信息技术的发展，社会公众必然要求实现与之相适应的档案信息共享的同步发展。

一、档案信息共享的平台

数字档案馆网络架构一般应面向不同对象、立足现有不同网络，构建三个服务平台，并提供相应层级的数字档案信息资源利用共享服务。数字档案馆应根据不同服务对象和不同档案开发范围建立相应的服务平台。一般主要包括：一是基于局域网面向档案馆工作人员和来馆利用档案人员的馆内档案利用服务平台，二是利用当地政务网建设的面向本级党政机关各立档单位的电子文件归档和档案信息共享平台，三是是利用公众网建设的面向广大社会公众和进行馆际交流的公共档案信息服务平台。

（一）基于局域网的档案服务平台

局域网档案服务平台是数字档案馆（室）建设的基础平台。局域网档案服务平台应当具备馆（室）藏数字档案传输、交换、存储、安全防护的功能，承担档案馆（室）"收集、管理、保存、利用"四项基本功能，满足日常数字档案馆（室）业务管理和提供利用服务的需要。同时局域网通常还要承担辅助档案实体管理的功能。档案部门内部互通的局域网是档案行业系统网络的基础单元，是各级档案部门推进档案信息化的基本条件和基本建设内容。

　　档案局域网平台建设主要目标是实现档案部门各项工作的自动化和网络化管理，在建设过程中，要充分考虑局域网硬件选型、网络操作系统的选择和体系结构等因素，按照资金情况、资源存储要求、安全管理需要等因素，有计划、有步骤地实施平台建设，提高平台应用功能。

　　按照工作职能不同，局域网平台分为两种基本形式：一是立档单位的局域网平台。立档单位档案管理局域网平台一般是各立档单位办公自动化系统的重要组成部分，通过建立办公事务和档案管理的一体化网络，可以实现各立档单位办公管理、办公事务管理和档案管理等各环节的信息化与文档一体化，可以更好地实现档案数据交流和档案信息共享。立档单位包括各机关和企事业单位建立档案管理局域网，要考虑档案管理与整个机关、企事业单位全局信息系统的关系，在档案管理系统的基础上，通过局域网建立起面向系统内部的相互联系。二是档案馆内部局域网平台。档案馆内部局域网平台连接本馆各科室、各部门，通过局域网实现档案的接收、编目、检索、利用、鉴定、编研开发以及保管等各个工作环节的自动化。同时，档案馆内部局域网也是档案基本数据库建设的基础，在建设过程中要充分考虑其开放性和扩展性，要从馆室一体化的角度出发，做好档案馆网络与政务信息网各单位的无缝连接，实现档案信息的社会共享。

（二）基于政务网的档案服务平台

　　政务网档案服务平台是数字档案馆连接本级各党政机关立档单位的主

干平台。它依托本级政务网，能够接收各立档单位电子文件，能够为政务网用户提供在线档案查阅利用、档案业务指导或其他档案工作服务，实现党政机关的档案信息资源共享和资政服务工作。

政务网是建设电子政务的前提条件和基础设施，各级政务网络的建设客观上为档案网络的构建提供了资源和信息通道。档案政务网平台是各级档案部门通过政务信息网连接各级党政机关的网络通道，是档案馆与各立档单位之间的信息桥梁，它的建设不仅可以满足档案馆与立档单位之间的网上工作需要，而且可以为信息服务于各级党政机关提供最为有效的网络途径。在建设档案网络过程中，可以充分利用电子政务所提供的网络资源，以各级横向、纵向政务网为主干网络，实现档案网络的信息主干道建设，构建各区域性的档案政务网平台，为各级党政机关、企事业单位提供档案信息服务。鼓励具备条件的档案馆探索采用云计算等先进技术为各立档单位提供软件服务和存储服务。

（三）基于公众网的档案服务平台

公众网档案服务平台，如公共档案信息服务平台，是档案馆实现公共档案服务和档案信息资源社会共享的有效途径之一，它依托公众网，通过档案网站建立满足公众查阅档案需求的利用窗口。同时，采集具有重要保存价值的各类数字信息，进行资源整合，实现公众档案信息资源的社会最广泛共享。例如，档案部门可以充分利用网络特点和优势，将档案工作发展情况、馆藏情况、档案法制建设、档案专题宣传、档案开放利用服务等信息制作成宣传内容。让全世界的人可通过浏览网站了解档案工作，提高档案的社会意识和档案法制意识。同时还可以通过网上档案展览和档案工作成果展等形式，开辟爱国主义教育新阵地。另外，该平台还可采取必要的安全措施，实现馆际档案信息交流。档案服务平台建设当前应遵循的标准规范有：《电子信息系统机房设计规范》（GB50174—2008）、《信息安全技术基于互联网电子政务信息安全实施指南》（GB/Z24294—2009）。

二、档案信息共享的安全

随着国家信息化建设和电子政务建设的迅速推进，档案信息化建设进程也将随之加快。信息技术在档案部门的广泛应用，一方面为档案管理和利用提供了高效便捷的手段与方法，另一方面给档案信息安全带来了新的隐患，档案信息安全问题日益突出。因此，做好档案信息安全保障，是档案工作者面临的一个重要问题。解决好档案信息安全保障体系建设问题，有利于完善国家信息安全保障体系，促进档案信息化建设和档案事业健康、快速和可持续发展。保障档案信息安全是一项复杂而庞大的系统工程，它需要观念意识、政策法规、标准制度、技术手段、人才培养等有机融合，建立档案信息安全保障体系，从而全面提升档案信息安全保障能力。

（一）数字档案馆的信息共享安全

安全保障体系建设是数字档案馆建设的基础工作，数字档案馆的安全包括数字档案数据的安全和信息系统及其网络平台的安全。数据安全就是要保证数字档案信息的可靠、可用、不泄密、不被非法更改等，系统及其网络平台安全就是要保持系统软硬件的稳定性、可靠性、可控性。安全保障体系建设主要通过两方面途径实现。

第一，是按照信息安全等级保护的要求，采用相应安全保障技术方法，配备必要的软硬件设施。数字档案馆系统一般要求达到二级（系统审计保护级）以上安全保护标准。数字档案馆系统集成商应具备相应的保密资质，并严格按照有关安全保密规范要求进行项目设计、系统开发和项目施工。建设、监理单位应当加强项目建设过程中的档案信息安全保密工作。

第二，建立健全数字档案馆安全管理制度，并严格遵照实施。数字档案馆系统安全隐患包括数据窃听、电磁泄漏、电力中断、载体损坏、自然灾害、非法访问、计算机病毒、黑客攻击、系统超负载、假冒身份、权限扩散、数据篡改、操作失误等，单位应当采取相应的技术措施和管理手段应对这些安全隐患。单位应当高度重视数字化加工、电子文件接收等过程中的安全保密管理工作。同时，应当制定应急预案，完善灾难恢复机制，提高应急处置能力。单位应当遵循的有关信息安全规范有：《计算机信息系统安全保护等级划分准则》（GB17859—1999）、《信息安全技术信息安全应急响应计划规范》（GB/T24363—2009）、《信息安全技术信息安全风险管理指南》（GB/Z24364—2009）、《终端计算机系统安全等级技术要求》（GA/T671—2006）。

（二）数字档案室的信息共享安全

单位应结合实际，参照信息系统安全等级保护有关要求，从多层面为数字档案室应用系统建立安全保障体系。涉密数字档案室应用系统必须按照国家有关涉密信息系统分级保护的规定执行。

第一，应建立数字档案室应用系统的三员管理制度，明确系统管理员、安全管理员和安全审计员职责，并贯彻落实。

第二，应结合三员管理制度，为数字档案室应用系统设计、实施完善的用户权限配置和管理功能，为数字档案资源的安全存储、管理提供保障。

第三，应为数字档案室的应用系统配备正版杀毒软件。如有必要，应有选择地配备防火墙、用户认证、数字签名、移动存储介质管理软件、业务审计软件等安全管理工具。

三、档案信息共享

目前，我国各省市已经在如火如荼地开展档案的信息化建设，档案信息作为一种重要的信息资源在推动国家经济发展、文化知识普及等诸多方面发挥的作用愈来愈突出。随着社会信息化进程的不断加快，公众信息知情需求的增加，推动档案信息化工作不断发展，实现档案信息资源的共享，已成为发展趋势。档案信息共享，就是指档案馆之间通过协作、交流、合作等形式互通有无，使档案利用者能方便地利用一个地区、一个系统甚至是全国的档案馆藏，从单一的馆藏利用变为网络式的馆际利用，使国家档案信息资源得到充分的开发利用。

（一）档案信息共享的意义

1.有助于提升国家经济社会发展的软实力

数字档案馆拥有较为丰富的对国家和社会有保存价值的档案资源、相对良好的档案服务设施和政治业务素质较高的专业人才，在服务党和国家各项事业中可以发挥重要作用。但是，这仅仅是问题的一个方面。数字档案馆能否与时俱进地提高自身的共享化建设水平，即真正将档案资源、服务设施和专业人才潜在的共享性价值转化为公共服务优势，这应该是其更具现实意义的一个方面。对处在经济全球化环境下的我国而言，为了抵御经济社会发展带来的各种风险，既要重视增强硬实力，又不能忽视提高软实力。因此，从一定意义上可以说，加强数字档案馆的共享化建设，客观上有助于提升整个国家经济社会发展的软实力。

2.有助于促进我国的服务型政府建设

近几十年来，随着我国改革开放和现代化建设的深入发展，客观上推动了我国服务型政府建设的进程。其间，政府加快转变职能，重心转向经济调节、市场监督、社会管理和公共服务，尤其是随着政府信息公开工作的开展，使原来作为党和国家重要档案永久保管地、各方面利用档案的中心与爱国主义教育基地的各级数字档案馆，已成为已公开现行文件和政府主动公开信息集中查阅的场所。实践表明，数字档案馆可以成为各级政府便民服务的重要窗口，为政府降低行政成本、强化公共服务、维护社会稳定发挥特殊的作用。同时，数字档案馆需要进一步加强共享化建设，唯有如此，才能为公民行使合法权利和促进服务型政府建设发挥更大的作用。

3.有助于促进数字档案馆的良性发展

关于档案馆的发展问题，我们在不同的历史时期、从不同的角度，可以提出不尽相同的要求。然而，我国改革开放的实践表明，档案馆只有不断提高自身的共享化建设水平，满足人和社会全面发展的需要，才能真正实现自身的存在价值，并得到可持续发展。在新的形势下，加强数字档案馆的共享化建设，从某种意义上来说，也是为了改善数字档案馆与人民群众之间的关系。可以说，只有通过不断优化馆藏档案结构，有效整合所有涉及人的档案信息资源，以及不断优化利用环境（包括服务设施、制度保障和基础工作），有效扩大老百姓查档的范围、简化老百姓查档的手续，各级国家档案馆才能在实现最广大人民群众的共享目标中获得自身的又好又快发展。

（二）档案信息共享的必要性

1.档案信息共享是信息化社会的需要

我国正在步入知识经济时代，数字、信息、网络是这个时代的标志。互联网改变了以往管理模式下各类信息资源"各立门户、分而治之"的状态，以往利用者需要到档案馆才查到所需的各种信息，现在利用者随时通过互联网的信息资源体系对档案数据库进行访问、检索，并根据客户权限享受下载档案信息的服务。为此，档案事业需要顺应社会发展需求，以档案信息共享的方式，不断满足信息化资源需求。

2.档案信息共享是档案工作发展的内在需求

档案工作的目的是有效地开发档案信息资源，最大限度地服务于社会，创造档案的社会效益和经济效益，档案信息在大范围中的应用和共享才是最终的目的。档案共享是使档案的价值更好地为社会和公民服务，现在档案工作最基本的矛盾不再是收集与利用之间的矛盾，而是档案信息需求与档案供给之间的矛盾，而用户需求的多样化及信息化的发展，使档案信息资源共享成为档案事业发展的必然趋势。

第四节　数字档案馆的档案利用与共享

一、数字档案馆的利用和共享要求

数字档案馆的档案管理系统应当根据档案信息的利用需求和网络条件，分别通过公众网、政务网、局域网等建立利用窗口。系统应能实现档案查询、资源发布、信息共享、开发利用、工作交流、统计分析等功能。应当满足以下利用要求。

（一）档案查询

能够运用最新检索技术满足利用者在各种利用平台对档案数据进行快速、准确、全面的利用查询要求。

（二）资源发布

能够通过网络平台或特定载体发布档案信息和信息资源共享。

（三）开发利用

能够辅助进行档案信息智能编研和深度挖掘。

（四）工作交流

能够为档案管理者和利用者提供在线交流平台、远程指导、远程教育。

（五）增值服务

能够辅助开展数字档案的增值服务。

（六）统计分析

能够进行档案利用访问量统计、分布分析、舆情分析等相关工作。

（七）其他服务

能够对用户、数据项、功能组件进行利用权限的角色授权处理，能够进行门类设置、结构设定、字典定义等系统代码维护工作。

二、数字档案馆档案利用特点

传统的实体档案馆由于缺乏强有力的开发利用手段，受时间和空间的局限而不能迅速、广泛地为社会提供档案信息服务，限制了档案信息价值的发挥。数字档案馆凭借网络优势，在更广泛的范围内发布数字档案信息，不受时间、地域的限制，提供快捷、方便的服务，实现档案信息资源共享。数字档案馆已成为档案馆发展的趋势，数字档案馆较传统档案馆利用工作而言，有以下特点。

（一）服务资源数字化

通过对纸质档案、缩微胶片、照片、录音、录像等传统载体档案进行数字化加工，实现档案实体"虚拟化"，使之能够与其他数字档案资源一并进行管理和规范。数字档案馆的信息采集，不仅包括传统档案馆的档案信息资源，还可进一步扩大到各种组织和个人形成的现行文件、具有档案性质和价值的资料（包括各行各业专业数据库、社会公众服务信息、网上相关信息、数字图书馆信息中的相关部分），它形成了一个较传统档案馆更为丰富的、以档案信息为核心内容的多层面的社会综合信息资源库，能更有效地满足社会各方面对档案资源的需求。随着数字馆建设的不断发展，档案信息资源将会更大面积地进行数字化工作直至普及档案服务资源数字化。

（二）利用空间虚拟化

数字档案馆可以通过网络技术将不同地域的、分散的档案信息数据库连接起来，用户可以不受地理位置和时间的限制，实现跨馆际分布式查询。数字档案馆通过提供标准友好的用户界面，可以使用户通过多种途径查询，并且系统能对常用检索途径进行优化，满足用户对查全率、查准率的要求。同时，数字档案馆提供的信息咨询服务能在用户检索数字档案馆信息资源时遇到问题得到系统咨询人员的及时解答。数字档案馆的咨询系统分为自我服务信息和请求帮助系统，前者能在各终端微机上显示利用指南，可以利用菜单方式或窗口软件，自动引导用户使用数字档案馆；后者为请示帮助系统，是用户与档案馆联系的渠道，用户可以通过电子咨询信箱向数字档案馆提出咨询，也可接受提供的信息服务。

（三）档案信息利用资源共享化

档案信息资源共享是数字档案馆最为显著的功能之一网络技术的应用使人们已经淡化了时空观念。通过数字档案馆，人们查询档案信息将不再有国界、区域等物理空间的限制。数字档案馆提供多种语言的信息，对同一信息以多种形式向人们展示，完全打破了人类自身的界限。数字档案馆的档案信息发布和传递主要有三种形式：光盘发布、局域网发布和互联网发布。光盘发布就是将档案信息复制到光盘，用户只需先执行光盘阅读程序，即可对档案信息进行浏览和检索；局域网发布一般是指为立档单位提供档案信息查询服务；互联网发布就是通过档案网站向公众传播档案信息。

（四）利用高效率化

通过专用管理软件，数字档案馆可以对档案文件进行一系列自动处理，大大提高了工作效率，这些内容包括：对进入数字档案馆的各类信息按不同要求进行分类排序、价值鉴定、数据校验、目录生成、数据统计、自动标引、信息组织、打印输出等有序整合，确保其真实、完整、可读，使之形成一个有序的信息空间；以文件形成者的职能和业务活动为依据，自动鉴定和存储所捕获的电子文件；运用身份认证、加密、访问控制等技术，确保档案信息的安全与合理利用，并有效地维护整个数字档案馆系统的安全。在提高运行效率的同时，数字档案馆较之传统档案馆也节省了大量人力、物力资源。

（五）服务对象扩大化

在传统的档案馆利用服务中，服务对象主要是本馆利用者。在现代信息技术条件下，数字档案馆本身成为网络中的一个结点，其横向联系或直接联系更加广泛和普遍，网络用户的数量是巨大的，很多网络用户都是数字档案馆潜在的服务对象，利用者的范围已突破传统档案馆的限制而遍布全球各地。这就要求档案工作者必须转变观念，积极主动地分析与挖掘档案信息的潜在用户，开展有效的主动服务。

三、数字档案馆档案信息共享模式

随着时代的发展和科学技术的进步，档案馆的利用也发生了一系列的变化。随着档案信息化建设的开展，档案信息共享模式也不断丰富和完善。目前，数字档案馆开展服务的模式主要有以下几种。

（一）一般信息共享模式

1.档案信息咨询模式

这种共享模式主要是档案馆工作人员通过网络留言、电子邮件等方式向其他档案馆发布档案查询申请，由档案馆相关人员查询馆藏后给出答复，从而达到档案信息共享利用的目的。这种方式构建简单，能够较快地定位所需档案的存储位置，得到所需的档案信息数据。但是这种模式功能比较单一，适合于那些只需了解相关少量档案信息，而不需要提供档案凭证的用户需求。

2.网上浏览服务

这种服务是数字档案馆提供给用户的一种最基本的服务。用户只要登录数字档案馆网站，就可以浏览网站提供的档案信息，查找自己需要的内容。

3.信息检索服务

在使用数字档案馆服务系统时，用户按一定的要求将检索词输入计算机内，由计算机对其进行处理，并与数据库或文档中的文献记录进行匹配运算，最后将检索结果显示在页面上。利用这种方法，用户可以对档案数据进行快速、准确、全面的利用查询。

4.档案信息资源发布

档案信息资源发布能够通过数字档案馆网络平台或特定载体发布档案信息和信息资源共享。例如，一些数字档案馆把档案展览放在网站上，使档案在更广泛的范围内发挥作用。

（二）个性化服务模式

1.信息分类定制服务

信息分类定制是指档案利用者可以按照自己的特定目的和需求。在某一特定的系统功能和服务形式中，自己设定信息的资源类型、表现形式、系统服务功能等，分类定制方法是建立在用户细分和数字档案馆信息内容分类及定制的基础上的。其具体内容包括数据库定制、个性化页面及服务定制。数据库定制是最初级的定制服务方式，该方式由于用户结构缺乏准确的细分和定位，个性化程度较低。个性页面及服务定制是数字档案馆的发展方向，数字档案馆首先根据自身的内容及其他服务特征确定自己的用户，再将档案利用者按照相似信息需求划分为多个用户群，然后根据可能的用户群对馆藏的档案和各类服务进行分类，形成多个与用户群对应的信息资源块和服务模板。当利用者首次注册登录系统后，用户提交的个人信息和定制选项就被存储到用户数据库中。通过分类定制方式，每次用户访问数字档案馆时，只需要登录系统，服务器就可以根据用户数据库中的信息，生成用户定制的动态页面。

2.信息推送服务

信息推送服务是运用推送技术来实现个性化服务的一种方式。它是数字档案馆建设的一个热点，也是档案馆走向主动服务的一个重要标志。推送技术又称"Web广播"，它是在网络上通过特定的标准和协议，按照用户的需求，定期主动传送用户需求信息的一项计算机技术。信息推送分为两大类：一类是由智能软件完成的全自动化的信息推送服务；另一类是借助电子邮箱，并依赖人工参与的信息推送服务。

数字档案馆信息推送服务的一般过程是：档案用户首先向系统输入自己的信息需求，这包括档案用户的个人档案信息、感兴趣的信息主题等；其次，由系统或人工在网上进行针对性地搜索；最后，定期将有关信息推送至档案用户邮箱中或其他特定位置。

3.信息智能代理服务

信息智能代理是一种能完成委托任务的智能计算机系统，模仿人的行为执行一定的任务，不需要或很少需要用户的干预和指导。当用户在检索信息时，有时很难清楚地知道自己的兴趣爱好和需求，或者用户虽然知道自己的兴趣爱好和需求，但却不知道如何贴切地表达出来。分类定制的方法让用户填写兴趣表单，有时会使用户不知所措。智能代理技术的运用可以很好地满足用户的这一需要。

智能代理能够跟踪用户在信息空间中的活动，自动捕捉用户的兴趣爱好，主动搜索可能引起用户兴趣的信息并提供给用户。智能代理一般包括两层智能体系结构，第一层是个人代理，第二层是系统代理。个人代理存放在用户计算机上，平时跟踪用户的各种行为，如用户常访问哪些网站内容、检索信息时使用哪些关键词等信息，个人代理能够分析并记忆用户的兴趣取向，并建立个性化的用户模型。系统代理通过与个人代理进行交互，最终向用户提供需要的相关档案信息资源。

智能代理的主要功能有：个性化的信息管理，管理用户个人资料；信息自动通知，浏览导航，通过分析用户的兴趣，提供建议性的页面和链接；智能搜索，进行信息过滤，为用户提供更精准的信息；动态个性化页面，给用户提供一个适宜的友好的浏览界面。

4.垂直门户服务

垂直门户是指针对某一特定领域、某一特定人群或某一特定需求提供的有一定深度的信息和相关服务，其特点是专、深、精。这是一种相对综合性门户网站的服务方式。它不同于综合性门户网站的包罗万象，它追求的是信息内容的专业、深入，立足提供某一领域的精品服务。

随着网络信息资源的急剧增长，数字档案馆网站上基于个人特定需求的信息却越来越少，消化吸收越来越困难，利用搜索引擎和综合性门户网站很难满足用户系统地获取专业相关信息的需求。对此，我们可将垂直门户的概念引入数字档案馆的个性化建设中，建成一个更加专业的数字档案馆网站，甚至是更加细分的数字照片档案馆或是专题档案馆网站等。

5.帮助检索服务

帮助检索就是当档案用户输入一个检索词，系统会自动将检索词与内部词表中相关词进行比较，并将与该词有逻辑关联的词组显示在页面上。如何帮助用户进行高效的信息检索是当今信息服务向纵深发展的重要内容。目前，主要是通过分析用户检索行为的特点来设计这种智能帮助系统软件。但是，研究发现，这种单向的、缺乏交互的信息搜寻常常是不精确的，用户的信息需求常常难以转换成准确的问题。实际上，人们常常希望在检索时，能够与检索系统进行动态交互，确定问题，形成相关的判断，由此来调整他们的目标。因此，一个有效的检索系统可以为用户提供一个容易的起点，允许用户能够与系统多次交互，在用户修改问题中提供帮助，让用户比较容易地进入检索系统的主题领域，形成检索策略。例如，当用户输入一个检索词，系统会自动将检索词与内部词表中相关词进行比较，并将与该词有逻辑关联的词组显示在页面上，询问用户是不是检索这个关键词，这样就可以帮助用户选择更接近自己检索目标的关键词来完成检索，提高信息查询率。

6.呼叫中心服务

信息呼叫中心是一种专门提供一对一的用户个性化服务系统。它是由最初的电话中心发展而来的，这种电话中心主要是利用电话、传真等方式来为客户服务，处理简单的呼叫流程。由于业务需要，信息呼叫中心引入计算机电话集成技术，可以处理复杂的呼叫流程。同时还增加了自动话务处理、交互式应答等多种功能。

通过使用呼叫中心服务方式，用户可以通过互联网方式访问数字档案馆，在系统自动导航的帮助下访问系统数据库，实现对各种咨询服务或相应的事务处理。数字档案馆呼叫中心需要建立客户数据库，并对信息进行采集、统计、分析、处理，使呼叫中心可以得到每一个客户的详细信息，如过去的利用记录、客户爱好等，从而实现一对一的个性化服务。

（三）知识服务模式

知识服务是面向用户问题的服务，知识服务是数字档案馆的增值服务，强调利用自己独特的知识和能力为用户创造价值，提高用户知识应用和知识创新来实现价值。传统的信息服务仅限于提供档案信息来体现利用价值。随着数字档案馆建设的发展，用户对档案知识资源的利用程度不断加深，要求通过知识资源共享将分散在本领域及其相关领域的显性知识资源加以集中组织和管理，挖掘和提炼隐性知识。同时，用户在研究过程中对知识捕获、分析、重组的快速演化导致其利用知识服务的动态变化，推动了知识服务新机制的形成。知识服务是数字档案馆基本职能的延伸和发展。在建设数字化档案馆的基础上，逐步实现满足社会大众需求的档案知识服务，是满足多样化、知识化、一体化需求的必然选择，也使深层次、专业化、特色化的知识服务能力成为未来最具发展潜力的服务模式。

第六章

档案信息资源建设

第一节　档案信息的数字化

档案信息化处理的对象是数字档案信息，而传统档案都是模拟档案信息，因此数字化是档案信息化的基础和前提。

一、纸质档案的数字化

《纸质档案数字化技术规范》（DA/T 31—2017）将纸质档案数字化定义为采用扫描仪或数码相机等数码设备对纸质档案进行数字化加工，将其转化为存储在磁带、磁盘、光盘等载体上并能被计算机识别的数字图像或数字文本的处理过程。纸质档案数字化适应了信息时代的大趋势，能够减少管理的成本，增强对档案原件的保护，节约存储空间，优化馆藏结构，有利于档案信息资源的有效利用与共享。

（一）纸质档案数字化加工方式

纸质档案的数字化加工方式主要有直接扫描法和缩微转化法两种。

1.直接扫描法

所谓直接扫描法，是采用扫描仪对纸质档案原件进行光学扫描，将图像信息传送到光电转换器中变为模拟电信号，然后将模拟电信号转变为数字电信号，再通过计算机接口传输至计算机存储器中。直接扫描分为以下两种方式。

第一，扫描纸质档案后再运用字符识别（OCR）软件进行识别，最终生成文本文件。这种数字化文件的优点是：占据的空间小，便于计算机全文检索，便于档案利用时进行摘录和编辑。其缺点是：不能保持档案原件的排版格式，以及签名、印章等原始信息；有时OCR字符识别的准确率较低，核对修改较为困难，数字化效率很低，且实际上已经破坏了档案原稿的真实性。

第二，扫描纸质档案后形成数字图像文件。这种图像文件的优点是能保持档案的内容和排版的原貌，数字化速度快。缺点是：不能进行全文检索，不能编辑文字内容，且占据存储空间大。

以上两种方法的优缺点正好互补，现在有一种方法能将两者的优点融合在一个档案中，即制作双层PDF。其制作方法是：将纸质档案原件扫描成数字化图像文件后再转换成文本文件，然后将这两个内容一样的文件置入同一个PDF文件中，将图像文件置于文本文件的上层，图像文件下层隐藏文本文件。查询该文件时，我们既能看到上层保持原貌的图像文件，同时也能对隐藏的文本文件进行全文检索。

2.缩微转换法

所谓缩微转换法，是针对已经缩微复制的档案，采用专用扫描设备（即缩微胶片扫描仪）将缩微胶片上的模拟影像转换成数字影像的方法。与直接扫描法相比，缩微扫描法更经济、简便、高效。这种方法必须建立在已经对纸质档案进行缩微加工的基础上。

必须注意的是，在对缩微胶片进行扫描加工后，原缩微胶片应与纸质档案一并保存，不能擅自销毁。由此，该档案形成"三套制"保存状态。虽然缩微胶片不如数字化档案容易保存、复制、查询、传播，但是作为模拟信息，缩微档案既具有人工可读、稳定性好等数字化档案不具备的优势，又具有体积小等纸质档案不具备的优势，是档案信息资源的重要补充形式。

（二）纸质档案数字化工作流程

纸质档案数字化是一个较为复杂的过程，其基本环节主要包括：档案整理、档案扫描、图像处理、图像存储、目录建库、数据挂接、数据验收、数据备份、成果管理等。

1.档案整理

在对纸质档案进行扫描之前，应根据档案管理情况，按下述步骤对档案进行适当整理，并视需要做出标识，确保档案数字化质量。

（1）档案出库

一般来说，大批量纸质档案数字化，首先须将待数字化档案从档案库房搬移到临时的周转库房，接着由数字化加工人员从周转库房领取档案进行数字化。无论前者还是后者，数字化加工人员都须按照预定计划，提出申请，经过审批，然后交接双方清点档案，实行登记，完成档案的交接手续。

（2）目录数据准备

按照《档案著录规则》（DA/T 18—1999）等的要求，规范档案中的目录内容包括确定档案目录的著录项、字段长度和内容要求等。然后，为数字化档案检索建立目录数据库。建库可利用原有纸质档案的编目基础，原纸质档案目录如有错误或不规范的案卷题名、文件名、责任者、起止页号和页数等，应进行修改。如果纸质档案未建立机读目录数据库，则应当按照档案著录规则重新录入。

（3）拆除装订

档案在拆除装订前可逐卷加贴条形码，以便在随后流程中通过识别条形码对扫描档案进行准确、高效的控制。该条形码还可为以后档案借阅、利用、管理提供便利。

然后，工作人员逐卷、逐页检查档案。对内容缺失、目录漏写、页码颠倒以及珍贵、破损的案卷进行登记，并提请档案保管机构妥善处理。对不去除装订物会影响扫描工作的档案，应拆除装订物。拆除装订物时，应注意保护档案不受损害。拆除装订物之后要将档案原件排好顺序，并用夹子夹起防止散乱。对年代久远、纸质条件较差、不便于拆卷的档案，可采用零边距扫描仪扫描。

（4）区分扫描件和非扫描件

要按要求把同一案卷中的扫描件和非扫描件区分开，剔除无关和重复文件。

（5）页面修整

纸张的质量关系到扫描仪的选择和扫描效果，因此需对严重破损、褶皱不平、字迹模糊的档案做好登记，分别处理。如果对褶皱的档案，可进行熨烫；对被污染的纸张，可在通风环境中用软毛刷轻轻刷去浮尘、泥垢或霉菌；对破损残缺的文件进行修补。

（6）档案整理登记

将经过整理后的档案原件交给扫描工作人员，制作并填写纸质档案数字化加工过程交接登记表，详细记录档案整理后每份文件的起始页号和页数。

（7）装订、还原、归还

扫描工作完成后，拆除过装订物的档案应按档案保管的要求重新装订。恢复装订时，应注意保持档案的排列顺序不变，做到安全、准确、无遗漏。对严重破损的卷皮、卷盒，需重新更换。装订人员将装订完成后的档案，贴上专用封条并盖上数字化专用章。档案数字化加工完毕并重新装订完成后，要对其进行清点。清点无误后交还给档案管理部门，并办理档案归还手续。

2. 档案扫描

（1）扫描设备选择

根据档案幅面的大小（A4、A3、A0等）选择相应规格的扫描仪。大幅面档案不仅可采用宽幅扫描仪，而且可采用缩微拍摄后的胶片数字化转换设备进行扫描，也可以采用小幅面扫描后的图像拼接方式处理。纸张状况较差，过薄、过软或超厚的档案，以及页面为多色文字的档案，可采用普通平板扫描仪扫描。纸质条件好的A4、A3档案，可采用高速扫描仪扫描，以提高工作效率。不宜拆卷的档案，可采用零边距扫描仪扫描。

（2）扫描色彩模式选择

扫描色彩模式一般有两种。

第一，扫描形成黑白二值图像。这种图像只有黑白两级，没有过渡灰度。其特点是黑白分明、字迹清晰、文件容量较小，适用于扫描字迹、线条质量清晰的文字或图纸档案。

第二，扫描形成连续色调静态图像。这种图像分灰度图像和彩色图像两种：一是灰度图像由最暗黑色到最亮白色的不同灰度组成。灰度级表示图像从亮部到暗部间的层次，也称色阶。灰度级越高，层次越丰富，文件所占容量也越大灰度模式适用于扫描黑白照片、图像档案，色阶的选择要适度，只要不影响图像质量即可。二是彩色模式中的色彩数表示颜色的范围，色彩数越多图像越鲜艳真实，文件所占容量也越大。同样，色彩数选择也要适度，不是越多越好。彩色模式适合扫描页面中有红头、红印章的档案或彩色照片档案。需永久或长期保存，或向国家档案馆移交的档案，一般应采用彩色模式扫描。

（3）扫描分辨率

扫描分辨率参数大小的选择，原则上以扫描后的图像清晰、完整、不影响图像的利用效果为准。采用黑白二值、灰度、彩色几种模式对档案进行扫描时，其分辨率一般均建议选择大于或等于200dPi。特殊情况下，如文字偏小、密集、清晰度较差等，可适当提高分辨率。需要进行OCR汉字识别的档案，扫描分辨率建议选择300dPi。

（4）OCR处理

目前，OCR技术已经相当成熟，一般扫描仪都自带OCR软件，使用也很方便。然而OCR的识别准确率往往不尽如人意，由此影响检索效果。依靠人工纠正文稿中的错字又非常麻烦。因此，提高OCR识别率是档案数字化中比较重要的问题。其实，只要注意以下几点，就可以明显提高OCR识别率。

第一，选择适当的扫描分辨率。太低的扫描分辨率往往会造成OCR识别率的下降，太高的分辨率会使图像文件过于庞大，且降低识别的速度。在实际操作中，操作人员可通过查看OCR识别后生成文本中的红色错字数量（如小于3%），判断其可接受程度，确定是否采用该分辨率扫描并进行OCR识别。

第二，尽量采用黑白二值模式进行扫描。用扫描仪扫描文件时，通常OCR识别接受灰度或黑白二值模式，不接受彩色模式。如果文稿印刷质量好，可采用灰度模式，否则宜采用黑白二值模式。扫描时可手工调节黑白阈值的大小，如黑白二值图像上文字轮廓残缺，则适当增加阈值；若文字轮廓线太粗，则表示信息冗余较多，可适当减少阈值。这样调节后形成的黑白二值扫描图像，可以达到较佳的OCR识别效果。

第三，在进行OCR识别时注意文字的倾斜校正。OCR识别允许文稿有细微的倾斜，但是过度倾斜会影响识别率。校正方法是，点击扫描软件上的倾斜校正按钮，识别软件会自动将图像校正，再进行OCR识别。

第四，对稿件进行识别前的预处理。识别前要去除文稿上的杂点和图片，因为杂点会干扰文字识别，图片是不能被识别的，且会影响OCR的文字切分。针对文稿中出现分栏的情况，建议用手动设定各栏区域，即用多个框分别选中要识别的文字，然后进行OCR识别。

第五，采用适当的识别方式。简体和繁体混排，中英文混排的文稿往往识别率较低。如果文稿中简繁体、中英文是分块状分布的，可以用图像处理软件，将不同的文字块剪辑成同类文字块合并的文件，然后分别对不同文字进行OCR识别。

（5）扫描登记

认真填写纸质档案数字化转换过程交接登记表，登记扫描的页数，核对每份文件的实际扫描页数与档案整理时填写的文件页数是否一致，不一致时应注明具体原因和处理方法。

3.图像处理

扫描完成后，必须按照要求将所得图像进行技术处理，纠正档案扫描件和原件的偏差，使扫描后的档案图文更加清晰、规范。图像处理大致包括以下内容。

（1）图像数据质量检查

对图像偏斜度、清晰度、失真度等进行检查。发现不符合质量要求时，应重新对图像进行处理。由于操作不当，造成扫描的图像文件不完整或无法清晰识别时，应重新扫描；当发现文件漏扫时，应及时补扫并正确插入图像；当发现扫描图像的排列顺序与档案原件不一致时，应及时调整。认真填写相关表单、记录质检结果和处理意见。

（2）纠偏

对出现偏斜的图像应进行纠偏处理，以达到视觉上基本不感觉偏斜为准。对方向不正确的图像应进行旋转还原，以符合阅读习惯。

（3）去污

对图像页面中出现影响图像质量的杂质，如黑点、黑线、黑框、黑边等应进行去污处理，处理过程中应注意不要破坏档案的原始信息。

（4）图像拼接

对大幅面档案进行分区扫描形成的多幅图像，应进行拼接处理，合并为一个完整的图像，以保证档案数字化图像的整体性。

（5）裁边

采用彩色模式扫描的图像应进行裁边处理，去除多余的白边，以有效缩小图像文件的容量，节省存储空间。

以上纠偏、去污、裁边等处理，可以根据肉眼判断，人工操作完成。也可以用专门设计的软件，预先进行某些设定，然后由计算机自动处理。

4.图像存储

（1）存储格式

采用黑白二值模式扫描的图像文件，一般采用TIFF（G4）格式存储；采用灰度模式和彩色模式扫描的图像文件，一般采用JPEG格式存储。存储时压缩率的选择，应在保证扫描的图像清晰可读前提下，以尽量减小存储容量为准则。既可以提供网络查询的扫描图像，也可存储为CEB、PDF或其他版式文件格式。

（2）图像文件的命名

应采用档号或唯一标识符为数字档案资源命名。采用档号为数字档案资源命名的，若以卷为单位整理，按《档号编制规则》（DA/T 13—1994）编制档号，推荐增设档案门类代码作为类别号的子项；若以件为单位整理，档号可采用"全宗号–档案门类代码–年度–保管期限–机构（问题）代码–件号子件号"结构。

5.目录建库

（1）数据格式选择

目录建库应选择通用的数据格式，所选定的数据格式应能直接或间接通过 XML 文档进行数据交换。该数据库建立可以通过专用的档案管理系统或扫描加工管理软件录入，也可以先在 Excel 专门设计的档案目录表格中录入，然后将数据导入至档案管理系统。

（2）档案著录

按照《档案著录规则》的要求进行著录，建立档案目录数据库，并录入档案目录数据。

（3）目录数据质量检查

为了确保数据的准确性，可采用"单机录入–人工校对"或"双机录入–计算机自动校对"的方法。不管是人工校对还是计算机校对，都要核对著录项目是否完整，著录内容是否规范、准确，发现不合格的数据应进行修改或重录。

6. 数据挂接

（1）汇总挂接

档案数字化转换过程中形成的目录数据库与图像文件，通过质检环节确认合格后，通过网络及时加载到数据服务器端汇总。目录数据库与图像文件应避免采用既慢又容易出错的人工挂接，尽量采用计算机批量自动挂接。只要扫描制作的数字化文件是按纸质档案的档号命名，就可以通过编制挂接程序或借助相应软件，实现目录数据对相关联的数字图像的自动搜索、加入对应的电子地址信息等，实现批量、快速挂接。

（2）数据关联

以纸质档案目录数据库为依据，将每一份纸质档案文件扫描所得的一个或多个图像存储为一份图像文件。将图像文件存储到相应文件夹时，要认真核查每一份图像文件的名称与档案目录数据库中该份文件的档号是否相同、图像文件的页数与档案目录数据库中该份文件的页数是否一致、图像文件的总数与目录数据库中文件的总数是否相同等。将每一份图像文件的文件名与档案目录数据库中该份文件的档号，建立起一一对应的关联关系，为实现档案目录数据库与图像文件的自动批量挂接提供条件。

（3）交接登记

认真填写纸质档案数字化转换过程交接登记表，记录数据关联后的页数，核对每一份文件关联后的页数与档案整理、扫描时填写的页数是否一致，不一致时应注明具体原因和处理办法。

7.数据验收

以抽检的方式检查已完成数字化转换的所有数据，包括目录数据库、图像文件及数据挂接的总体质量。目录数据库与图像文件挂接错误，或目录数据库、图像文件之一出现不完整、不清晰、有错误等质量问题时，抽检标记为"不合格"。一个全宗的档案，数字化转换质量抽检的合格率达到95%以上（含95%）时，予以验收"通过"。必须认真填写纸质档案数字化验收登记表单。验收"通过"的结论，必须经审核、签署后方有效。

8.数据备份

经验收合格的完整数据应及时进行备份。为保证数据安全，备份载体的选择应多样化，可采用在线、离线相结合的方式实现多套备份，并注意异地保存。备份数据也应进行检验，备份数据的检验内容主要包括备份数据能否打开、数据信息是否完整、文件数量是否准确等。数据备份后应在相应的备份介质上做好标签，以便查找和管理。填写纸质档案数字化备份管理登记表单。

9.成果管理

应加强对纸质档案数字化成果的管理，确保其安全、完整和长期可用。纸质档案数字化成果提供网上检索利用时，应有制作单位的电子标识，并根据具体情况分别采用可下载或不可下载的数据格式。

二、照片档案的数字化

与文字档案相比，照片档案能更加生动、直观、真实地还原历史场景和人物特征，是重要的影像记忆和特色鲜明的档案资源。目前，有些老照片已经褪色、发黄、破损，亟待采用数字化手段对其图像信息进行抢救和保护。从工作原理上说，照片档案数字化与纸质档案数字化的操作过程和要求虽大体相似，但也存在不同。

（一）照片档案数字化的对象

照片档案数字化的对象分底片和照片两种。在有底片的情况下，应优先选择底片。因为底片扫描具有以下优越性。

第一，传统的照相过程是先形成底片（负片），再用底片冲印成照片（正片），因此底片较正片具有更好的原始性和价值性。

第二，对底片直接进行数字化，相比将底片冲印成纸质照片，再对照片进行数字化的处理过程，工序更简单，操作更简便，有利于降低数字化成本，提高工作效率。

第三，传统摄影具有色彩还原真实自然、细节层次精致丰富的特点，较数码摄影仍有一定的优势，由此底片扫描可以显著提高扫描图像的质量。

第四，许多具有档案价值的老照片都以底片方式保存，随着时光的流逝或保管不善很容易褪色、霉变，底片扫描有利于及时地抢救这些珍贵的老照片。

第五，有些行业会形成大量底片档案，如医院的X光片，将其扫描成数字图像，有利于对底片档案进行计算机存储、处理和传输。

（二）照片档案数字化方式

扫描仪扫描输入和数码相机翻拍录入是照片档案数字化所采取的两种主要方式。

1.扫描仪扫描输入

扫描仪扫描输入是照片档案数字化最常用的方法，可以采用普通的平板扫描仪，也可以用专用的照片扫描仪。与数码相机翻拍录入相比，扫描仪扫描照片操作简单，适用于各类照片档案的数字化处理。

2. 数码相机翻拍

数码相机翻拍虽然比较快捷，但要配置辅助照明设施，拍摄过程中对变焦、曝光等的调控要求较高，拍摄难度比想象中的高。由于普通数码相机在光学成像过程中会产生像差，因此需要使用中高档数码相机。中高档数码相机镜头一般都配有较大值光圈、变焦镜头、高分辨率 CCD 等，可以保证高质量的拍摄效果。数码照片翻拍最好采用数码翻拍仪，靠手持数码相机拍摄图像，曝光难以掌握，图像也容易变形。如果翻拍的照片变形，可采用 Photoshop 等软件进行纠正。

（三）位深对数字图像阶调的影响

位图图像中的像素可以代表黑、由、灰色或彩色信息。计算机记录每个像素的光亮信息多少是用比特（bit）位数来衡量的。如果使用一位来记录像素信息，其像素就只能是白色或黑色的；使用二位描述像素信息，有四种可能表示灰度的区别；使用八位有 256 级的灰度；使用二十四位能够提供 1600 万个可能的颜色。

位数称为图像的位深。使用位深越高，描述的灰度级越多。它是数字图像反映颜色精度的重要指标。

（四）照片档案的储存格式

数字化的照片档案存储格式比较多，如 BMP、JPEG 格式等。一般情况下，档案部门虽然可选择 JPEG 格式来存储照片档案，但是这种格式会损失图像信息。所以，对于那些比较重要的、要求高保真度的照片档案就要选择无损方式储存的 TIFF 格式，这种格式结构灵活、包容性大，易于转换为其他格式。

三、录音档案的数字化

录音档案是以声音为信息表达方式的档案材料，包括纯录音档案和含录音档案。传统档案中，唱片、录音带为纯录音档案，电影胶片、录像带则为含录音档案。录音档案数字化的现实需求强，投入较低，技术实现相对简单，实际效果明显，因此录音档案数字化应当受到档案部门的高度重视。

（一）录音档案数字化的前期准备

在录音档案数字化前期，首先要制定录音档案数字化方案。选择和配置适用的软硬件系统，确定录音数字化输入的格式、载体，确定录音档案数字化的范围，明确数字化的先后顺序。录音档案能够顺利播放是数字化的前提，因此数字化前期还必须检查录音档案的质量及其完整性。旧磁带可能存在不同程度的粘连、信号强度减弱、磁粉脱落等问题，因此数字化前必须对其进行清洁、修复，以确保数字化的质量。

（二）录音档案数字化的流程

1.音频采集

第一，用连接线将放音机与计算机相连接。

第二，根据声音的质量选择参数，采样频率可选44.1kHz或更低；声音样本的大小可选用16位或更低的；根据原录音带选择声道数，如果是DVD中的声音则选48kHz。此外，还要设定录音质量、时间长度。

第三，在放音机放音的同时启动音频制作软件的录音按钮，并通过音频制作软件调节音量大小等参数。

2.首频编辑

在音频采集之后，可使用音频制作软件对音频文件进行编辑处理，以使其符合数字化的要求，主要包括音量调节、音调调整和噪音处理。

3.音频存储

处理完成之后，选好存储地址，输入文件名，选择文件类型，将其保存。数字音频文件的保存类型和格式有很多，如WAV格式、MP3格式等。

（三）录音档案数字化的后期工作

数字音频文件形成之后，还必须将录音档案对应的声音内容以文本方式保存在计算机内，以便对其进行全文检索。每份录音档案原则上对应一份文本文件，该文本文件与录音档案拥有相同的文件名，但扩展名不同。

数字化后的音频文件及其对应的文本文件必须通过建立规范化的录音档案目录数据库或专题目录库来实现有效利用。录音档案数据库除包括一般档案数据库设定的著录项目外，还要包括音频文件存储路径、其对应文本文件的存储路径（或文本文件名）、录音地点、声音来源、原录日期、数字化日期、数字化责任人等内容，并通过数据库的地址链接方式将数字化音频文件与其对应的文本文件联系起来。

（四）录音档案数字化的文件格式

目前流行的音频文件格式主要有以下几种。

1. WAV格式

WAV格式是微软公司的声音文件格式，被Windows平台及其应用程序广泛支持。该格式支持多种音频数字取样频率和声道，标准格式化的WAY文件和CD格式一样，也是44.1kHz的取样频率，16位量化数字，因此声音文件质量和CD相似。其优点是编码、解码简单，支持无损耗存储；缺点是需要较大的音频存储空间等。

2. MP3格式

MP3是一种音频压缩技术，可大幅度地降低音频数据量。它利用

MPEG Audio Layer 3的技术，将音乐以1：10甚至1：12的压缩率，压缩成容量较小的文件，而音频质量没有明显的下降。

3. WMA格式

WMA是微软公司的一种音频格式。WMA格式是以减少数据流量但保持音质的方法达成更高的压缩率目的，生成的文件大小只有MP3文件的一半。与MP3相同，WMA也是有损数据压缩的格式，因此在一定程度上影响声音质量。

4. AAC格式（MP4格式）

AAC所采用的运算法则与MP3的运算法则不同，AAC是通过结合其他的功能来提高编码效率。相对MP3格式，AAC格式的音质更佳、文件更小。但是，AAC属于有损压缩的格式，相对APE和FLAC等时下流行的无损格式，音色饱满度差距比较大。

5. CD格式

CD是最传统的非压缩数字音频格式，与标准格式的WAV文件一样，均采用44.1kHz的采样频率和16位采样精度。由于未压缩，它的音频具有高保真性。但是这种格式仅用于光盘存储，占用空间较大。

6. DVD-Audio格式

DVD-Audio（DVD-A）是一个DVD碟片上的数字音频存储格式，采用与CD一样的非压缩方式，并且充分利用DVD碟片记录容量大的特点提高了对音频信号的采样频率和采样精度，其保真度超过CD。该格式可附带文字说明或静止画面。档案部门选择以上格式时应考虑：一是音频的保真度，尽量选用无损压缩的格式；二是支持附带文字说明（如DVD-Audio格式），以便于将档案的著录信息直接嵌入音频文件，用于计算机检索。

四、录像档案的数字化

传统的录像档案是以模拟图像和声音符号记录的，集视听于一体的特殊载体档案。该类型档案容易因磁介质退变、老化造成信号衰减、损失，或因播放设备的淘汰而无法播放。因此，将录像档案由模拟信号转为数字信号已经成为抢救录像档案的当务之急。

（一）录像档案数字化的硬件配置

1.视频采集计算机

计算机只有配置视频卡才能实现录像档案数字化。视频卡的功能是将录像带保存的模拟信号转换为数字信号，并保存在计算机中。视频卡的质量决定着录像档案数字化工作的质量。目前，市场上的视频卡很多，档次不一，应根据需要合理选用MPEG-1或MPEG-2卡。由于数字录像档案的数据量很大，对计算机的速度要求很高，电脑CPU最好有3G Hz主频。采集DV视频信号数据量大，传输速度要求高，不能用普通USB 2.0接口传输，建议使用IEEE 1394（又称火线）接口，即视频采集计算机必须带有IEEE 1394接口，才能有足够的速度将DV拍摄的模拟信号无损伤采集到计算机系统中去。

2.存储介质

数字录像档案的存储介质与数字录音档案一样，主要有DVD-R、DVD-RW、磁带、硬盘等。考虑到通用性、容量等因素，建议用DVD-R或移动硬盘作为数字录像档案的脱机存储介质。

（二）录像档案数字化的软件配置

各种视频编辑软件等都提供屏幕捕捉功能，能将DV录像信号转换成数字信号输入计算机系统。由此，视频采集前须安装某种视频编辑软件。

（三）录像档案数字化的工作流程

录像档案采集完成输入计算机时，模拟图像信号和模拟音频信号是分离的，各自输入计算机的视频采集部件和音频采集部件，在视频采集软件的统一控制下，由视频采集软件同步采集视频、音频信号，从而获得包含音频的数字视频数据。录像档案数字化工作流程与录音档案数字化工作流程有相似之处，可分为如下阶段。

1.数字化前期准备

首先，根据各单位录像档案的实际情况制订录像档案数字化方案，确定录像档案数字化的范围，合理安排数字化工作的先后次序；其次，将录像档案从库房中取出，检查录像档案的质量和完整性，并做记录，修复受损的录像档案，以满足数字化工作的需求。

2.数字化阶段

（1）视频采集

准备好数字化工作所需的软硬件设备，将放像设备与视频采集设备相连接。打开视频编辑软件，设置各种参数，监控计算机上播放的视频质量，预先设定所需生成的视频文件的格式、设置视频文件的各项参数；参数设置后预览视频信号，若不符合要求则进行适当调整，以使视频质量达到最优。此后，便可正式进行视频采集。视频采集不能快进，即如果DV录像是60分钟，则采集时间是60分钟。

（2）视频编辑

视频采集完成后，要用视频编辑软件对其进行剪辑、编排，并调整视频效果，以使其满足需求。

（3）视频存储

采集完成后形成的视频文件应当按规范命名，形成电子档案管理要求的规范格式，一般采用AVI或MPEG-2格式，也可采用WMV、MP4、MOV等流行格式存储一套复制件。MPEG-1是曾经流行的视频格式，该格式图像质量差，已经过时，现在一般不采用。视频文件可采用移动硬盘、DVD-R等脱机载体存储，如果要提供共享查询，则需要将其上传到网络服务器中保存。

3. 数字化后期工作

为了方便用户查找利用数字录像档案，档案部门需建立数据库。数据库包括两部分：一是数字录像档案目录；二是数字录像档案文件。两部分内容之间须建立链接，用户可以方便地在数据库中查找所需数字录像档案文件。

（四）录像档案数字化的文件格式

1. AVI格式

音频视频交错格式（Audio Video Interleaved，AVI），是微软公司在1992年推出的可以将语音和影像同步组合在一起的文件格式。它采用有损压缩方式，支持256色和RLE压缩，压缩比较高，因此画面质量不太好，但其应用范围非常广泛。AVI信息主要应用在多媒体光盘上，用来保存电视、电影等各种影像信息。AVI是我国电子文件管理国家标准认可的视频文件归档格式之一。

2. MPEG格式

动态图像专家组格式（Moving Picture Experts Group，MPEG）是运动图像压缩算法的国际标准，它采用有损压缩，同时保证图像的显示质量。MPEG标准主要有MPEG-1、MPEG-2、MPEG-4等。MPEG-1于1992年制定，为工业级标准，适用于不同带宽的设备，传输速率为1.5M bits/sec，每秒播放30帧，按照该标准制作的视频是VCD格式，图像质量较差。MPEG-2于1994年制定，设计目标是高级工业标准的图像质量以及3～10M bits/sec的传输率，其在NTSC制式下的分辨率可达720×486，按照该标准制作的视频是DVD格式，图像质量明显优于MPEG-1。MPEG-4于1998年制定，是出于网络播放目的而设计的流式视频文件格式标准，它传输速率为4.8～6.4M bits/sec，能以较少的数据获得最佳的图像质量。

3. MOV格式

MOV即QuickTime影片格式，它是Apple公司开发的一种首频、视频文件格式。MOV格式的文件通常用QuickTime作为播放器，具有较高的压缩比和完美的视频清晰度，其压缩方式和AVI类似，但其画面质量高于AVI，几乎支持所有主流PC机操作系统。

4. WMV格式

WMV（Windows Media Video）是微软推出的一种流媒体格式，它是由ASF（Advanced Stream Format）格式升级延伸得来的。在同等视频质量下，WMV格式的文件可以边下载边播放，因此很适合在网上播放和传输。

在选取数字视频文件的格式时，要综合考虑其通用性、保真性和方便性。综合而言，MPEG-2压缩标准的视频格式在各个方面都优于其他格式。因为MPEG-2是一个国际化的系列标准，具有良好的兼容性和通用性，能够比其他压缩算法提供更好的压缩比，并已经成为市场的主流。

五、数字化成果的存储格式选择

对各类档案数字化后形成的数字化成果，需要正确选择其存储格式，这关系到数字化成果的质量、管理成本、查询利用效率。由于数字化技术的迅速发展，现有格式不断升级，新的格式不断出现，数字化成果的存储格式也不会一成不变。

一般在选择长期保存的格式时应综合考虑以下因素：一是兼容性强，可以在不同的计算机平台上显示和运行。二是保真度高，能在不同的技术环境下保持纸质档案的原始质量和版面。三是压缩比高，高效的数据无损压缩，可保证档案数字化成果存储占据容量小，便于高效率地移植、传播和显示。四是字体独立，可自带文字、字形、格式、颜色以及独立于设备和分辨率的图形图像，可在各种环境下被准确还原。五是可自带元数据，准确记录档案数字化成果的形成、变化过程，以证明档案文件的真实、完整和有效。六是支持多媒体信息，不仅可以包含文字、图形和图像等静态页面信息，还可以包含音频、视频和超文本等动态信息。

六、档案数字化成果的格式转换

在档案数字化成果的管理中，为了维护数字化成果的长期有效性，经常需要将非通用格式转换成相对通用的推荐格式，或为了满足不同播放器播放、不同软件编辑的需要，进行档案文件的格式转换。目前，许多软件虽然都可以对打开的文件用另存为的方法实现格式转换。但是这种方法只能对文件逐件转换，效率低，且转换的格式种类比较有限。如何对档案数字化成果进行批量、高效率的格式转换，这是多媒体电子文件管理、编辑中经常需要做的"功课"。

用户只要在界面左侧选择需要转换的文件格式，屏幕就会弹出选择文件的界面，然后用户可批量选择需要转换的档案文件，该软件就可根据预先设置的各种参数，自动批量进行转换，效率颇高，使用也十分简便。

第二节　电子文档归档与电子档案移交

一、电子文件的特性

顾名思义，电子文件就是"电子"加"文件"。"文件"是电子文件的功能属性，是共性；"电子"是电子文件的技术属性，是特性。了解电子文件的特性对管好电子文件非常重要。

（一）信息的非人工识读性

信息的非人工识读性表现在两个方面：一是电子文件使用了人们不可直接识读的记录符号——数字式代码，即将输入计算机的任何种类的信息都转换成二进制代码。对于这种经过复杂编制的二进制代码，人工无法直接破译它的含义，只有通过计算机特定的程序解码，使之还原为输入前的状态，才能被人识读。所以，电子文件在给人类带来极大方便的同时，也使其内部实现机制变得越来越复杂。二是电子文件存储在载体上，人们无法直接通过载体阅读，必须通过计算机等设备显现，才能识读。

（二）系统的依赖性

电子文件对系统的依赖性包含两个方面：一是电子文件的形成、流转、归档等全部管理活动都必须借助于计算机系统才能实现。离开计算机系统，人就无法识读和管理电子文件。二是生成文件的软硬件系统一旦更新换代，就会造成电子文件的失真、失效，无法还原。

（三）信息与特定记录载体之间的可分离性

电子文件中的信息既不再具有固定的物理位置，也不再对特定记录载体"从一而终"，可以根据需要随时改变其存储空间，也可以改变其在硬盘上的存址，或在不同存储介质之间转换。信息与载体之间的可分离性使电子文件不再具有物理意义上的"实体"状态，成为人们所形象指称的"非实体文件"或"虚拟文件"。

（四）信息的可变性

造成电子文件信息可变性的情况很多。首先，计算机系统中信息的相对独立性使得对信息的增删更改十分容易，而且修改之后看不出任何改动过的痕迹；其次，电子文件在形成、归档、管理和利用过程中会形成大量的动态文档，而动态文档中的数据不断地被更新或补充，以反映最新情况；最后，存储载体和信息技术的不稳定性，新的信息编码方案、存储格式、系统软件不断出现，对电子文件的稳定性产生了巨大的冲击，新的系统要求将电子文件转换成某种标准格式或新的文件格式，往往会造成电子文件信息的损失、变异。

（五）信息存储的高密度性

电子文件的存储密度远远高于以往各种人工可直接识读的信息存储介质。一张4.75英寸CD光盘（650MB～50MB）约可存储3亿～4亿个汉字或A4幅面的文稿图像数千页，DVD光盘单面单层容量可达4.7GB，单面单层蓝光盘的存储容量可达25GB，而各种类型的存储卡则存储密度更高，计算机存储载体的海量化正呈加速发展态势。

（六）多种媒体信息的集成性

电子文件可以将文字、图形、图像、影像、声音等各种信息形式加以有机组合，形成"多媒体文件"。这种文件将文字、图像、声音等表现媒体融为一体，图文声像并茂地展示，能够更加真实地再现记录的场景，从而强化了档案对社会活动的过程记忆和生动再现功能。

（七）信息的可操作性

电子文件中的信息可以随时根据人们的需要，便捷、灵活地加以编辑、复制、删除，或进行多媒体合成，或按照特定的需要排列组合，或进行压缩和解压，或进行格式和数据结构的转换，或通过各种传播媒体传递给远程用户，显著提升了人对信息资源的管控能力和利用能力。

以上每一个电子文件的特点既是它的优点，也是缺点。管理电子文件的基本思路是：扬长避短、趋利避害，用新的管理理念、管理方法和管理技术，将其优势放大再放大，将其劣势缩小再缩小。

二、电子文件归档的含义和特点

电子文件归档是将应归档的电子文件经过整理，确定其档案属性后，从计算机存储器或其网络存储器上拷贝、刻录到可脱机保存的存储载体上向档案部门移交，或通过网络将电子文件转移存储到由档案部门控制的计算机系统中，以便长期保存的工作过程。归档是文件生命周期上的一个重要环节，是文件和档案的分界线，标志着电子文件管理责任由文件形成部门向档案部门的正式转移。电子文件归档是我国归档制度中的一个重要方面，它除了要遵守传统文件归档的要求，还要考虑到电子文件的特点。

（一）归档时间前置

纸质文件一般在文件处理完毕之后的第二年完成归档。电子文件因其信息和载体的可分离性，随时面临着被篡改、破坏的风险，因此在归档过程中必须贯彻前端控制和全程管理的原则。电子文件处理完成后就要及时归档。在设计电子文件管理系统时，就要考虑到归档要素和电子文件的真实性、完整性、有效性和安全性保障措施。

（二）归档形式多元互补

电子文件的归档形式分为在线归档和离线归档。电子文件的归档按照鉴定标识进行，各单位可以通过计算机网络进行在线归档，也可以将电子文件存储在脱机载体上进行离线归档。网络条件不符合国家和本地区有关保密法律法规规定的单位，其涉密电子文件不能在线归档，只能离线归档。

（三）归档范围扩大

电子文件的特殊性决定了电子文件归档的范围有所扩大。纸质文件的内容、结构、背景信息是固化在纸张上的，而电子文件的三要素有可能是分离的，要保证电子文件的真实性和完整性，必须及时获取电子文件的结构和背景信息，因此电子文件的背景和结构信息必须被纳入归档范围，形成电子文件的支持和辅助性文件，计算机、操作系统和应用软件的说明性文件也必须列入归档范围之中。此外，归档电子文件不仅局限于文字类文件，还应当包括图像、声音、视频及超媒体文件。

（四）归档实体移交与权责移交的分离

在线归档的出现使电子文件实体移交与权责移交出现了分离。传统文件管理中，文件的管理权是随着文件的归档由文书部门转移到档案部门的，是实体保管者与信息管理者的统一。电子文件的实体与其信息的管理权责却是可以分离的。电子文件的在线归档，使档案部门虽然并不一定不拥有电子文件实体，但仍可以实现对电子文件的掌控，从侧面反映了电子环境中档案管理的工作重点由实体管理向信息管理的转移。

（五）电子文件归档份数较多

离线归档的电子文件，至少一式三套：一套封存保管（一般称A套）；一套提供利用（一般称B套）；必要时，复制第三套，异地保存（一般称C套）。

电子文件在长期保存过程中可能会受到不可抗因素的影响导致信息变异或失真，出现读取错误，而多套同时出错的概率较低，所以多套保存可以大大提高电子文件的安全性和可靠性。

三、电子文件归档的范围

《电子文件归档与管理规范》规定："电子文件的归档范围参照国家关于纸质材料归档的有关规定执行，并应包括相应的背景信息和元数据。"其中，"国家关于纸质文件材料归档的有关规定"当前主要是指国家档案局2006年发布的8号令《机关文件材料归档范围和文书档案保管期限规定》、国家档案局2012年发布的10号令《企业文件材料归档范围和档案保管期限规定》，以及其他有关科技文件、专门文件归档范围的规定和本地档案行政管理部门的有关规定。具体来说，电子文件的归档范围主要有以下几点。

第一，在本机构行使职能活动、业务管理及行政管理活动过程中形成的，有纸质文件对应的电子文件，参照国家有关归档范围和保管期限规定归档。对需要保存草稿及过程稿的电子文件，需要按照版本管理的要求添加版本号，并和正本一并归档。

第二，在行使和拓展本机关职能活动过程中，利用信息系统产生的无纸化新型电子文件，如网站、电子邮件、微博、微信等电子文件，也要列入归档范围。

第三，各种数据文件，如数据库、图形库和方法库等。由于数据库是动态的，对这种数据文件应定期拷贝，作为一个数据集归档。

第四，为保证电子文件的长期可读性，其支持软件包括操作系统、应用软件及相关代码库、参数设置等也需要归档。

第五，有助于确保电子文件真实、完整、有效、安全的有关元数据、说明性材料也要归档。

第六，对必须实行"双套制"保存的电子档案，应归档相同内容的纸质文件，并在有关目录中建立电子文件和纸质文件之间的关联关系。

四、电子文件归档的方式

（一）按照归档电子文件的实际存储位置分类

1.物理归档

物理归档是指把电子文件集中下载到可脱机保存的载体上，向档案部门移交的过程。物理归档类似于纸质文件的实体归档，这种方式将电子文件的保管权直接交给档案部门统一存储保管，该保管系统由档案部门统一维护，因此安全性比较高。

2.逻辑归档

逻辑归档是指在计算机网络上进行，不改变原存储方式和位置而实现将电子文件的管理权限向档案部门移交的过程。这种方法将电子文件仍然存储在形成文件的业务系统中，但是归档文件的著录信息、存储地址及元数据应自动保存到档案部门的数据库中，以便档案部门对其进行控制。逻辑归档虽然不妨碍电子文件的共享利用，但是分散存储会给电子文件带来一定的安全风险，需要档案部门加强安全检查和督促。

（二）按照归档电子文件的移交方式分类

1.在线归档

在线归档是指通过计算机网络，将电子文件及元数据向档案部门移交的过程。在线归档必须在网络联通的条件下进行，网络的带宽、速度会影响在线归档的进行。一般来说，文本类电子文件的在线归档虽然没有问题，但是多媒体电子文件的在线归档就要考虑网络带宽是否能承受多媒体文件的容量，或采取避开网络使用高峰时间进行在线归档，否则会严重影响网络信息共享利用。

2.离线归档

离线归档是指将电子文件及其元数据存储到可脱机存储的载体上，向档案部门移交的过程。当电子文件的形成系统没有在线归档功能时，或当电子文件形成与归档管理机构没有电子文件和档案管理系统时，可采取离线归档方式。例如，工程建设的施工单位、建设单位与档案部门在没有在线归档的条件时，可在工程项目结束后将电子文件拷贝到光盘或硬盘上向档案部门归档移交。

五、电子文件归档的要求

电子文件的归档应以国家和本地区有关规定和标准为依据，做到真实、完整和有效，实现档案的价值，便于社会各方利用。除此之外，还应针对电子文件的特性，满足以下要求。

（一）归档范围和保管期限要求

电子文件应准确划分归档范围和保管期限，具有保存价值的照片、音视频文件和公务电子邮件等电子文件应当列入归档范围；电子文件的正本、定稿、签发稿、处理单等重要电子文件的修改稿和留痕信息也应当完整归档。

（二）双套制归档要求

具有永久保存价值或者其他重要价值的电子文件，应当转换为纸质文件或缩微品同时归档。定期保存的电子文件，由电子文件的形成单位根据实际需要决定是否采用异质双套归档。法律法规中规定不适用电子签名的电子文件，归档时应附加有法律效力的纸质签署文件。

（三）载体要求

把带有归档标识的电子文件集中起来，制成归档数据集，存储至耐久的载体上。电子文件归档推荐使用的载体，按优先顺序依次为只读光盘、一次写光盘、磁带、可擦写光盘、硬磁盘等。

（四）归档载体标签要求

存储电子文件的载体或装具上应贴有标签，标签上应注明载体序号、宗号、类别号、密级、保管期限、存入日期等，归档后电子文件的载体应设置成禁止写入操作的状态。用作电子文件归档或电子档案保存的光盘不能贴标签，该标签必须用特制的光盘标签打印机打印在特制的光盘空白背面上。因为对高速旋转的光盘来说，贴上标签会造成光盘高速旋转时重力不均和抖动，损坏光盘或光盘驱动器。没有光盘标签打印机的，可用光盘标签专用笔在光盘标签面上手工书写编号。

（五）真实性要求

电子文件形成部门需对归档电子文件内容的可靠性、稿本的准确性以及双套文件的一致性加以确认。

（六）完整性要求

确保归档电子文件和相关文件及元数据齐全，且关联有效。为了保障电子文件的真实、完整、有效，可以将电子文件的办文单打印成纸质文件与电子文件一并归档。

将相应的电子文件机读目录、相关软件、其他说明等一同归档，并附《归档电子文件登记表》。《归档电子文件登记表》可以制成电子表格，由系统根据归档电子文件的机读目录或著录、标引信息自动填写。归档时应将电子文件及其机读目录、登记表同时移交给档案部门，归档电子文件登记表如果是数字形式的，还应附有纸质打印件。

归档完毕后，电子文件形成部门应将存有归档前电子文件的载体保存至少一年。

六、电子文件的组盘

常用的电子文件存储载体是磁盘、磁带、光盘。其中光盘具有存储容量大、运行速度快、存储稳定性较好、只读光盘能防删改等优点。因此，光盘是目前存储电子文件的较佳载体。为了方便管理和查找利用，对脱机保存的电子文件需要按一定的规则组合到同一张光盘中，简称"组盘"。由于DVD光盘容量大且技术和标准日趋成熟，因此电子文件的脱机保存应当采用只读的DVD光盘，即DVD-R。

虽然组盘和传统的纸质文件组卷在概念和方法上有很大的区别，但是也应当从保持文件的自然联系和方便管理利用出发，遵循一些基本规则：一是将同一保管期限的文件进行组合，以便于按不同期限定期拷贝光盘，以延长电子文件的保管寿命；二是将同一密级的文件组合，以便于保密和安全管理；三是将同一部门的文件组合，以便于查找、利用和复制；四是将同一档案类别、同一工程项目、同一设备项目的文件尽量存储在同一光盘上，以方便利用；五是按规范著录规则建立盘内文件目录，并将电子文件与相关条目建立链接关系，以便查找目录时立即能调阅相应的电子文件；六是如果盘内有非通用格式的电子文件，应当将相应的运行软件一并存入该盘内，以便电子文件的打开和阅读。

盘内文件的组合应当采用文件夹管理方式，文件夹的设置规范可根据以上组盘原则由各单位自行设定。现以基建工程档案为例，推荐以下组盘方法。

（一）从工程类电子文件的特点出发将存储标准规定为以下三种格式

A类：采用形成时的原始文件格式，以保留所有形成信息，满足档案原始性的要求，并便于技术改造中图纸的修改，规定为DWG、RTF、XLS格式。

B类：采用转换格式，用于查询浏览和打印输出，确保能被准确地还原成纸质文件，并便于在线检索，规定为PDF、TIFF格式。

C类：将非常用软硬件环境下形成的文件转换成中间文件格式，当需要时可将其转换成各种需要的文件格式，规定为DXF、TXT格式。

为了满足不同的需要，归档时一般同时采用两种格式，即 B 类 +A 类文件或 B 类 +C 类文件。

（二）每张光盘内文件夹的存储方法

第一，在根目录下存储一个说明文件，如起名为 README.TXT，用于说明该光盘的基本信息，如光盘编号、工程名称、制作单位、归档部门、制作时间等。

第二，在根目录下存储一个辅读信息文件，如起名为 ASSIST.TXT，用于列出读取光盘内各种格式电子文件的环境信息，如光盘使用的硬件型号、软件名称、版本等。

第三，在根目录下存储一个目录文件，如起名为 CATALOG.XLS，用于存储光盘内电子文件目录信息，该目录需采用档案著录规则，其中的每个条目最好都与盘内相关的文件建立链接关系。由于该目录采用 Excel 制作，因此用该目录就能独立实现盘内文件的查找。

第四，设置"数据 1"子目录，用于存储与上述目录相对应的 B 类文件。

第五，设置"数据 2"子目录，用于存储与上述目录相对应的 A 类和 C 类文件。

第六，设置"其他"子目录，用于存储相关字库、符号库、数据字典、系统运行软件等能保证盘内电子文件准确还原的各种辅助文件或说明文件。

（三）制定电子文件归档和电子档案管理的制度规范

首先，要求电子文件形成机构保证移交的电子文件是完整的、真实的、有效的；保证两种格式电子文件与相应纸质文件内容、版式是一致的；档案部门接收后保证在保管期间不失真等。其次，由于只读光盘具有不可更改、不可重写和不可擦除的特性，因此选用只读光盘作为电子文件交换的载体，要求形成机构将两种格式的电子文件刻录到只读光盘上移交给档案部门，光盘背面特制清晰的、不易被擦除的光盘标记及责任人手写签名。最后，形成机构还需打印归档电子文件清单，由交接双方验收签字后各持一份作为归档电子文件的交接凭证。

七、电子文件的规范命名

电子文件制作完毕后需要对保存的稿本命名，以便今后查询利用。电子文件名通常由"主名"加"扩展名"所组成。其中扩展名代表了电子文件的类型，通常由计算机自动产生。规范电子文件的主名是规范电子文件管理的重要基础工作，随意命名会给管理造成麻烦甚至混乱。

（一）规范命名的要求

第一，唯一。如果有两个或者多个电子文件重名，在数据库调用该文件时就会发生混乱。因此，在同一文件夹中的电子文件不允许重名。如果重名，则后存盘的电子文件会将前存盘的电子文件覆盖。

第二，直观。直观的命名能够简要地概括文件的内容，是查找文件的重要线索，也便于利用，电子文件命名应当实行"实名制"，即将文件的重要著录项直接注入主名中。

第三，简洁。命名要简洁明了，不宜过长，过长难以辨认，且计算机软件会自动拒绝。另外，命名中不能夹带某些特殊符号，如半角的"\、/、<、>、?"等。

第四，参照。采用"双套制"归档模式的，电子文件命名要便于与同样内容的纸质文件建立相互参照关系。

（二）规范命名的方法

根据以上原则，介绍几种常用的命名方法。

第一，归档前可用"文号+稿本号+文件标题+扩展名"命名，各要素之间用符号（如""）进行分割。这种命名还可以加上"形成者""形成时间"等文件要素，其最大优点是直观，能通过命名知道文件的大概内容，便于通过Windows资源管理器、Excel等流行的工具直接检索。目前，计算机允许电子文件的命名长度达247个汉字，足以支持该命名方式。该方法适用于在办公自动化管理中形成的电子文件，可由业务部门的文件管理人员在文件形成后按规范直接命名。

第二，归档后采用"全宗号+档案门类代码+年度+保管期限代码+机构（问题）代码+件号+子件号+扩展名"命名。如"X043-WS.2015-Y-BGS-0026.001.jpg"。该方法的优点是：由于档号唯一，因此能避免重名；由于档号中一般有分类号，因此便于识别内容；由于采用纸质档案的档号，因此便于与纸质档案相互参照。这种方法一般适用于"双套制"归档的电子文件、纸质档案扫描件或需要长期保存的电子档案。

第三，采用"随机号+扩展名"命名，随机号一般是计算机自动生成的32位代码。该随机号唯一的优点是不会重名，缺点是很不直观，也无法与纸质档案参照，必须完全依靠目录数据库才能对电子文件进行管理和查询。使用本方法一般要安装专用的电子文件归档和电子档案管理系统。因此，使用本命名方法有一定的风险，如当支持其运行的应用软件发生故障或瘫痪时，文件就无法查询利用。

有些单位在电子文件归档时将第三种方法命名的电子文件转换为第一或第二种命名方式，或者组合运用前两种命名方式，其转换一般需借助计算机系统自动完成。

此外，对基建或设备类电子文件也可以采用"项目编号+子件号+扩展名""项目编号+阶段号+子件号+扩展名"或"图号+子件号+扩展名"等方法命名。这些方法都符合上述电子文件命名的四项基本要求。

八、电子档案的移交

归档后，电子文件按有关规定移交至档案室等档案保管部门，作为电子档案进行集中保管，这是归档的最后实施环节。

（一）移交时间

电子文件的在线归档和离线归档，一般是在年度或文件所针对的任务完成后，或一个阶段之后的一段时间内进行归档移交，具体可视情况而言。如管理性文件可按照内容特点确定一个归档期限；技术文件、科研项目文件等则可在项目完成后归档移交。因涉及电子文件的技术环境条件、存储载体质量、寿命等问题，一般以不超过3个月为宜。

（二）移交的基本要求

第一，元数据应当与电子档案一起移交，一般采用基于XML的封装方式组织归档数据结构。

第二，电子档案的移交格式按照国家有关规定执行。

第三，电子档案有相应纸质、缩微制品等载体的，应当在元数据中著录相关信息。

第四，采用技术手段加密的电子档案应当解密后移交，压缩的电子档案应当解压缩后移交。特殊格式的电子档案应当与其读取平台一起移交。

（三）移交检验

在接收电子档案之前，应对电子档案及其技术环境进行检验，合格率达到100%时方可进行交接。

检验项目主要有以下内容：一是载体有无划痕，是否清洁；二是有无病毒；三是核实电子档案的真实性、完整性、有效性及审核手续；四是核实登记表、软件、说明材料等是否齐全；五是对特殊格式的电子档案，应核实其相关的软件、版本、操作手册等是否可用和完整；六是检验结果分别由移交单位、接收单位填入《电子档案移交、接收检验登记表》的相应栏目。

档案保管部门应按照要求及检验项目对电子档案逐一验收。对检验不合格的，应退回形成部门重新制作整理后再次移交。

（四）移交方式

电子档案的移交可采用离线或在线方式进行。

离线移交归档电子文件应当满足下列基本要求：移交单位一般采用光盘移交电子档案，光盘应符合移交要求；移交单位应当按照有关要求进行光盘数据刻录及检测；存储电子档案的载体和载体盒上应当分别标注反映其内容的标签；移交载体内电子档案的存储结构应符合《电子文件归档与管理规范》等国家和本地区的有关规定。

在线移交电子档案的单位应当通过与保密级别和管理要求相匹配的网络系统传输符合要求的电子档案及其元数据。

（五）移交手续

档案保管部门验收合格，完成《归档电子档案移交、接收检验登记表》的填写、签署环节。登记表一式两份，一份交电子档案形成机构，一份由档案保管部门保存。在已联网的情况下，电子档案的移交和接收工作虽可在网络上进行，但仍需履行相应的手续。

第三节　档案数据库的建设

一、档案数据库建设的意义

（一）是档案信息化水平的重要标志

我国档案信息化自20世纪80年代起步以来，积极致力于档案目录数据库建设，建立了档案目录中心，显著提高了档案管理的效率和质量，方便了档案的查找利用和资源共享，不仅成为档案信息化建设最早、最直接获得的成果，也不断增强了档案工作者对档案信息化的认识和信心。实践证明，档案数据库建设的规模和质量不但是档案信息化的核心任务，而且是衡量档案信息化水平的重要标志。

（二）是档案信息资源建设的基础

归档文件材料属于一次档案文献，它虽然具有原始性，但是无序的、分散的、非结构化的档案信息，难以形成资源优势，不便于集中管理和广泛共享。档案目录数据库建设的实质是通过对档案内容和形式特征的分析、选择及记录，采用数据库管理技术，将档案著录信息输入计算机系统，形成二次档案文献，即结构化的档案信息。此举可有效提高档案信息的丰裕度、凝聚度、集成度、融合度、共享度、适用度和价值密度，降低其失真、失全、失效和失密的风险，从而形成档案资源体系，提升档案信息化的综合实力，没有高质量的数据库，好的软硬件系统只能是"空壳"。

（三）是开发利用档案信息资源的前提

档案信息化的主要目的是将对档案的实体管理转变为对档案信息的

管理，也即对档案内容的管理，这是信息技术的优势所在，也是传统管理最大的难点。建设档案数据库，有利于加快推进档案信息资源的整合和共享，使档案信息真正成为优质资源和共享资源；有利于信息技术和大数据技术应用，促进档案信息的资源体系、服务体系和安全体系建设；有利于最大限度地发挥档案价值，从而为档案信息资源的开发利用创造有利的条件。没有档案数据库，档案信息化就是空中楼阁，流于形式。

二、档案目录数据库建设

档案目录数据库中的记录又称为"档案机读目录"或"档案电子目录"，是存储在计算机内，使用某种数据库管理系统组织管理档案目录的数据。

（一）档案目录数据库的结构设计

根据著录对象的层次不同，档案目录数据库分为案卷级目录数据库和文件级目录数据库两类。为实现计算机检索，必须将反映档案内容特征和形式特征的案卷级著录信息和文件级著录信息输入计算机数据库，由计算机系统通过专门的数据库管理系统和档案管理软件对其进行采集、加工、整理和检索。

数据库管理系统是存储、管理档案目录信息的最佳工具，它按照一定的数据模型，将相互联系的结构化信息以特定的方式组织存储起来，构成数据集合。为此，档案目录数据库的结构设计包括两项内容。

1.选择档案著录项目

《档案著录规则》规定了档案进行著录的项目和形式。该标准规定的著录项目共分7项，每项分若干著录单元（小项）。在列举的22个著录小项中，只有正题名、责任者、时间项、分类号、档号、电子文档号、缩微号、主题词或关键词8项为必要项目，其余为选择项目，这意味着不同的档案目录数据库在项目选择上可能存在较大差别。

事实上,《档案著录规则》主要用于规范传统档案目录的著录标引工作,对电子档案目录的检索和网络共享考虑不够充分。因此,目前在构建档案目录数据库时常常增加一些新的著录项目。例如,为便于解决数据访问权限的控制问题,增加"主办部门"和"协办部门"项目;为便于调阅数字化的档案全文,增加"全文标识"项目;为解决跨地区、跨层次数据共享,增加"组织机构代码"项目等。另外,2000年颁布的《归档文件整理规则》(DA/T 22—2000)也给档案目录数据库著录项目的确定带来了较大影响,采用新规则形成的文件目录数据库在结构上与此前的文件目录数据库有所不同,许多地方对传统文件与电子文件分别规定了不同的库结构。国家档案局于2015年对《归档文件整理规则》进行了重新修订,标准号DT/A 22—2015,这是我国机关档案工作改革的一项重大举措。

2.确定著录项目的数据格式

数据格式具体规定每个著录项目(记录字段)的数据类型和字段长度。数据库管理系统所管理的数据对象是结构化的,因此必须事先确定好档案目录数据库各字段的名称、字段类型、代码体系和约束条件等。

(二)档案文件的著录标引和著录信息录入

档案文件的著录标引和著录信息录入,是档案目录数据库建立的重要工作和档案信息化的关键环节,意义十分重大,需要给予高度重视。从形式上看,"著录"和"录入"是两项工作,而在档案信息系统的操作中往往是结合起来、交叉进行的,即一边著录标引,一边录入数据。为了提高档案著录、数据录入的速度和质量,需从以下3个方面采取对策。

1.提高认识,增强操作人员的责任心

档案著录和数据录入工作的重要意义在于:一是大规模、高质量的档案目录数据是实现档案信息化价值的前提。信息行业有一句行话:"三分靠硬件，七分靠软件，十二分靠数据。"没有实力强大的数据库，再先进的档案信息系统也只能是空中楼阁，形同虚设。二是数据质量问题会给档案信息系统埋下隐患。信息行业还有一句行话："计算机系统输入的是垃圾，输出的也必然是垃圾，绝不会成为宝贝。"一旦输入了数据垃圾，计算机软硬件技术就难以自动消除它。档案数据库质量控制有"技防"和"人防"两种，其中人防，即提高人的责任心和操作技能永远是第一位的。因此，要从培养操作人员的素质抓起，落实工作职责和考核办法，实现对档案文件的著录标引和著录信息录入工作的精细化管理。

2. 严格按照国家规范设计数据库结构

档案信息化建设单位应当严格按照《档案著录规则》《档案分类标引规则》(GB/T 15418—2009)、《档案主题标引规则》(DA/T 19—1999)、《中国档案分类法》和《中国档案主题词表》等国家相关标准规范的规定，结合实际，制定本行业、本专业、本单位的标准和规范，为档案数据库建设提供标准支持。要维护标准和规范的权威性，在档案信息系统开发，特别是数据库结构设计时应严格执行相关标准和规范，防止数据库设计的盲目性和随意性，确保档案数据的一致性、准确性和规范性。

3. 采取有效的技术手段提高数据录入的速度和质量

档案文件的著录标引和录入工作十分枯燥，不但效率低，而且容易引起操作疲劳而出错。为此，应当在加强"人防"的同时，尽量采用"技防"。事实上，计算机技术的发展已经为提高数据录入的速度和质量做了充分的准备。

4. 在数据库建设中控制数据结构定义

为了提高系统的适用性和可扩展性，很多档案信息系统都为用户提供了灵活的数据库自定义功能，然而这项功能如不加以控制就会造成"乱定义"，即定义的随意性。因此，在设计档案信息系统自定义功能时，应当将数据库的表字段设计分为"必选项"和"可选项"。必选项严格按照《档案著录规则》设置，不允许自定义，可选项可在规范引导下进行自定义。

5.利用计算机智能，自动录入数据

在录入档案数据时，某些档案著录项可以通过计算机自动处理后录入数据，如自动生成档号、序号、部门号、库位号；根据文件级著录的文件页数、文件日期，自动生成案卷级文件页数、起止日期；根据文件的归档类目号，自动生成分类号；根据文件标题或文件内容，自动标引主题词等。自动录入的数据能够避免人为录入差错，大量节约人力，并显著提高录入的速度。

6.使用代码录入

代码是确保著录信息和档案特征一致的有效手段。如组织机构名称，有全称或简称，简称往往又很不规范，这会造成检索时的混乱，而应用代码，可以做到代码和组织机构的严格对应，检索时就不会出现漏检或误检。

因此，档案信息系统应设计简便的代码管理功能，包括代码的维护、录入提示等，确保规范使用代码，又快又好地录入档案著录信息。

三、档案全文数据库建设

档案全文数据库，是存储、组织管理数字化档案信息的数据库系统，既包括档号、题名、责任者、正文、形成时间、密级、保管期限、载体、数量、单位、编号等著录信息，也包括档案的内容信息。档案全文数据库所管理的对象，不仅包括经数字化处理的传统馆（室）藏档案，而且包括以数字化形式直接生成的电子文件（档案），如各类文本、表格、图形、图像、音频、视频、数据库、网页、程序等。

应用环境不同、系统软件不一，生成的文件格式也会不同。因此，必须确定电子文件的元数据标准和存储格式，以规范档案全文数据的组织与管理。

（一）档案全文数据库构建的过程

1.数据的采集

即对加载到全文数据库中的数据进行录入、采集、整理等处理。全文数据的获取方式有3种：一是图像扫描（或数码拍摄）录入。该方法形成的图像信息能保持文件的原貌，但占用存储空间大，不能直接进行全文检索和编辑。二是键盘录入。该方法形成的是文本信息，占用存储空间小、存取速度快、支持全文检索，但是输入工作量大，文本的格式和签署信息容易丢失。三是图像识别录入，即对扫描形成的图像进行OCR识别，形成文本信息。该方法虽然具有上述两种方法的优点，但是OCR识别带有一定的差错率，特别当档案原件字迹材料不佳、中英文混排或带有插图、表格时，差错率较大，而人工纠错成本较高。因此，数据采集要权衡利弊，有选择地使用。

2.数据预处理

将采集后形成的档案数字化成果转换成规范的格式，进行规范化命名，再进行统一标准的著录与标引。同时采用自动标引技术的系统，还可以从文本文件中直接提取关键词或主题词，辅助计算机检索。

3.数据检索

档案全文数据库建成后，可采用全文检索系统提供的功能对数据库进行检索。

4.数据维护

全文数据库建成后，需经常对数据库的内容进行索引、更新、追加和清理，以保证数据库的实用性和时效性。

（二）档案全文数据库的功能

第一，能够获取、存储和使用不同类型、不同格式的档案信息。

第二，能够按照确定的数据结构有效组织大量分布式的不同类型、不同格式的电子文件或扫描件，并为之建立有效的检索系统。

第三，能够快速、正确地实现跨库访问和检索。

第四，能够对全文信息的访问和使用进行许可、控制和监督等授权管理。

第五，能够在网上发布全文数据库数据。

第六，能够集成支持全文数据库管理的各种技术，如超大规模数据库技术、网络技术、多媒体信息处理技术、分布式处理技术、安全保密技术、可靠性技术、数据仓库与联机分析处理技术、基于内容的分类检索技术、信息抽取技术、自然语言理解技术等。

四、档案多媒体数据库建设

档案多媒体数据库是对文本、图像、图形、声音、视频（及其组合）等媒体数据进行统一管理的数据库系统，它具有良好的交互性，输出的多媒体文件形象直观，图文并茂，能真实生动地还原历史记录。因此，档案多媒体数据库属于特色数据库和优质档案信息资源，应当列为档案数据库建设的重要内容。

（一）建立档案多媒体数据库的步骤

建立档案多媒体数据库有三个步骤：一是收集和采集来自各种档案信息源的多媒体信息。如果来源是数字化多媒体信息，即多媒体电子文件，则归档处理后直接进入档案多媒体管理系统的存储设备中；如果来源是模拟多媒体信息，如模拟录音、录像，则采用音频或影像采集设备，将其转换成数字化的多媒体档案后输入到档案多媒体数据库。二是按照多媒体档案的整理规则，对多媒体电子文件进行整理，形成档案多媒体目录数据库。三是将整理后的多媒体档案挂接到档案多媒体目录数据库中。

（二）多媒体档案与档案多媒体目录数据库的挂接方法

鉴于多媒体档案占据容量大，对档案数据库运行效率影响也大，因此需要慎重选择多媒体档案与档案目录数据库的挂接方法。挂接的方法一般有基于文件方法和二进制域方法两种。

1.基于文件方法（又称"链接法"）

这种方法是将独立存储于计算机载体中的多媒体档案的名字与位置（即路径）存入（即"链接"于）档案多媒体目录数据库相应的记录中，而不是真正将档案存储在目录数据库中。当数据库管理系统访问多媒体档案时，根据目录数据库中记录的多媒体档案名称和路径，访问多媒体档案。这种方法的优点是，尽管多媒体档案容量大，但是不会给目录数据库增加负担而影响目录数据库的运行效率；缺点是多媒体档案与目录数据库的关系不够紧密，容易因系统或数据的迁移而断链，造成通过目录找不到对应多媒体档案的故障。

2.二进制域方法（又称"嵌入法"）

这种方法是把多媒体档案实实在在地存放于（即"嵌入"到）目录数据库中的BLOB字段（即"二进制域"）中，该字段能存储大文件，因此又称"大字段"。该字段有两种：一种是Memo（备注）字段，它可以存储大文本文件，容量相对较小；另一种是OLE（对象嵌入）字段，可以存储大二进制文件，如多媒体档案等。

Oracle数据库的一个BLOB字段可存储不大于4G的多媒体文件。这种方法的优点是多媒体文件与目录数据库的关系相当紧密，不会断链；缺点是大容量的多媒体文件会增加目录数据库的负担，影响其运行效率。因此，在使用二进制域方法时，需要采用一些技术手段来弥补其缺陷。

第七章

档案信息化保障体系建设

第一节　宏观管理保障体系

档案信息化是档案事业发展的战略举措，也是档案工作现代化的立体战役。为了确保这项工作循序渐进、卓有成效，需要自上而下地进行总体规划和精心地组织实施。

一、档案信息化规划

档案信息化规划是档案行政管理部门针对档案信息化事业发展制定的全局性、长远性谋划，是对发展目标、任务、措施的宏观思维、精准描述和权威部署，是反映发展规律、驾驭发展大局、破解发展难题的顶层设计，具有定位目标、激发士气、凝聚人心、统一步伐的作用。

（一）规划制订的原则

1.统揽全局的原则

规划首先要明确档案信息化的指导思想、基本目标、工作任务、措施步骤、保障体系、评价指标等。档案信息化规划要有前瞻性、系统性、严肃性、权威性和操作性。在目标的确定上既要起点高，又不能不切实际地盲目拔高；在任务的确定上既要全面覆盖，又要重点突出；在措施的确定上既要宏观布局，又要微观落地；在保障体系的确定上既要营造动力机制，又要设定约束机制；在评价指标的确定上既要定性，又要尽可能定量。特别要做到与本单位档案事业发展规划和本地区信息化发展规划相衔接，争取取得组织、资金和人力上的支持。为了落实好规划，要建立集规划制订、协调、监督、意见反馈、补充完善于一体的规划执行机制。通过落实责任、考核和目标管理，努力实现预定的信息化蓝图。

2.分步实施的原则

档案信息化涉及面广，工作量大，制约因素多，因此在制订规划时，要充分考虑国家、地区信息化战略的实施进度、档案信息化的近期需求、档案基础工作条件、管理制度和业务规范的配套情况，以及经费、人力的投入能力等。要在全局性、长远性目标的指导下，根据需要和可能，将总目标分解为若干阶段性目标，以便分步实施。阶段性目标要处理好前后衔接关系，每一阶段的目标任务既要继承前阶段的成果，又要为后阶段创造条件。特别要将档案信息资源建设列入阶段性目标的主要任务，并提出量化的指标要求，如电子文件归档和传统存量档案数字化应当达到多少百分比等。

3.需求驱动的原则

长期以来，信息技术领域有一句行话"以需求为导向"，它是信息技术应用的一条重要规律。现代信息技术几乎无所不能，然而只有与特定的需求相结合，才能实现信息化的价值。需求决定计算机应用的发展方向、检验标准和实际效能，是信息系统建设的出发点、归属点和动力源泉。不重视需求或找不准需求，必然使档案信息化偏离正确的轨道，甚至付出沉重的代价。

4.突出重点的原则

所谓突出重点，就是规划要满足重点需求。需求是一个相当具有"弹性"的概念，在分类上有：一般需求和主要需求、潜在需求和现实需求、表面需求和本质需求、当前需求和长远需求等。突出重点就是要在调查研究的基础上，分析出和把握住主要需求、现实需求、本质需求、当前需求和紧迫需求。因此，在制订规划时，要从本单位、本行业的实际出发，以问题为导向，以必要性和可行性统一为基础，找准需求，定义总目标和阶段性目标，一步一个脚印地有序推进档案信息化工作。

（二）规划制订的步骤

1.组织机构

档案信息化规划的制订事关大局、事关长远，应当建立由单位主要领导主持，信息化管理人员、相关业务技术人员和档案管理人员参加的规划起草小组，具体负责规划制订的全过程工作。为了开阔眼界，借用外力，还可以聘请外单位有关档案信息化的专家，对规划起草人员进行培训，对起草工作给予咨询、审核、把关，或直接负责规划的撰写工作。

2.调查研究

调研主要包括四个方面：一是对国际、国内、本地区、本行业档案信息化发展战略和规划的调研，了解其对档案信息化目标、任务、措施的定位，以便为本单位规划制订提供参考。二是对同行业或相近行业档案信息化的先行单位进行调研，以便学习和借鉴他们的成熟经验。三是对社会信息化发展状况进行调研，了解其软硬件技术发展水平，以及哪些技术适用于本单位。四是对本单位档案工作和档案信息化需求进行调研，发现和分析存在的问题，研究利用信息化手段破解问题的对策。

3.撰写规划

对调研结果进行归纳总结，撰写调研报告。根据调研报告撰写规划大纲，并征求有关领导、专家或业务技术骨干的意见。根据拟订的规划大纲，撰写规划初稿。初稿完成后组织专家进行科学性和可行性论证，并广泛征求机关各业务部门和相关单位的意见，修改完善后交本单位领导审核、签发，然后正式发布。

4.规划发布

规划发布时要一并提出规划执行的指标要求、进度要求和责任要求，并按照"言必信，行必果"的要求，跟踪规划的执行情况。

（三）规划的主要内容

1.回顾总结

回顾总结本单位档案信息化的进程、现状，取得的基本经验或主要体会，以及存在的主要问题。对尚未建立档案管理信息系统的单位可以总结本单位档案工作的现状，以及为档案信息化创造的基础工作条件，如档案制度化、标准化建设，档案资源建设、档案人才队伍培养等。

2.目标定位

目标是对档案信息化建设预期前景和效果的描述。目标可以分为总体目标和具体目标两部分。目标定位要有以下"五个度"：一是高度，即体现高起点、高标准、高水平；二是宽度，即做到档案业务工作的全覆盖；三是深度，即要致力解决发展中遇到的热点、难点问题；四是亮度，即要有创新点和闪光点；五是温度，即要满怀热情地贴近时代、社会、生活、百姓。总目标的实施周期应尽量与本单位发展规划相吻合，一般为5年。

3.任务部署

任务是对目标的细化。目标一般比较原则、概括和宏观，任务则要尽量具体和微观。任务一般按档案信息化的要素细分，包括基础设施建设、信息资源建设、应用系统建设和保障体系建设等。任务部署要尽量做到定时、定量，如纸质档案数字化工作每年要达到多少页、占馆（室）藏总量的百分比是多少等。

4.措施落实

措施是指实施档案信息化的必要条件，一般包括人员观念的改变、档案基础工作的跟进、技术平台的建设、信息安全的落实、资金持续投入以及人才队伍培养等。其中档案基础工作部分要特别强调"兵马未到，粮草先行"，即提前、重点做好电子文件归档、纸质档案数字化工作。

二、档案信息化组织

制定科学的规划是档案信息化的起点和前提，它使信息化建设者在目标、任务、措施等方面达成了共识、统一了步骤。接着，就需要通过强有力的组织，即通过指挥、协调、监督、指导、服务等管理方式和行政手段，确保规划的贯彻落实。执行力不足会使一个好的规划流于形式，创新规划的执行体系和执行手段，是增强规划的权威性和约束力的关键举措。

（一）思想观念更新

档案信息化是新形势下档案工作顺应潮流，抓住机遇，加快发展的重大战略。规划是战略实施的顶层设计，是长远性、全局性的谋划，是避免战略实施随意性和盲目性的有效举措。只有充分认识规划实施的重要意义，才能增强实施规划的责任心和自觉性。

同时，要认识到实施规划要有新思路、新对策。要改变过去重规划、轻实施，重技术、轻管理，重平台建设、轻资源建设，重档案科研、轻成果应用等片面的、落后的观念，以崇尚科技、重视改革、锐意进取、尊重人才、创新务实、真抓实干的新思路、新对策，来破解规划实施中的难题，化解来自各方面的阻力，推进规划的顺利实施。

（二）组织体系创新

档案信息化应当是"一把手工程"，必须由机构的主要领导分管档案信息化工作，并建立集规划、执行于一体的档案信息化主管部门，才能及时高效地协调处理档案信息化建设中遇到的复杂关系，避免出现因多头管理而造成政出多门、相互推诿的现象。

档案信息系统的建设和运行涉及与外界系统的互联。前端与办公自动化互联，确保对归档电子文件的前端控制。后端与本单位各种业务系统互联，确保为社会或本单位行政业务系统提供档案信息服务。单靠档案部门难以处理与档案外部系统的关系，必须由本单位主要领导牵头挂帅，才能做好跨部门的组织协调工作。因此，各单位分管档案工作的领导应当同时分管档案信息化工作，负责实施档案信息化规划的各项组织工作，负责将规划实施列入本单位信息化发展规划和年度计划，使这项工作在机构、岗位设置，人员、经费投入等方面得到满足，保障规划的实施。

（三）管控措施到位

档案行政管理部门要对规划的实施采取有力的管控举措。

1.要保持规划的权威性和严肃性

对已经列入规划的每项任务都要"言必信、行必果"，对规划后未执行的任务要追究原因和责任；按照规划制订有关项目的实施方案，规定具体的实施内容、进度、要求，一抓到底，直至见效；将规划实施的组织、协调、监督、指导纳入档案工作的法规、制度、标准、规范系统中去，纳入行政部门工作的职责和考核办法中去，通过档案法治和行政的手段，防止发生档案信息化不作为或乱作为现象。

2.要夯实档案信息化的各项基础工作

档案信息化建设的重点是档案信息资源建设。为此，要围绕档案信息资源管理的目标和任务，扎扎实实地做好传统文件和电子文件的积累、归档，以及归档后的档案鉴定、分类、组卷、著录、编目、数据录入、档案扫描、档案保管、档案划控等基础工作，利用数据库技术，建立起大规模、高质量的档案信息资源总库，为档案信息系统运行提供优质的信息资源。

3.要确保规划实施的各项投入

切实按照规划要求落实软硬件网络平台、应用系统、数据资源、人才队伍、保障体系等各项建设任务。对建设项目的完成情况和实用效果进行科学评估，并将评估结果列入档案信息化建设单位业绩考核的指标。资金投入要避免重硬件投入、轻软件投入，重技术性投入、轻管理性投入，重一次性投入、轻持续性投入的倾向，使资金投入在发展阶段、发展要素、发展层次上，有合理的结构比例。

（四）科研教育跟进

鉴于档案信息化具有知识密集和技术密集的特点，档案科研和教育已成为档案信息化的两个重要支柱。为了更好地发挥科研工作对档案信息化的引领作用，要加强对档案信息化项目的选题指导、立项审查、实施跟踪和结题评审等环节的全过程管理。对不可行的项目在立项阶段就予以否定；对科研项目的结题评审要严格把关；对重点科研项目要组织各方力量联合攻关，特别要加强档案局（馆）、高校档案学专业和信息技术开发公司之间的联合，从档案专业和计算机技术的紧密结合上提高科研成果的质量。要加大档案信息化科研成果的推广力度，充分发挥理论成果对实践的指导和引领作用。要采取有效的行政手段和考核措施，大力推广集成化、通用化的数字档案室和数字档案馆应用系统，彻底改变过去各自为政，重复建设，自成体系，难以互联的粗放型发展模式。

第二节 标准化规范保障体系

一、标准规范建设的原则

制定我国档案信息化标准规范，要符合中国国情，符合国家信息化工作的基本方针，同时与相关国际标准和发达国家档案信息化标准的衔接，并且遵循以下原则。

（一）适度超前原则

档案信息化标准是对档案信息化建设过程中出现的各种重复性事物和概念所做的统一规定，标准的对象在档案信息化建设中是随着时间的变化、技术的更新而不断变化的。因此，在档案信息化标准规范建设过程中，要考虑信息时代和网络环境的变化，要有前瞻性和预见性，能在一定程度上预测社会和技术的发展方向，并充分考虑相关标准的制定时机，坚持适度超前原则。标准的制定时机过于超前，可能会使标准因缺乏实践基础而偏离主题，甚至给档案信息化工作造成误导；过于滞后，则会造成大量既成事实的不统一，需要耗费大量的人力、物力进行返工统一。档案信息化标准规范建设，要在有初步经验的基础上，根据现实情况并结合未来档案信息化发展状况开展相关工作。

（二）坚持开放原则

当今社会是一个开放的社会，各行业的开放程度、行业之间的交叉融合程度越来越高。在进行档案信息化标准规范建设过程中，应自始至终坚持开放性原则。

1.要采纳各种开放标准

开放标准是指那些知识产权明确属于公共领域、采用开放语言和标准格式描述、有可靠的公共登记和持续的维护机制、有可靠的开放转换和扩展机制、公开发布详细技术文件并可公共获取的标准规范。在档案信息化标准规范建设过程中，首先应考虑采用开放标准，既可以避免重复劳动，又可以保证较高的标准化水平。

2.要采纳各种国际标准

国际标准是由国际标准化组织所制定的标准，是由世界各国的专家参与制定的，它含有大量科技成果和成熟的管理经验，代表着当代科学技术和生产管理水平。档案信息化建设并不是我国独有的工作，世界各国的同行们都在进行这一项工作，其中不乏一些起步较早、水平较高的档案信息化建设案例。在档案信息化标准体系建设过程中，我们应认真学习先进的国际标准，如ISO15489《信息与文献——文件管理》和《开放档案信息系统参考模型》（OpenArchival Information System，OAIS）等，并根据自身的实际情况进行定制、修改及扩展，既能保证标准水平的提高，又能加快我国档案信息化建设与国际接轨的速度。

3.要参照相关专业的信息化标准

"他山之石，可以攻玉。"档案工作与图书馆工作、情报工作、博物馆工作等相关专业工作存在着一定的相似性。在进行档案信息化标准体系建设过程中，应当充分吸收相关专业在信息化标准建设方面的成功经验，尤其是图书馆在信息化标准体系建设方面较成功的经验。

4.要考虑与相关标准的兼容性

在制定本单位、本行业标准规范时，不仅要注意处理好和国际、国内信息界相关标准规范的兼容关系，还要注意和其他相关领域，如电子政务、数字图书馆建设之间的兼容关系，特别要处理好与国际、国家、行业、区域有关标准规范之间的兼容关系，以便在档案信息系统建设后能与其他相关系统顺利衔接，资源共享。

（三）动态管理原则

　　档案标准化过程并非一蹴而就，而是需要在实践中不断补充、提高、扩展。动态性原则是指要根据档案信息化建设的实践发展，对标准不断进行修订、充实和完善。档案信息化建设是一个长期的过程，在这个过程中，标准规范的对象会随着时间的变化而不断发生变化。特定的标准是根据特定的时间、特定的环境、特定的对象制定的，虽然要求标准制定者在制定标准时，要充分考虑到未来的变化，但是预测可能会有变化与偏差。因此，标准制定完毕后，要根据实施情况及规范对象的变化及时进行修订。由于信息技术发展迅猛，因此对于档案信息化方面的标准，实施后 3～5 年就要进行审视。对不适应实际的标准，要及时废止；对部分不适应，要及时部分更新。标准规范的制定或修订既要针对档案信息化出现的新情况和新问题，又要尽量继承以前标准规范的条款，保持标准的稳定性，避免大起大落，以免使实践工作无所适从，陷于被动。

二、标准规范建设的主要内容

　　档案信息化标准规范建设可以从管理、业务、技术和评价等层面来制定和推行。

（一）管理性标准规范

　　管理性标准规范是对电子档案信息资源建设和档案信息化建设、运行维护工作进行管理的一套规则，包括计算机安全法规与标准、数字档案信息资源合法性的确认等，它需要国家档案行政管理部门统一制定并推广实施，以保证电子档案信息的统一规范和资源共享。

　　档案信息化管理性标准规范包括两个方面：一是对人的管理性标准。

主要是指对与档案信息化建设相关的人员进行管理的标准，包括档案工作人员管理标准、软件设计人员管理标准、用户管理标准、用户角色控制标准、用户权限审批标准等，明确档案工作人员的职责和任务以及用户的权利和义务，以保证档案信息化建设各项工作的正常开展。二是对物的管理性标准。主要是指对数字档案信息资源实体的全过程规范化管理，以及对信息化设备，如机房、硬件、软件存储载体的规范化管理，主要规范这些资源可以给谁用、如何使用和如何保管的问题。

（二）业务性标准规范

业务性标准规范是对档案信息化及电子档案业务处理进行的规定，解决业务操作行为不统一的问题。其范围包含与档案信息化相关的术语标准：档案信息采集标准，包括数字信息资源建设所涉及的数字化加工、元数据、资源创建、描述等；信息管理标准，包括数字信息资源组织、资源互操作等；信息利用标准，包括数字信息资源检索、服务等；信息存储标准，包括数字信息资源长期保存等；电子档案的术语标准及管理规范，包括电子档案的基本术语、资源的标识、描述电子档案的文件格式、元数据格式、对象数据格式等。

（三）技术性标准规范

技术性标准规范是对档案信息化及电子档案管理有关技术应用进行的规定，主要解决技术应用不适当而导致的质量问题。其范围包括硬件基础设施建设技术标准、软件系统工作平台技术标准、数据存储压缩格式规范、数据长期保存格式规范、数据加密算法规范、网络数据传输规范、数字水印标准等。

（四）评价性标准规范

评价性标准规范是对档案信息化及电子档案管理的成果和效用进行评判的指标体系，包括档案信息系统（包括数字档案室、数字档案馆、电子文件归档管理等系统）的研制、档案信息资源的开发和利用、信息安全、信息技术应用的广度和深度、信息化人才开发、信息化的组织和控制、信息化的效益等评价的标准。其中信息资源开发和利用应该是测评指标体系中的重要部分，可细化为馆（室）藏档案数字化的数量、多媒体编研成果的种类和数量、数字信息的提供利用方式、数字档案的利用频率等。

三、标准规范的贯彻落实

标准一旦颁布生效就应当具有严肃性和权威性。为了更好地落实档案信息化标准规范，要做好以下工作：一是档案信息化标准规范的宣传教育。通过举办专题培训班，或将有关标准内容纳入档案专业培训课程，宣传有关标准规范贯彻的意义、目的、内容、要求。二是采取行政手段，加强对档案信息化标准规范的宣传贯彻力度，做好常态化督促、检查和指导工作。三是将档案信息化标准规范的执行情况纳入信息化项目的评审、鉴定、验收程序和要求中，贯标通不过，责令整改，整改通不过，项目不予通过验收。从建设项目立项评估、可行性研究等前端开始，就给予强有力的标准指导和贯标监管。四是档案信息化标准规范建设要与时俱进。档案行政管理部门要收集贯标工作的信息反馈，及时发现标准规范脱离实际的情况，以便在调研分析的基础上对有关标准规范进行修订。五是档案信息化标准规范的修订要倾听行内有关领导、专家、业务骨干、计算机专业人员的意见，充分参考图书、情报、文博、电子商务、电子政务等相关标准，以便使标准规范做到向上、向下和横向兼容，确保其开放性、先进性和适用性。

第三节 信息安全保障系统

一、档案信息化建设管理安全法律法规体系

信息安全首先需要建立档案信息安全法律法规体系，做到有法可依。该法律法规分布于档案专业的内部和外部，内部有涉及安全问题的档案法律法规，外部有涵盖档案管理的信息安全法律法规。

（一）涉及安全问题的档案法律法规

《中华人民共和国档案法》是我国档案法律法规的基础，在《档案法》及其实施办法的基础上，近年来我国档案界陆续制定出一些关于或涉及档案信息安全的规章、标准和规范性文件。例如，国家档案局2002年颁布的《全国档案信息化建设实施纲要》和国家标准《电子文件归档与管理规范》中均有针对档案信息安全的具体规定；2013年组织制定了《档案信息系统安全等级保护定级工作指南》（档办发〔2013〕5号）以落实国家信息安全等级保护制度。很多地方和单位也颁发了档案信息安全保管方面的规章制度，如上海市档案局颁发的《上海市档案条例》《上海市档案信息化建设实施意见》中均有关于确保档案安全的条款。

（二）档案管理的信息安全法律法规

我国档案信息化建设尚处于发展初期，专门针对档案信息安全制订的法律法规较少，档案信息安全法律法规体系的主要内容仍由涵盖或涉及档案信息安全的信息安全法规构成。这些综合性的信息安全法律法规既为档案信息安全提供了基本的法律规范，也应列入档案信息安全法律法规知晓和执行的范畴，同时对制定和完善档案信息化的专门法律法规具有依据和

参考价值。

20世纪90年代初，我国开始重视信息安全的法律法规建设。1997年3月修订的新刑法中开始加入信息安全方面的内容。《刑法》第二百八十五条规定："违反国家规定，侵入国家事务、国防建设、尖端科学技术领域的计算机信息系统的，处三年以下有期徒刑或者拘役。"第二百八十六条规定："违反国家规定，对计算机信息系统功能进行删除、修改、增加、干扰，造成计算机信息系统不能正常进行，后果严重的，处五年以下有期徒刑或者拘役；后果特别严重的，处五年以上有期徒刑。违反国家规定，对计算机信息系统中存储、处理或者传输的数据和应用程序进行删除、修改、增加的操作，后果严重的，依照前款的规定处罚。故意制作、传播计算机病毒等破坏性程序，影响计算机系统正常运行，后果严重的，依照第一款的规定处罚。"第二百八十七条规定："利用计算机实施金融诈骗、盗窃、贪污、挪用公款、窃取国家秘密或者其他犯罪的，依照本法有关规定定罪处罚。"

2009年通过的《中华人民共和国刑法修正案（七）》中对惩治网络"黑客"的违法犯罪行为增加了相关条款于第二百八十五条之下："违反国家规定，侵入前款规定以外的计算机信息系统或者采用其他技术手段，获取该计算机信息系统中存储、处理或者传输的数据，或者对该计算机信息系统实施非法控制，情节严重的，处三年以下有期徒刑或者拘役，并处或者单处罚金；情节特别严重的，处三年以上七年以下有期徒刑，并处罚金。""提供专门用于侵入、非法控制计算机信息系统的程序、工具，或者明知他人实施侵入、非法控制计算机信息系统的违法犯罪行为而为其提供程序、工具，情节严重的，依照前款的规定处罚。"这些条文从惩戒计算机犯罪的角度来保障网络系统的安全。作为国家最重要的法律之一，刑法条款对计算机犯罪具有相当的威慑力。

在行政法规与规章方面，国务院、各级地方政府陆续制定了一系列信息安全规范。其中，由国务院直接颁发的、具有指导性质的行政法规是《中华人民共和国计算机信息系统安全保护条例》《中华人民共和国计算机信息网络国际联网管理暂行规定》《信息网络传播权保护条例》。工业和信息化部按照国务院要求进一步制定了《中华人民共和国计算机信息网络国际联网管理暂行规定实施办法》《通信网络安全防护管理办法》等。

国家公安部从网络系统安全保护和安全监控出发制定《公安部关于对与国际联网的计算机信息系统进行备案工作的通知》《计算机信息系统安全专用产品分类原则》《计算机信息系统安全专用产品检测和销售许可证管理办法》《计算机信息网络国际联网安全保护管理办法》《计算机病毒防治管理办法》《互联网安全保护技术措施规定》等文件。2007年公安部与国家保密局、国家密码管理局、国务院信息化办公室共同制定《信息安全等级保护管理办法》。国家保密局则从网上信息安全保密责任出发制定《计算机信息系统保密管理暂行规定》《计算机信息系统国际联网保密管理规定》。

归纳起来，国家和地方各级政府制定的有关信息安全的法规制度，主要是从机房建设的安全保护规范、通信设备进网认证制度、国际接口专线制度、国际联网经营许可证制度和接入登记制度、联网备案制度、安全等级制度、安全产品销售许可证制度、保护信息安全规章、网络利用限制和安全责任制、计算机病毒防治制度、安全报告制度、安全违规犯法惩治制度等方面对信息安全进行规范。国内许多行业还根据自身的实际情况制定本行业的信息安全保护规章。

在上述安全法规的基础上，档案界加强了对档案信息安全的行政执法，认真查处档案信息安全隐患和档案违法案件。随着信息技术的不断发展，档案工作者应不断进行档案信息化安全管理的研究以及跟踪最新的安全技术，对档案信息化安全管理工作的效果进行及时的分析和评估，不断完善安全防范体系。在保障档案信息安全的过程中，逐渐健全档案信息安全管理制度，提高管理人员的安全意识以及管理水平，充分发挥档案工作人员、技术人员以及用户的积极作用，为推动我国档案信息化安全保障工作贡献力量。

二、档案信息化安全管理体系

档案信息安全是基于技术的管理工程。从管理层面上讲，就是要确保档案信息的安全，必须在风险分析的基础上确立档案信息安全的策略、方针和目标，成立相应的管理机构，确立合理的管理机制，制定安全管理计划，分解安全管理职责，执行安全管理制度和管理标准，建立并实施完善的档案信息安全体系。因此，风险识别与风险评估是档案信息安全管理的基础，风险控制则是安全管理的最终目的。

（一）档案信息安全系统管理模式

新的风险在不断出现，档案信息系统的安全需求也会随之不断变化，因此安全管理应是动态的、不断改进的持续发展的过程。档案信息安全管理模型可选择PDCA模式，即计划（Plan）、执行（Do）、检查（Check）和行动（Action）的持续改进模式。采用PDCA管理模式，每一次的安全管理活动循环都是在已有的安全管理策略指导下进行的，每次循环都会通过检查环节发现新的问题并采取行动予以改进，从而形成安全管理策略和活动的螺旋式提升。把PDCA管理模式与安全要求、风险分析有机地结合在一起，考虑了信息安全中的非技术因素，同时加强了信息安全管理，具有广泛的适用性。

（二）档案信息安全系统管理的具体实施

在档案信息安全管理模式中，档案信息安全管理中心是整个系统的核心，每一个环节都要定期地与档案信息安全管理中心进行安全信息交流，当档案信息安全管理中心认为有必要对其安全目标进行修改时，要及时向上级领导汇报，等待最终的定夺。

1.完善组织机构

有条件的档案部门可以成立档案信息安全管理中心，负责实施和监控整个档案信息安全管理活动。安全管理中的每一个环节都必须与安全管理中心进行信息交流，安全管理中心还具备评价数字档案信息安全管理体系运作情况的功能，可以对安全方针、安全制度和安全措施的实施结果进行调查，并分析这些安全举措对档案信息安全的影响，然后提出相应的改进方案。数字档案信息安全管理中心由部门领导、信息管理专家、信息技术专家和技术雄厚、人员稳定的开发队伍以及有关的工作人员组成。

2.进行风险评估

根据最新的研究数据，在全部的计算机安全事件中，约有60%是人为因素造成的，属于管理方面的失误比重高达70%以上，在这些安全问题中95%是可以通过科学的风险评估来避免的。

因此，档案部门必须清楚档案信息系统现有以及潜在的风险，充分评估风险可能带来的威胁和影响，这是档案信息化建设必须首先解决的问题，也是制定信息安全策略的基础与依据。进行风险评估，不只在明确风险，更重要的是为数字档案信息安全管理提供基础和依据。

风险评估是一项费时、需要人力支持和相关专业或业务知识支持的工作。风险评估应遵循以下原则：一是安全、风险和成本均衡分析原则。即用最小的成本达到适度安全的需求。二是整体性原则。运用系统工程的原理进行网络信息安全的整体解决方案设计，以达到完整性的要求。三是可用性和易操作性原则。信息安全系统对于操作者应该是可用的，操作应该是简单易行的。四是适应性和灵活性原则。安全策略必须随着网络性能和安全需求的变化而变化，适应性强，易修改。

3.制定安全策略

制定档案信息的安全策略，要在完善配套、科学合理的有关数字档案信息安全的法制和标准体系下，通过有效的信息安全技术和安全管理遏制来自外部和内部的攻击，增强安全防护能力和隐患发现能力，确保数字档案信息资源内容和信息载体的安全，达到所需的安全级别，具体安全策略可分为内部建设安全策略和网间互联安全策略等，循序渐进逐步加以完善，最终形成功能强大的数字档案信息安全管理体系。

制定安全策略时不能脱离实际，过于理论化或限制性太强的安全策略可能导致工作人员的漠视。因此，在安全策略制定时必须遵循以下原则：越符合现状越容易推行，越简单越容易操作，改动越小越容易被接受。档案信息安全策略需要根据信息技术发展、自身的安全需求进行不断的修改和更新，以保证档案信息安全不受新的信息安全风险的影响。

4.开展数字档案信息安全管理培训

开展数字档案信息安全培训是档案信息安全管理体系的重要环节之一，特别是各关键岗位的人员，对档案信息的安全起到重要作用。在实际工作中，大部分档案信息安全问题都是由人为因素造成的。人本身就是一个复杂的信息处理系统，还会受到自身生理因素和心理因素的影响，受到技术熟练程度、责任心和道德品质等多方面的影响。因此，对档案部门工作人员的培训不应是"一次性"的活动，需要定期对人员进行安全策略及安全技术的"应知、应会"培训，尤其是安全策略更改或面临新的安全风险、部署新的安全解决方案之后，更要对其加强培训，以保证安全策略的有效程度。

5.贯彻执行管理决策

管理决策的贯彻执行必须依靠人来完成，虽然档案信息安全保障体系的建设涉及档案部门各个方面的因素，但归根结底的因素是人。没有机构人员的认可、理解与支持，就没有实施数字档案信息安全管理保障体系的前提；没有档案部门的有力组织协调，则很难保证信息系统建设的顺利进行；没有相关实施人员的互相配合和出色工作，无法使信息系统中各模块的信息无缝集成；没有具体业务人员及时准确地收集各种基础信息，就没有信息系统的输出；没有资深咨询顾问的正确指导，信息系统实施就难免多走弯路，甚至有可能失败。

6.持续完善管理体系

首先，确定待评价系统的边界和范围，明确评价的目的，以系统整体为立足点，总体分析各方面的效益与成本，及其与系统各构成部分的关系；其次，确定待评价系统的状态与所处的阶段，如可行性分析、总体设计、系统开发与运行等各阶段；再次，选择适当的评价方法，如结果观察法、类比一对比法、专家评价法或评分法等，确定适当的评价指标；最后，收集有关数据、资料进行分析、计算，得出评价结果，并将评价结果书面化。根据评价结果进行不断完善，提高档案信息安全管理体系及具体实施过程的有效性和效率，以满足自身用户和其他相关方日益增长和不断变化的需求与期望。

三、档案信息化建设管理安全技术体系

目前，档案信息安全在技术方面主要采用信息加密技术、信息确认技术、访问控制技术、病毒防治技术、审计技术、防写技术等。

（一）信息加密技术

加密是保障信息安全最基本、最经济的技术措施，也是大多数信息防护措施的技术基础。加密的作用是防止敏感的或有密级限制的信息在传输过程中泄密。

文件加密所采取的加密算法形形色色。据不完全统计，目前已经公开发表的加密算法多达数百种。电子文件加密的基本过程是：存储或传输前将原先借助相应的软件可以识读的数码序列（称为明文）通过数学变换（加密运算）变成无法识读的"乱码"（称为密文或密码）；利用时再通过数

学变换（解密运算）将"乱码"还原成可以识读的数码序列。其中，加密运算和解密运算都是在一组秘钥控制下进行的，秘钥是控制加密算法和解密算法实现的关键数据。

密钥对非授权者是保密的，因此可防止非法用户破解密钥而窃获文件内容。根据文件加密和解密时所使用的密钥是否相同，加密算法可以分为对称加密解密法和非对称加密解密法两种。

在对称加密解密法中，加密密钥和解密密钥是相同的，或者知道其中一个密码就可以方便地推算出另外一个密码，因此密钥必须绝对保密。问题是，在发送加密文件之前首先通过安全渠道将密钥分发到双方手中，其传递中很容易造成密钥泄漏。另外，如果某涉密文件分发的单位多，密钥的安全控制就会有很大的难度。这种方法在对涉密文件进行静态管理时比较有效，如自己撰写的保密文件给自己使用，防止被人偷看。目前，Word、Excel文件的加密就是采用对称加密解密法。

然而，如果涉密文件需要传输，特别在大范围传播时，就需要用下面的方法。

非对称（又称双钥功口密解密法），加密方和解密方使用的密钥是不相同的，密件经办人需预先准备两把钥匙，一把公钥，一把私钥。当发送密文时，发送者使用收文者的公钥，将文件加密后发给收文者，收文者收到密文后，用自己的私钥解密文件。由于只有拥有该私钥的收文者才能解密这份文件，所以文件的传递过程是安全的。

（二）信息确认技术

对纸质文件，以往用书面签署或签印的形式将责任者名或责任者特征（如指纹）固化到文件载体上，借助纸质文件载体与内容的不可分离性来证明文件内容的原始性和真实性，使文件具备法律效用。这种方法显然不适于不具有恒定载体的电子文件。对虚拟流动的电子文件，信息确认技术起到了相当于签署纸质文件的作用。

信息确认技术是通过一定的技术手段防止文件的内容被非法伪造、篡改和假冒，同时用来确认文件的发出、接收过程及利用者身份和权限的合法性。完善的信息确认方案应能实现以下四个目标：一是合法的文件接收者能够验证其收到的档案文件是否真实；二是发文者无法抵赖自己发出了所发的文件；三是合法发文者以外的人无法伪造文件；四是发生争执时，具有仲裁的依据。

实现上述目标需要综合采用多种技术手段，目前常用的有数字摘要技术、数字签名技术和数字水印技术。

1.数字摘要技术

文件的发送者采用某种特定算法（摘要函数算法）对发文进行运算，获得相应的摘要（即验证码），摘要具有这样的性质：如果改变发送文件的内容，即便只是其中一个比特，获得的摘要将发生不可预测的改变。摘要将作为发送文件的一部分附加在文件后一起发出，接收者则利用双方事先约定好的摘要算法对收到的文件做同样运算，并比较运算所得的摘要与随文件发送来的摘要是否一致，以此鉴定收到的文件是否在发送过程中受到篡改。如果摘要函数（相当于前面的密钥）仅为收发文件的双方所知，通过上述报文认证即可达到信息确认的上述四个目标。这种方法的缺点是：因收发文双方使用相同的摘要函数，因而摘要函数本身的安全保密性是一个很大的问题，多次使用的摘要函数一旦被第三者窃获，报文认证就不再安全。

2.数字签名技术

随着《中华人民共和国电子签名法》的生效，数字签名在法律与技术上走向成熟。数字签名是指数据电文中以电子形式所含、所附用于识别签名人身份并表明签名人认可其中内容的数据，而数据电文是指以电子、光学、磁或者类似手段生成、发送、接收或者储存的信息。

从技术上看，数字签名是非对称加密技术的一种，其基本原理类似于上述报文摘要技术。首先，签名者使用签名软件对拟发送的数据电文（电子文件）进行散列函数运算，生成报文摘要；然后，由签名软件使用签名者的私钥对摘要进行加密，加密后的报文摘要附着在电子文件之后，连同签名者从认证机构处获得的认证证书（用以证明其签名来源的合法性和可靠性）一同传送给文件接收者。文件接收者在收到上述信息后，首先使用软件用同样的散列函数算法对传来的电子文件进行运算，生成报文摘要，同时使用签名者的公钥对传送而来的报文摘要进行解密，将解密后的报文摘要和接收者运算生成的报文摘要进行比较，如果两个摘要一样，就表明接收者成功核实了数字签名。在核实数字签名的同时，接收者的软件还要验证签名者认证证书的真伪，以确保证书是由可信赖的认证机构颁发的。经核实的数字签名向文件的接收者保证了两点：一是文件内容未经改动；二是信息的确来自签名者。

签名者所用的数字签名制作工具（公钥、私钥、散列函数、软件等），不是由签名者自行制作的，而是由合法成立的第三方电子认证服务机构在充分验证发文者真实身份后提供的。电子认证服务机构颁发的数字签名制作数据及认证证书相当于网上身份证，帮助收文、发文者识别对方身份和表明自身的身份，具有真实性和防抵赖功能。与物理身份证不同的是认证证书还具有安全、保密、防篡改的特性，可对电子文件信息的传输提供有效的安全保护。

3.数字水印技术

数字水印类似于传统印刷品上的水印，用以鉴别电子文档的真伪。数字水印技术是在传输的文本、图像、音频、视频等电子文件中附加一个几乎抹不掉的印记，无论文件作何种格式变换或处理，其中水印不会变化。该印记在通常状态下隐匿不现，除非用特殊技术检测。

一旦这种水印遭到损坏，文件数据就会受到破坏。上述信息确认技术的实质是，文件发送者将签署信息（加密运算方法）以不可分离的方式与文件内容（而不是纸质文件的载体）"编织"一体，使他人无法在不改变签署信息的前提下改变文件内容，或者相反（就像无法不改变载体而改变纸质文件上的内容一样），而收文者则通过验证其信息内容中的签署信息来证实文件内容的原始性和发文者的原真性。

（三）访问控制技术

访问控制是信息系统安全防范和保护的主要策略，其任务是杜绝对系统内电子文件信息的非法利用和蓄意破坏。访问控制技术种类繁多，且相互交叉，目前主要有以下两类。

1. 防火墙

防火墙是设置在被保护文件系统和外部网络之间的一道屏障，以防止发生不可预测的、潜在的、破坏性的侵入，它可通过监测、限制跨越防火墙的数据流，尽可能地对外屏蔽系统内部的信息、结构和运行状况，实现内部网络的安全保护。防火墙可分为外部防火墙和内部防火墙，前者在内部网络和外部网络之间建立一个保护层，以防止"黑客"的侵袭，挡住外来非法信息，并控制敏感信息被泄露；后者将内部网络分隔成多个局域网，以此控制越权访问。防火墙可以是一个路由器、一台主机，也可以是路由器、主机和相关软件的集合。

电子文件系统在选择、使用防火墙时，应对防火墙所采用的技术、种类、安全性能及不足之处有充分认识。

第一，认真权衡防火墙的安全性能和通信效率，在文件安全和方便利用两者之间将安全放在第一位。

第二，对中小型的文件管理系统，如果系统内外交换的信息量不是很大，信息重要程度属于一般，可以采用数据包过滤和代理服务型防火墙；而对于大型文件管理系统或信息安全要求较高的系统，可以考虑采用复合型防火墙。在系统安全和投资费用之间应进行权衡，不可不计代价地追求超出可能风险的安全性。

第三，对防火墙进行管理时，除了解防火墙的益处，还应了解防火墙自身的局限与不足。

第四，使用防火墙对外隔离时，不能忽视防火墙内部的管理，因为许多攻击来自内部。必要时可设置第二道防火墙，使内部网络服务器对内也被隔离（但这样会大大降低系统的效率）。

第五，为更好地保护文件管理系统，尽量考虑采用国内自主研发的防火墙产品。

第六，防火墙属于信息安全产品，国家规定实行强制认证，在文件管理系统中使用的防火墙必须是经国家认证的产品。

2.身份验证

为防止未经授权的用户操作文件管理系统中的各类资源，通常在用户登录或实施某项操作之前，系统将对其身份进行验证，并根据事先的设定来决定是否允许其执行该项操作。验证过程对用户而言就是要提供其本人是谁的证明。身份验证的方法很多，并且不断发展。但其验证对象有三：所知信息（如口令）、所持实物（如智能卡）、所具特征（如指纹、视网膜血管图、语音等）。口令是最普通的手段，但可靠性不高，智能化的"口令"是系统向被验证者发问的一系列随机性问题，以其回答来验证身份。以指纹、视网膜血管图、声波纹进行识别的可靠性较高，但需要使用指纹机等特征采集设备，代价较大。智能卡技术将逐步成为身份验证技术的首选方案。智能卡是密钥的一种媒体，形状如信用卡，由授权用户持有并由该用户赋予其一个口令或密码，该密码与内部网络服务器上注册的密码一致。为提高身份验证的可靠性，可将上述三种手段结合起来使用。

（四）病毒防治技术

即使采用防火墙、身份验证和加密技术，文件系统仍然可能遭到病毒的攻击。

防治病毒包括两个方面：一是预防，在系统或载体未染毒之前采取有效措施，防止病毒感染。二是杀毒，在确认系统或载体已染毒后彻底将其清除。防毒是根本，杀毒则是补救措施，目前普遍使用的是以特征扫描为基础的杀毒软件。

（五）审计技术

审计技术旨在记录电子文件运行处理的全部过程，抑制非法使用系统的行为。采用审计技术的电子文件管理系统将自动记录下系统运行的全部情况，形成系统日志。系统日志类似于飞机上的"黑匣子"，是系统运行的记录集，内容包括与数据、程序以及和系统资源相关的全部事件的记录，如机器的使用时间、敏感操作、违纪操作等。审计记录为电子文件真实性的认证提供了最基本的证据，借助系统日志，管理员可以分析出系统运行的情况，追踪事件过程、排除系统故障、侦察恶意事件、维护系统安全、优化对系统资源的使用。

（六）防写技术

防写技术是保障电子文件内容不被修改所采取的安全技术，其目的是通过技术手段来固定处于静态的电子文件的内容信息。大多数文件管理系统具有将运行其中的文件属性设置为"只读"状态的功能，在只读状态下，文件内容只能读取，不能更改，除非具有高级权限的用户来更改文件的"只读"属性。另一个简单的技术手段是将文件内容刻录到CD-R光盘、WORM磁盘等一次性写入存储介质上，这些不可逆式（无法改写已写入的内容）的存储载体有效防止了对静态电子文件内容的改动，保证了电子文件的真实性和完整性。

第四节　人才队伍保障体系

一、档案人才队伍的素养要求

（一）创新思想观念

观念虽然无形，但是对提升档案信息化人才的决策能力和执行能力具有决定性的作用，因此需要培育以下七种新思维。

1.开拓思维

树立追求理想、崇尚科技、奋力改革、不断开放、不畏艰险、不甘落后、奋勇拼搏、图存图强的开拓意识，破除守旧、畏难、不作为的落后意识。

2.战略思维

战略是对事业发展全局性、长远性的谋划，战略眼光是大视野，战略目标是大手笔。为此要将档案信息化和社会发展的大趋势，如改革开放、经济繁荣、知识管理、文化传播等紧密联系起来，形成科学的"顶层设计"，自上而下、积极稳步地组织和推进档案信息化工作，改变过去各自为政、分头重复建设的粗放型发展格局。

3.策略思维

策略是又快又好地实现战略目标的最佳路径。当前针对档案信息化的薄弱环节，应当实行"内合外联"的策略，即对内实行档案技术和信息资源的整合，以整合的实力提升外联的能力；对外实行与外部信息系统的外联，将优质档案信息资源接收进来、辐射出去，使档案信息系统成为社会信息的集散枢纽。

4.人本思维

档案信息系统要真正做到"以用户为中心",即以档案利用者和档案工作者应用度、满意度作为信息系统建设的出发点和归属点。为此,信息系统要尽可能满足用户,特别是社会大众的需求,且做到操作简便,界面友好,富有人性。

5.开放思维

网络化是一个开放的平台,只有开放才能充分发挥网络化的优势。因此,档案信息系统要积极致力于与各种社会信息系统互联互通、无缝对接,在互联中获取更多的数字档案资源,在网络化服务中提升档案工作的社会影响力和认可度。

6.忧患思维

电子档案的存储密集性、传播快捷性、技术依赖性和表现虚拟性,使其失真、失全、失效、失密的风险日益增大,而且数字化带来的灾难往往具有一瞬间、毁灭性的特点。因此,从事档案信息化建设工作要居安思危、未雨绸缪、警钟长鸣,一手抓技防,一手抓人防,两手都要硬。

7.辩证思维

档案信息化会遇到许多矛盾的对立面和统一体,如资金的投入与产出、数据的存入与取出、配置的集中与分散、信息的共享与保密、文件的有纸与无纸、资源的增量与存量等,需要我们用联系的方式和发展的眼光去看问题,处理好对立统一的关系,避免非此即彼或顾此失彼的僵化思维方式。

(二)重构知识结构

按照档案信息化的需要,现代档案工作者的知识结构需要做以下补充。

L信息鉴定知识

信息时代的档案信息在规模上是海量的,在门类上是多维的,在价值上是多元的。档案工作者只有具备电子档案信息内容价值和技术状况的鉴定知识，才能及时、准确地捕捉和收集具有档案价值的信息，并根据其重要程度划定保管期限。

2.科学决策知识

档案信息化迫切需要科学规划。档案工作者只有具备开展调查研究、制定科学战略规划和规划实施方案的能力，才能把握大局、把握方向、登高望远、运筹帷幄，避免信息化走弯路、受损失。

3.宏观管理知识

档案行政管理是档案信息化的直接动力。档案工作者应当具备组织、指挥档案信息化工作的业务能力，有关档案信息化法规、制度、标准、规范的专业知识，以及从档案业务和信息技术的结合上依法行政的执行力。

4.需求分析知识

档案信息系统建设需以用户为中心，需求为导向。为此，档案工作者应能对档案信息的现实用户和潜在用户、当前需求和未来用户需求、本单位内部需求和社会大众需求，进行全面的、前瞻的分析，并对档案信息系统的信息需求、功能需求和性能需求进行准确的描述和规范的表述。

5.系统开发知识

为了实现档案业务和信息技术的完美结合，档案工作者必须全程、深度参与档案管理信息系统开发。为此，档案工作者需要学一点软件工程的理论和软件开发的技术，学会用信息技术的专业语言与信息技术人员进行沟通，准确表达档案工作者对信息系统建设的需求。

6.系统评价知识

评价是系统维护和改进的前提。档案工作者要具备评价档案信息系统质量的能力，能从档案管理和计算机技术的专业角度，评价档案信息系统的间接效益和直接效益，评价系统管理指标、经济指标和性能指标，并能对系统存在的问题提出改进的意见和建议。

（三）优化操作技术

1.信息输入技术

能够采用传统的键盘输入技术，先进的语音、文字、图像识别输入技术，数据导入、导出转储技术，数码摄影、摄像技术，快速、准确地输入文字、图像、声音、视频等信息。

2.信息加工技术

能够采用信息检索工具，从指定的网页、服务器、脱机载体中采集档案信息；按照档案的形式和内容特征进行分类；按照档案的内在联系进行组件、组卷或组盘；采用自动或手工方式对档案进行著录和标引，以及对档案元数据进行采集、封装和管理。

3.信息保护技术

熟悉或掌握数据库管理、数据组织、数据迁移、数据加密、数字签名、脱机存储、网络访问控制、数据容灾以及维护电子档案真实性、完整性、有效性和安全性等技术。

4.信息处理技术

熟悉或掌握文本编辑、图像处理、视频编辑、文件格式转换、数据下载或上传等技术。了解或掌握档案多媒体编研技术，能围绕特定主题，将编研素材编辑制作出档案编研成果。

5.信息查询技术

能够按照用户查档要求，正确选择检索项、关键词、主题词、分类号，并正确组织检索表达式，对在线或离线保存的文本、超文本全文信息进行检索，并对检索结果进行打印、下载、排序、转发等处理。

6.信息传输技术

包括采用电子邮件、短信、微博、微信等手段接收和传播文本型、图像型、声音型、视频等各类档案信息。

（四）优化队伍结构

档案信息化建设的人才队伍至少需要以下四种类型的专业人才，特别需要兼备两种以上特质的跨界复合型人才。

1.研究型人才

档案信息化需要科学的理论指导，没有理论指导的实践是盲目的实践，脱离实践的理论是空洞的理论。研究型人才是理论的探索者和实践的导向者，其主要责任是：研究档案信息系统建设的理论；探索电子文件归档管理和电子档案科学保管、远程利用的方法；研究新技术、新方法在档案领域的应用；研究和开发先进的档案信息管理软件；提出电子文件和数字档案管理的标准规范；主持或参与档案信息化科研工作；从理论和实践的结合上指导档案信息化工作的开展；培养档案信息化建设人才。目前，档案信息化研究者主要由档案信息化工作者和高校师生构成，他们有各自的优势，却又在理论或实践方面存在着各自的不足。最好是两方面研究者进行强强联合、优势互补，促进理论和实践的紧密结合和良性互动。

2.管理型人才

档案信息化是复杂的系统工程，需要实行严格的目标管理和精细的过程控制。管理型人才的主要责任是：掌握国内外档案信息化建设的现状、经验教训、发展趋势；制定切实可行的档案信息化战略规划和实施方案；制定相关的管理办法和标准；组织、指挥、督促、指导本地区及本单位的档案信息化工作；协调档案信息化建设和其他外部信息系统建设之间的关系；培养和使用档案信息化人才资源；有效筹集和合理使用信息化建设资金等。目前，各机构的档案信息化管理职能多数由档案管理人员担任，他们具有传统档案管理的理论知识和实践经验，但往往缺乏信息化知识和技能，又由于公务繁忙，缺乏接受信息技术继续教育的机会，可能造成档案信息化管理上的缺位或错位。他们亟待通过各种途径，提高现有档案行政干部的信息化素养。

3.操作型人才

档案信息化涉及的环节多、操作性强，需要一大批既懂档案管理业务，又熟悉计算机操作技能的操作型人才。这类人才的主要责任是应用计算机网络技术，从事档案数据积累、归档、组卷（组件）、分类、编目、扫描、保管、鉴定、检索、数据备份等操作，他们的工作重复、枯燥，容易因疲劳、烦躁而出差错。而他们的工作责任心和操作能力，直接关系档案信息资源的安全、质量和价值。对他们的素质要求是具备强烈的信息安全意识、高度的工作责任心和熟练的操作技能。例如，纸质档案扫描，要求熟练掌握规范的操作流程和方法，以及必要的图像处理技术。

4.其他类型人才

（1）法律人才

档案信息化建设，特别是网站建设，可能涉及保密、隐私保护、知识产权、合同管理、网络安全等法律问题，需要具有相关法律知识的人才提供法律支持。

（2）外语人才

外资、中外合资企业的档案信息系统和档案信息资源往往涉及大量的外文，需要外语人才。

（3）数据库管理人才

数据库定义、运行维护、资源配置、权限设置、数据迁移等都需要数据库管理的专业知识，此项工作往往由本单位信息技术人员担任，如果数据库服务器设在档案部门的，档案部门也需要配备这样的专业人才。

（4）多媒体编研人才

如果本单位需要大量处理多媒体档案编研工作，则需要配备必要的多媒体档案编研人才，以便从事对多媒体档案收集、整理和编辑工作。

值得指出的是，以上人才结构的落实，关键在档案部门的岗位设置。

由于各单位受人力资源编制的限制，从实际出发，以上人才岗位的设置，既可以是专职的，也可以是兼职的，如果是兼职的话，就不宜兼职过多，以免影响其专业能力的发挥。

二、档案人才队伍建设的策略

（一）预测与规划

人才的引进与培养不可能一蹴而就。特别是从档案队伍中培养信息化人才需要较长的时间。为此，各单位要按照本单位、本行业档案信息化长远规划和可行条件，分析人才总量、结构、分布与需求的差距，对人才需要进行前瞻性预测，对人才引进和培养方式进行决策、制定计划、纳入编制，然后有步骤地引进和培养人才。规划时要综合考虑到人才的知识结构、技能结构和类型结构。

（二）组织与管理

1.加强人才队伍建设工作

各机构要真正树立起科技是第一生产力和人才是"第一资源"的意识，把档案信息化人才队伍建设工作摆上重要议事日程，定期讨论研究，解决人才配备、培养、使用中遇到的难题。

2.加强人才资源的行政管理

人力资源管理人员要注重发现有潜质的人才，将他们安排在适当的岗位，为他们提供施展才华的舞台；要培养人才的创业精神和实践能力，对在信息化建设中做出贡献者给予必要的奖励；要提供必要的工作条件，保障经费，加强对信息化人员的继续教育和岗位培训，提高他们的综合素质、服务意识和档案信息安全意识；要重视对人才理论、人才成长规律和管理规律的研究，学习借鉴国外人才资源开发的经验。

3.加强督促检查，狠抓落实

定期对档案信息化人才队伍建设情况进行调查研究、督促检查。建立一套符合人才成长规律的工作制度，营造适合人才成长的良好氛围，为建设素质优良、结构合理、队伍稳定、技术精湛、经验丰富并具有敬业精神的档案信息化人才队伍提供各种支持条件。

（三）培养与使用

1.人才培养途径

（1）对现有档案人员的教育与培训

加强档案业务人员培训是解决档案信息化建设所需人才的主要措施，是提高现有档案人员信息化能力和技能的主要途径。

在培训内容方面，《全国档案信息化建设实施纲要》提出："加强档案业务人员培训工作，坚持各级档案部门领导干部进修制度，把档案信息化建设相关的计算机应用基础知识、数字化技术知识、网络技术知识、现代管理技术知识等列入指导性教学计划；加强对档案业务人员应用新技术、新设备、新方法的培训，普及信息技术知识，提高档案业务人员掌握和运用现代化技术的技能，档案业务人员参加档案信息化等知识培训的时间应多于20课时。"

在培训方式方面，要把档案部门自主培训和社会辅助培训结合起来，发挥各方面的优势，增进培训效果。档案部门自主培训的方法包括：建立人才培训中心，根据实际需求分期分批地进行轮训I，有条件的单位可以设立研究机构，培养高级信息人才。借助社会协助培养包括：利用高校优势，加大档案信息专业培训力度、与国内外教育或信息、技术机构合作建立人才培训中心，选拔有培养前途的档案业务人员到高校深造。

不管采取何种培训方式，首要的一点就是要有科学的规划和必要的投入。有了规划，人才培训机制才能得以建立，培训工作才能坚持始终。投入则是培训工作的资金保证，没有投入，即便有再好的规划，培训工作也难以落实。同时，要把档案信息化建设的实践作为锻炼队伍培训人才的过程，成为边学习、边实践、不断总结、不断提高档案业务人员信息化建设能力和实际操作技能的过程。

（2）引进人才

档案信息化建设需要的信息技术、信息管理专业人才，很难在短时期内从档案工作者中培养。为了满足急用之需，需要从社会上引进IT人才。引进的人才一定要综合素质高，事业心、责任心强，信息技术能力强，团队协作意识强。为此，在引进人才时要严格审核，特别要考察其解决实际问题的能力，避免盲目引进。对引进的IT人才，要尽快使其掌握档案理论和业务知识。

（3）短期聘用人才

IT人才分各种层次和专长，他们适用于档案信息化建设的各个阶段和岗位，如系统分析员适用于系统建设的前期阶段。该阶段结束后，就不需要系统分析员了。因此，档案信息化建设中涉及的一些高级技术人才和纯技术性工作的人才，可以用外包、合作或聘用的办法加以解决。档案信息化建设所需要的法律人才、外语人才、多媒体编研人才、数据库管理人才、系统维护人才，也都可以采取这种方式解决。

2.人才培养方式

人才培养的方式应当是多层次的。高等院校是档案信息化专业人才的培养基地，具有较强的师资力量、较高的科研水平和完备的教学设施，是我国档案人才培养的骨干和主体。目前，全国有档案学专业的高等院校35所，设立档案学专业硕士点的高校23所，每年培养档案学专业人才千余名。然而，这些院校现有的教学规模仍不能满足档案信息化人才发展的需要，而且单纯的学历教育难以满足档案信息化实践的需要。因此，必须通过继续教育、岗位培训、专题短训等方式，对具有档案专业背景和信息技术背景的人才，按照"缺什么，补什么"的原则，进行各种专业知识和技能的突击培训，完善人才的知识结构，以解档案部门复合型人才缺乏的燃眉之急。

3.人才的使用

档案信息化建设要想吸引人才、留住人才、调动人才为档案事业奉献的自觉性和主动性，就需要制定相应的人才吸引政策；关注和解决档案信息化人才的切身利益；给人才安排适当的岗位，使其发挥专长；给人才提供继续教育和实现自身价值的机会，真正做到以"事业留人""感情留人""适当的待遇留人"，真正做到人尽其才、才尽其用。

第五节　信息技术保障体系

一、新一轮信息技术发展的"四化"

当今时代，在社会需求的驱动下，信息技术的发展精彩纷呈，并呈加速度的态势。归纳起来有以下的"四化"。

（一）移动化

笔记本电脑、智能手机、移动电视、平板电脑，以及各种电子阅读器的迅速普及，加上各种无线、宽带互联网技术的迅猛发展，使包括多媒体在内的各种信息的处理、传播具有更强的移动性、便捷性、普及性。人们对信息的获取和使用已经全面进入移动化时代。

（二）融合化

主流网络和先进终端设备的融合，加上4G、5G移动通信和Wi-Fi无线宽带技术的普及，以及包括多媒体、高清、数码压缩、流媒体播放等影像技术的飞速发展，使人们可以利用碎片时间上网工作、学习、交友、娱乐，从而使网络使用更加人性化、私密化、娱乐化、交互化、移动化，各种信息跨越时空，深入社会各领域，改变人类的生活方式。目前，新兴的信息技术，包括云计算、大数据、物联网等都是融合技术，"互联网＋"代表了融合的发展趋势。档案信息化要密切关注和应用新型信息技术的融合优势。

（三）虚拟化

虚拟技术是利用计算机模拟某种时空环境，使人们在虚拟环境中感受真实环境，从而省却了置身真实环境所需的资金投入或安全风险。如虚拟终端技术可将某应用软件推送到低配置的终端机上，终端机只需要浏览器，不用下载和安装软件，即可享用千姿百态的网络资源。目前，虚拟终端、虚拟服务器、虚拟存储、虚拟桌面等技术迅猛发展，随着云技术的普及应用，虚拟技术与商业运作模式结合起来，必将迅速拓展到社会生活的各个方面。在档案信息化中，虚拟档案馆、虚拟档案室的应用将使数字档案馆、数字档案室建设向更加专业化、规模化、集成化和高效化方向发展，使未来档案信息系统以更低的成本和风险、更高的质量和效率运作。

（四）依存化

未来信息技术的应用都不是异军突起、孤军作战，各种新技术必将更紧密地相互依存、集成，优势互补，浑然天成，如云技术就融合了网格技术、虚拟技术、分布技术、资源均衡技术等。同时，新技术的应用将更加依赖运行的环境体系，如云技术应用就需要依靠法制化、规范化的商业运作模式。由此，对各种信息技术的综合化、集成化应用，以及在新技术应用中各种保障措施的及时配套跟进，将考验档案行业驾驭信息技术的能力和智慧。

二、云计算技术在档案信息化中的应用

云计算是当前信息技术领域的热门话题之一，正受到社会各界的高度关注，并将使档案信息化面临一系列新的机遇和挑战。

（一）云计算的概念及特征

云计算是一种基于互联网的计算方式。这种方式利用分布式计算和虚拟资源管理等技术，通过网络统一组织和灵活调用，将分散的信息资源集中起来形成共享的资源池，并以动态按需和可度量的方式，向使用各种形式终端的用户提供服务。在云计算环境中，应用软件直接安装到了"云"端的服务器中，而不是用户终端上，用户仅需要通过 Web 浏览器登录到"云"端的管理平台就可以使用软件并得到所需服务。"云"是对计算服务模式和技术实现的形象比喻。"云"由大量基础单元——云元组成，各个云元之间由网络连接，汇聚成为庞大的资源池。

按照云计算服务提供的资源所在的层次不同，可以分为 laaS（基础设施即服务）、PaaS（平台即服务）和 SaaS（软件即服务）三种服务方式；根据服务对象的不同，则可以分为面向机构内部提供服务的私有云、面向公众使用的公有云以及二者相结合的混合云等。

（二）云计算用于档案信息化建设的优势

采用云计算技术能够为档案信息化建设带来诸多益处。

1.实现档案信息资源共享

通过云计算，档案部门可避免出现因档案管理系统软件的多头开发所造成的"信息资源孤岛"现象，可在不同地域档案部门之间共同构筑档案信息资源"共享池"，实现电子档案资源的高度集中统一管理和广泛共享。

2.节省投资成本及运维费用

众多档案部门不再需要构建自成体系的软硬件平台，而以极低的成本投入获得极高的运算能力，大幅度降低运维费用和提高运维效率。

3.提高信息系统的安全性

以往档案馆中的数据都集中在本馆的服务器上，一旦服务器出现故障，档案馆就无法为用户提供正常的服务，甚至导致数据的丢失。采用云计算就会存在大量服务器，即使某台服务器出现故障，其他服务器也可以在极短的时间内将故障服务器中的数据拷贝到其他服务器上，并启动新服务器，继续提供不间断服务。

4.解决人才短缺问题

云计算的档案信息系统维护都由云端技术人员负责，与目前各档案部门配备专门的信息技术人员的做法相比，既专业又节约人力成本。

（三）云计算对档案信息化的保障

目前，档案信息化面临资源整合难、数据集中难、系统运维难、资金投入难、人才引进难等诸多难题。云计算技术的出现，将为档案部门走出困境提供新的思路。

1.档案信息化基础设施保障

由于经济水平的差异，不同地区对档案信息化建设的投入也存在较大差别。

经费紧张的地区难以满足基础设施建设的需求；而经济发达地区的基础设施资源存在一些闲置的现象。为此，档案部门可以采用云计算的"基础设施即服务"方式，整合档案行业的服务器、存储器等设备，通过"云"平台，向各级档案部门提供基础设施服务，不仅可以避免设施建设重复投入的浪费，也可以减少技术力量较弱档案部门的系统运维开支。

2.档案信息化业务平台保障

档案管理应用系统的研发和运维需要档案部门投入大量资金和人力，尚且难以确保应用系统的质量。采用"平台即服务"模式，各级档案部门可以集中使用资金和优秀的人才，研制和推广通用的档案管理软件，既可避免软件重复研制的资金投入，又可通过通用软件的推广，改变过去因重复建设造成数据异构、平台异构、流程异构，档案信息资源难以互联共享的弊端。

3.档案信息化高效利用保障

如何通过档案的社会化服务，增强档案社会利用价值、提高社会的档案意识，是新形势下加强和改进档案工作的重要课题。

依托部署在"云端"的档案资源管理体系，公众可便捷地获得数字档案资源，并开展不同专题的档案编研；可以将家庭档案和个人收藏制作成精美的网络展览推入"云端"共享；可以利用"云端"提供的"一站式"检索功能获得跨专业、跨地区的档案信息。

在国家档案局开展的"中国档案云"项目中，已建设了以云计算技术为依托，覆盖全国各级综合档案馆，为社会提供统一查询利用开放档案信息的专业化平台，该门户网站被命名为"中国记忆"。

三、大数据技术在档案信息化中的应用

（一）大数据概念探析

大数据的起源可以追溯到2000年前后，从那时开始互联网网页以每日约700万个的速度呈现爆发式增长。在这样的情况下，用户在互联网上检索准确信息也变得越来越困难。

大数据从出现至今，一直都是全社会关注的焦点，至今仍无公认的定义。对大数据，可以从资源、技术、应用三个层次理解，"大数据是具

有体量大、结构多样、时效强等特征的数据；处理大数据需采用新型计算机架构和智能算法等新技术；大数据的应用强调以新的理念应用于辅助决策、发现新的知识，更强调在线闭环的业务流程优化"。大数据不仅"大"，而且"新"，是新资源、新工具和新应用的综合体。

（二）大数据关键技术

从数据在信息系统中的生命周期来看，大数据从数据源经过分析挖掘到最终获得价值一般需要经过5个主要环节，包括数据准备、数据存储与管理、计算处理、数据分析和知识展现。对于数据准备环节和知识展现环节来说，大数据所带来的变化只体现在量上，而对数据分析、计算和存储三个环节则有较大影响，需要重构技术架构和算法，这也将成为当前和未来一段时间内大数据技术创新的焦点。

1.数据准备环节

大数据不仅数量庞大、格式多样，质量也良莠不齐，因此在数据准备环节必须对其进行格式的规范化处理，为后续的存储与管理奠定基础。此外，要在尽可能保留原有语义的情况下去粗取精，消除数据噪声。

2.数据存储与管理环节

当前全球数据量以50%的速度不断增长，数据的海量化和快增长特征是大数据对存储技术提出的首要挑战。

大数据对存储技术提出的另一挑战则是多种数据格式的适应能力。格式多样化是大数据的主要特征之一，因此大数据存储管理系统必须满足对各种非结构化数据进行高效管理的需求，非关系型数据库（NoSQL）应运而生。

3.计算处理环节

大数据的计算是数据密集型计算，对计算单元和存储单元间的数据吞吐率要求极高，对性价比和扩展性的要求也非常高，分布式并行计算技术弥补了传统并行计算系统在速度、可扩展性和成本上的不足，适应大数据计算分析的新需求。

4.数据分析环节

数据分析环节是大数据价值挖掘的关键。目前，大数据分析主要有两条技术路线：一是凭借经验知识人工建立数学模型分析数据；二是通过建立人工智能系统，使用大量样本数据进行训练，让机器代替人工，获得从数据中提取知识的能力。人工智能和机器学习能够更好地适应当前的大数据环境，具有良好的前景。

5.知识展现环节

在大数据服务于决策支持场景下，以直观的方式将分析结果呈现给用户，是大数据分析的重要环节。如何让分析结果易于理解是主要挑战。在嵌入多业务的闭环大数据应用中，一般是由机器根据算法直接应用分析结果而无须人工干预，这种场景下知识展现环节则不是必需的。

（三）大数据对档案信息化的保障

1.档案数据高效存储保障

目前，馆藏数字档案量已经从TB级别跃升至PB级别。与此同时，科技进步衍生出的数据呈现出了分布式和异构性特点，需要归档的数字资源繁多，包含结构化、非结构化和半结构化数据。非结构化数据如文本、图片、各类表格、图像和音视频等，半结构化数据如E-mail、HTML文档等，都不便于使用关系数据库二维逻辑表来表现。

传统关系型数据库已经无法满足对数量庞大、类型多样的档案资源的组织与管理需求，需要引入大数据管理系统对档案进行分布式存储、快速检索。大数据存储方法有很多种，都具有一些共同的特点，即利用硬件的优势，使用可扩展的、并行的处理技术，采用非关系模型存储处理非结构化和半结构化的数据，并对大数据运用高级分析和可视化技术。

2.档案数据价值挖掘保障

在档案数字资源中，不同的档案数据中蕴含的价值存在差异，有可能导致用户获取价值信息的难度增大。如何从这些资源中提炼、挖掘出有价值的档案信息，并以人们易于接受的方式传递给用户，是目前档案工作者必须解决的问题。

大数据时代带来新的技术，为档案工作者提供解决问题的方式。档案工作者可以采用大数据技术，在海量档案数据中发现关联，从不同角度对其进行聚类和分类，以多维度、多层次的方式展现档案数据，将非结构化数据转换为结构化、半结构化数据，从而使用户更准确、更容易获得档案信息。必要时，还可以通过可视化技术，形成图形图像，直观地展示最终结果。从海量数据中分析潜在的知识决定着大数据时代档案工作的发展水平及方向，这也意味着大数据时代，档案工作的重心将向档案资源的数据分析、数据挖掘方向转移。

3.档案数据高效利用保障

档案工作的目的是提供可利用的档案资源。大数据时代下的档案工作服务讲求时效性和便捷性，基于大数据技术可为实现网络信息服务的智能化、个性化、精品化提供支持工具。依托互联网技术，全方位地实现档案信息智能检索服务、档案信息决策服务及档案信息跟踪与推送服务。利用这些技术手段，彻底颠覆传统档案分类在档案管理中存在的诸多弊端，将档案事业发展推向又一个全新的高度。

（四）大数据技术应用于档案信息化需注意的问题

1.大数据技术实现问题

大数据技术相比传统技术更为复杂。不同于传统的档案管理技术，档案大数据管理系统通常是一个由很多节点组成的分布式系统，实现起来较为困难。档案管理工作者需要打破专业限制，寻求与专业的具有相应资质的大数据开发公司合作，将行业的需求和大数据技术结合起来，才能开发出适合档案行业特点的大数据平台。另外，我国纸质档案数字化形成的绝大多数都是文字图像，不便于大数据技术的处理，应当将文字图像通过OCR识别，生成文本文件，并尽可能提高识别的准确率，为档案大数据处理创造条件。

2. 信息安全问题

档案是不可再生的社会核心信息资源。有时人为的操作失误、系统技术故障、计算机病毒、黑客攻击、间谍窃取等原因都会造成档案数据的破坏，将会给机构甚至国家带来巨大损失。因此，在实施大数据技术时，要重点加强信息安全保障体系建设，采取各种安全技术措施，保证档案数据的完整与安全。

3. 保密问题

大数据时代下，档案信息主要通过网络进行传输，容易被复制和扩散，导致档案信息资源在开发和利用过程中可能出现信息泄漏、隐私权侵犯、知识产权纠纷等隐患。对国防、军事、科技等领域来说，档案涉密层次高，一旦泄密将直接危及国家安全。如何实现涉密档案信息资源的合理利用，既充分发挥涉密档案的价值，又保证涉密档案的安全，是大数据时代档案管理面临的重大挑战。

大数据时代的来临，相比其他信息技术更加契合档案信息化建设工作的需要，尤其是在当前的知识经济时代，将档案信息转化为知识资源，会成为新形势下档案工作的必然发展方向。

第八章

图书馆信息管理及服务的优化

第一节 图书馆图书信息管理的优化方式

一、现代图书馆图书信息管理优化的必要性

首先，信息社会的快速发展促使现代图书馆图书信息管理的优化，这是一种必然的趋势。众所周知，随着信息时代的来临，图书馆的图书管理衍生出了信息化的管理模式。由于信息技术在图书馆中的快速应用和网络化迅速发展，传统的单纯依靠图书获取信息的途径的观念已成为历史。现在，先进的信息技术已经在社会的各个领域全面覆盖，因此，现代图书馆图书信息管理的优化是当今信息社会发展的客观需要。现代图书馆作为社会信息系统的主要组成部分，在当今信息社会中扮演着重要角色，为了有效地完成信息社会赋予的使命，就要对现代图书馆图书信息管理实施优化，从根本上改变其传统的图书管理模式和管理思想。因此传统的图书管理向现代图书馆的图书信息管理方向转变，已是图书馆图书管理发展的必然趋势。其次，现代图书馆图书信息管理优化是深化信息服务的需要。在当今社会信息技术快速发展和信息量的快速膨胀

环境下，现代图书馆的专业化程度和社会化程度与日俱增。所以，现代图书馆信息管理方式的优化成为现代图书馆能够切实实现各种信息的共同使用，加快图书馆信息服务的客观趋势。信息管理的优化将从整体上改善传统图书馆的工作，能够更好地实现收集、整理、存储和传播文献信息，为读者提供更优质的服务，进而促进了全民素养的提高。最后，现代信息技术已成为现代图书馆图书信息管理优化的发展趋势。目前，在信息化社会中占主导地位的是数字化信息，而占据人际交流平台的将是虚拟空间。因此，随着社会信息化程度的日益增加，图书馆引入信息管理是现代图书馆发展的必然趋势。当今，人们获取信息的途径已不单单是依靠书本，而主要信息来源则是依靠快捷、方便和全面的网络资源。网络资源的依靠以计算机为基础，以网络传播为核心的技术的现代信息技术的快速发展。因此，现代图书馆通过信息管理的优化，能够清晰把握读者的需求，进而提高了图书馆服务读者、服务社会的能力，有利于图书馆的优化发展。

二、现代图书馆信息管理优化方式策略

（一）图书馆自身落后的管理模式的改变

信息管理优化的关键是摒弃固有的管理观念，大力解放思想，积极开拓新型信息化管理模式。在信息管理优化方式下，需要强化信息服务意识，重新树立信息化、竞争、创新、资源共享等服务理念。现代图书馆要转变传统的管理与服务模式，在传统的管理模式中，融汇信息化环境下的先进的管理和服务模式，从而能够为读者更好更快地提供优质服务。

（二）信息服务意识和理念的加强

现代图书馆的图书信息管理要重点做好一切为了读者，为读者提供

快捷、方便的服务为目标，全面推动现代图书馆为读者服务水平健康快速的发展。现代图书馆图书信息管理就是要让图书馆服务意识坚持"一切为了读者，为了一切读者"的服务理念。现代图书馆信息管理的优化目标是要想读者之所想，急读者之所急，使信息资源共享机制健全，实现利益互补，进而能够更好地为读者提供优质的服务。

（三）硬件和软件投入的增加

现代图书馆信息管理的信息化是一项复杂的系统工程，在这个系统工程中的技术设备、人力资源、业务流程重组等其他方面，都需要投入大量的资金。现代图书馆信息管理的优化，一方面，加快了图书馆的网络化进程和服务现代化的发展，并且使图书馆传统业务技术手段得以改变，改变了传统图书馆信息资源的现状，使图书馆信息资源得以深度开发和普遍共享，信息服务能力和文献保障水平得以提高；另一方面，要不断为现代图书馆添置专业性的设备，在开发为读者提供特殊服务方面独辟蹊径，加强现代图书馆网络导航服务。综上所述，图书馆在硬件和软件方面应不断增加经费的投入，进而能为读者提供形式多样的服务，促使现代图书馆图书信息管理优化、网络信息之间互动的形成和信息资源保障制度的创建，进而能够在实现网络化上提供软、硬件的保障。

（四）加强图书馆管理与服务的信息化与数字化

现代图书馆信息管理的优化不仅是信息资源的数字化，还是图书馆管理与服务的信息化和数字化。在信息技术高速发展的今天，电子产品的快速普及，图书馆的功能已不是仅仅为公众提供文献资源，这就要求现代图书馆的重要资源要制作传播快捷，内容生动形象。因此，在信息管理优化中，要把图书馆的电子信息资源建设作为重点建设内容之一。

三、推动图书馆信息服务作业系统优化管理

（一）图书馆信息服务作业系统

所谓图书馆信息服务作业系统，就是把能够产生图书馆信息服务质量的各种资源按系统方式组织起来，形成一个有机的服务整体。在服务提供者的眼里，这一作业系统或许是由几个独立的部分组成，用户则把这一系统看成一个统一的整体。在这个整体中，用户是服务生产的参与者，是服务质量的最终评判者，用户与图书馆信息服务作业过程发生互动作用。因此，用户成为图书馆信息服务作业系统的一部分。图书馆信息服务作业系统是一个由两部分（接触部分和辅助部分）构成的统一体。

1.图书馆信息服务作业系统及其作用

接触部分是用户与组织提供的服务发生关系时所能够看得见和体验到的事物，包括用户及用户直接接触到的能够产生服务质量的各种资源。用户与服务组织的直接接触过程中，产生了服务管理学所谓的"真实瞬间"——它是顾客对组织服务质量最集中的体现和感知。图书馆信息服务作业系统中，直接接触的部分包括：第一，介入服务作业系统的用户。服务同时性的特点，即服务的生产和消费的不可分离性，导致用户不再是被动的服务接受者，成为在消费服务的同时，积极参与服务生产的重要组成部分。用户参与的态度、用户素质、用户心理、参与程度等直接影响着服务组织的服务生产及质量。例如，图书馆参考咨询服务质量的好坏，用户的互动相当关键，用户的反馈信息起着重要作用。第二，服务组织的一线员工。一线员工即直接与顾客或用户接触的服务人员。服务过程中，不管以怎样的方式，不管是谁，只要与用户或顾客进行了直接接触，都可以被看作一线员工。一线员工是服务作业系统的关键资源，起着承前启后的作用。一线员工在与顾客或用户接触的关键时刻，把组织的服务文化，组织

的优质服务质量提供给顾客或用户，同时，通过观察、询问了解顾客或用户的相关信息反馈给组织，以备更好地满足顾客，提高组织的服务质量。员工与顾客间互动营销对确保服务质量，使每一个真实瞬间都能够达到顾客满意具有十分重要的作用。第三，服务组织的经营体制与规章制度。任何一个组织都有相应的经营体制和规章制度作为员工或用户行动的指引。一定的经营体制和规章制度反映了一个组织特定的经营理念和文化内涵。它会影响到员工的工作状态、用户的服务消费、服务生产的协作，进而影响服务质量的提供等，因此具有正面效应作用的经营体制和规章制度是服务导向型的，反之，需要调整改进。第四，服务组织的设施设备。在图书馆信息服务作业系统中，包括计算机、缩微阅读机、复印机、网络系统、文献或电子网络资源、环境等。用户在接受服务时都会或多或少接触到，因此，这不可避免地会影响到服务质量，包括技术质量和功能质量（如美感、舒适度、便利等）。

根据现代服务管理理论，用户、一线员工、经营体制与规章制度、设施设备与物质资源共同构成了一个完整的服务作业系统。四方面相互作用，协调一致，才能保证服务系统整体功能的实现和服务作业系统服务质量的提高。

2.图书馆信息服务作业系统辅助部分及其作用

用户在与服务组织的接触过程中，很少看到或想到前台后面的情况，并不知道服务生产与提供同样离不开后台辅助部分系统的支持和帮助。后台辅助部分包括管理人员、后台职能部门人员和相关物资部门。在图书馆信息服务系统中，图书馆信息服务过程中的信息收集、组织、编纂以及网络系统的运行、维护等人员及其工作不易被用户直接看到或理解，有时后台良好的服务甚至被前台一时的不周到服务全部抹杀。因此，高质量的服务是一个整体系统行动的结果，其中每一环节之间都是紧扣的。辅助部分具有支持作用，芬兰著名服务营销学家格鲁诺斯认为后台辅助体系应为前台操作体系提供以下三类支持，即管理支持、后台工作支持和系统支持。

（1）管理支持

管理支持是指有关管理者在自己的日常工作中给予下属的支持。管理者的支持是服务人员创新的关键，是服务质量提高的基础。管理人员应加强组织战略的设计和建设，营造平等、开放、创新的服务环境，培育全员服务的组织文化，树立服务导向，努力加强为内部和外部顾客服务的意识。为此，图书馆信息服务作业系统的管理者在不断提高能力的同时，努力建立与服务人员的伙伴关系，鼓励他们更好地服务内外用户，同时也应身体力行地做好垂范作用。

（2）后台工作支持

提供给用户的最终服务的实现往往离不开后台辅助部门员工的工作支持。从管理学的角度分析，服务组织内同样存在顾客与服务。图书馆信息服务各环节无不体现了这一相互服务与支持的关系，每一个员工都应形成良好的服务意识和行为，把用户第一的理念贯穿于图书馆信息服务的全过程。

（3）系统支持

现代信息技术和网络技术的发展，不仅改善了服务组织的工作环境和工作条件，也提高了服务员工的工作效率和热情。从大的服务环境来看，图书馆信息服务组织应从组织系统结构，组织授权方面给予员工充分的自由，最大限度地开发员工的主动性、积极性、创造性潜能，让员工能够灵活自主地为用户提供优质服务，切实起到系统支持的作用。

以上讨论是基于把图书馆信息服务作业系统看成独立的组织单位。实际上，图书馆信息服务作业系统和其他系统共同形成了一个更大的网络系统，共同发挥着服务用户的作用。同时，每一个系统又由若干个子系统组成，并相互作用。图书馆信息服务作业系统应认清自己作为子系统的地位和作用，不仅协调好同其他服务系统的关系，又要处理好内部各子系统间的关系，这样才能更好地为用户提供更优质的信息服务，确保图书馆信息服务的整体质量。

（二）图书馆信息服务作业系统的要素及其关系

L图书馆信息服务作业系统的要素及其相互关系

按服务理论，在服务方与用户的互动接触中，关键时刻至关重要，用户的感知质量不仅是部分服务的体现，也是图书馆整体系统服务功能的再现，为此，图书馆信息服务组织应合理恰当地组织安排图书馆信息服务作业系统各种资源（要素）。图书馆信息服务作业系统的要素可以引进企业系统的要素来分析和阐释。

首先，考察服务观念与用户的关系。图书馆信息服务作业系统在自己战略目标的指引下确立全员服务观念，通过开展用户调研工作和其他渠道的信息反馈确定用户需求，并在此基础上合理调配作业系统资源，围绕用户需求提供服务以满足其需求。用户成为服务生产的一部分，用户的素质、情绪、参与程度等对服务质量有着直接的影响，因此，用户的相关信息对服务系统整体服务策略的实施，服务效益的体现十分重要。同时，用户与服务人员接触的关键时刻，是作业系统服务观念与用户互动沟通，服务承诺兑现的过程，通过服务的技术质量和功能质量的体现，实现用户服务质量的感知。如果用户满意，系统的服务观念就得以贯彻，反之服务观念则需进一步改进。二者之间的互动、协调统一成为服务质量过程控制的关键。图书馆信息服务作业系统要努力维持和发展与用户的长期伙伴关系，以实现生产和提供优质服务的能力和目标。其次，考察服务观念与员工的关系。服务观念从本质上来看是服务作业系统组织文化的一部分，而组织文化是通过员工的服务活动和综合素质体现出来，这些都对服务绩效的好坏起着至关重要的作用。因此，组织内部员工构成服务过程控制的重要组成部分。员工包括一线员工和辅助员工。就图书馆信息服务作业系统来说，主要包括图书馆信息服务提供者和图书馆信息收集、组织、加工、保管和网络系统维护人员及相关管理等服务人员。将图书馆信息服务观念转化为具体的行动，需要作业系统采取各种措施对员工进行培训、吸引和留住员工，积极有效地激发图书馆信息服务人员的主动性、创造性、积极性，努力将服务观念与图书馆服务人员的态度、行为保持一致，通过上下一致的服务步调，体现图书馆信息服务系统的组织文化和战略目标，提升图书馆信息服务的整体质量。反之，将会影响图书馆信息服务的整体质量和形象。最后，考察服务观念和管理体制的关系：管理体制包括经营方式、规章制度、技术装备和物质资源的利用与配置等方面。如果以上称为服务过程控制的"软件"，则这些是服务过程控制的"硬件"装备，是服务观念转化的物质基础。它们的好坏以及利用状况，决定着服务观念转化为实际产出的多少。当然，这里不是完全绝对的，实际中不能忽视"软件"的作用及其他情况的介入。内部管理体制服务观念的一致性相当重要，因此，就图书馆信息服务而言，内部的一些管理规定、服务制度、技术装备等的管理要与图书馆服务人员执行服务观念的行为相一致，否则会影响和制约服务人员的服务质量。

此外，用户与管理体制之间的关系也是图书馆信息服务作业系统需要协调的重要方面。管理体制的制定要以用户需求为导向，体现为用户服务的观念。同时，要让用户明确图书馆信息服务的各项规定、服务内容、承诺等，对此不能模棱两可，否则适得其反。用户与服务人员的关系，同样是图书馆信息服务作业系统控制的关键环节。服务员工素质的高低是图书馆信息服务系统管理好坏的关键，尤其是与用户接触的一线员工。服务员工作为一个跨越边界的角色，构成了组织和顾客的持续纽带。图书馆信息服务人员必须有意识、有能力应对灵活多变的环境，富有创新精神，具有现代信息环境要求下的多种综合素质，以提供高质量的信息服务。因此，图书馆信息服务人员要不断地学习，图书馆信息服务系统要注意服务人员的素质建设。

2.图书馆信息服务作业系统的内部营销

图书馆信息服务各要素之间的关系通常比较错综复杂，同时，图书馆信息服务本身就是一个复杂多变的活动或过程。因此，图书馆信息服务作业系统服务过程的各个环节都是相互联系和作用的，只有对每一个环节都加以合理地控制，才能确保整个服务系统的协调，保证图书馆信息服务整体质量的控制。

因此，按照服务营销管理理论，图书馆信息服务作业系统内同样存在内部营销和服务。即图书馆信息服务系统内部存在内部供求关系。图书馆信息服务系统的每一个员工既是服务提供者，又是服务接受者。内部顾客或用户的观念和意识为图书馆信息服务组织内部运作建立了全新的衡量标准。图书馆信息服务系统的服务流程中，每一个服务环节都是前一环节的顾客，同时又是下一环节的服务提供者，任何一个环节出现问题，都会影响顾客或用户可感知的总体服务质量。例如，图书馆咨询服务的完美实现，依赖于图书馆信息服务系统高水平的信息组织以及图书馆网络维护部门的大力支持。只有满意的员工，才有满意的用户，才有图书馆信息服务的最大价值。内部顾客或用户所得到的服务要像外部顾客用户所期望得到的一样，这一点绝对必须做到。这也就意味着，服务质量绝不仅是外部用户可以看到的那些职能部门所独有的责任，提供良好服务质量的责任遍及整个图书馆信息服务系统。为此，图书馆信息服务系统的管理者应努力营建组织文化，强调和贯彻服务意识，使每一位员工都认识到服务于人的意义和重要，并以身作则，将意识转化为服务行为。同时，在组织服务文化指引下，以用户导向为原则合理组合与配置图书馆信息服务作业系统中所有能产生服务质量的各种资源要素，使各要素相互协调和平衡，实现内部用户的忠诚，以保证图书馆信息的高效益。

图书馆信息服务作业系统的管理也是对图书馆信息服务的一个个工

作环节整体过程的控制，其包括两方面：一是开发图书馆系统中能够产生服务的各种资源，二是协调这些资源之间的相互关系。图书馆信息服务作业系统的整个管理过程，包括从信息的收集、整理、加工、存储到信息服务的提供等各个环节的管理项目、管理重点等，尽管各有区别，但是从宏观来看，都包含服务质量的管理、服务创新的管理、服务效益的管理三方面，对图书馆信息服务作业系统的管理就应从这三个方面进行整体的把握和理解。

1.图书馆信息服务的质量管理

服务质量管理是服务管理的核心，它一直是服务管理领域关心和研究的热门课题。由于服务本身的特点以及更多的人为干预，使得服务质量很难控制和评价。为此，服务管理研究人员需要做出努力，尽量做到服务标准化、程序化、规范化。

对图书馆信息服务而言，图书馆信息服务有其自身的特点。例如，图书馆信息服务的知识化特点，使一些指标不易进行量化评估，这样图书馆信息服务质量很难得到控制。尽管如此，将服务管理领域先进理论与图书馆信息服务及其管理自身特征结合起来，进行理论和实践的探讨，努力将图书馆信息服务质量控制在最好的状态是现实需要和当务之急。此处，依据服务管理和全面质量管理的相关理论，提出进行图书馆信息服务质量管理的相关原则，即顾客导向原则，授权和员工受教育原则，系统与过程持续改进、创新原则。

第一，顾客导向原则。图书馆信息服务质量是由图书馆信息服务用户感知质量的优劣程度决定，因此，只有满足用户的服务，才能真正体现图书馆信息服务的价值。事实上，多数的服务质量与服务提供者、顾客面对面的接触瞬间有关，服务接触是服务质量和顾客满意建立的区域。因此，只有图书馆信息服务系统与用户及时有效地互动，才能充分实际地研究用户的需求，了解用户的期望，分析用户需求心理和需求变化，满足用户的相关需求。前面谈到的顾客导向促进服务利润的关系说明顾客需求是企业生存的基础。因此，图书馆信息服务系统在用户研究的基础上，保障保健因素，创造和开发激励因素，不仅要满足用户的需求，甚至超越用户的需求与期望，以提升用户的忠诚度，从而提升图书馆信息服务的市场占有份额，增强图书馆信息服务的竞争力和生存力。图书馆信息服务系统要制定服务战略，一切图书馆信息服务工作都应服从和支持用户满意服务战略，实施全员服务战略，制订用户发展的远景规划，给用户提供最好的服务。

第二，授权和员工受教育原则。服务组织中服务质量优劣的关键在于服务员工，特别是与顾客或用户接触的一线员工的表现。图书馆信息服务是一个系统的整体的服务过程，服务质量的提升不是一两个人的事情，它需要全体员工的共同努力和参与。图书馆信息服务系统要具备相互配合的工作作风与团队精神，要充分调动和发挥服务人员的积极性、主动性、参与性和创造性，这对服务质量起着至关重要的作用。那么，就服务人员的管理问题来说，管理学家进行了相关的研究，认为授权是提高员工满意度，提高工作效率和服务价值的有效途径。授权是一个建立在合作基础上的交互式的过程，是组织中的成员通过合作、分担工作任务和共同工作来树立、发展和增加员工的权利。授权使得服务员工在服务传递的过程中有一定的自主性，它会带来许多利益：一是服务员工在服务实施中能对顾客要求作出更快的现场反应；二是服务员工在服务补救中能对不满意顾客作出更快的现场反应；三是服务员工对工作及其自身感觉更好；四是服务员工会更热情地与顾客互动；五是被授权的服务员工是服务创意的源泉；六是顾客眼中的活广告。图书馆信息服务是一种知识化的服务，有时其各服务环节难以管理和控制，这更要求对服务人员加以人本管理，进行适时适度的授权，增强其服务中的自主权，以便在他们的责任和权利范围内及时、灵活地处理解决图书馆信息服务中的问题。为此，图书馆信息服务管理系统应在平等、开放的平台上确立组织的共同愿景（即图书馆信息服务系统试图实现其目标的战略规划或蓝图）。具体来讲是让员工充分参与组织目标的制订，合理足够地采纳图书馆信息服务员工的建设性意见，将组织的愿景与服务人员的个人发展目标合理衔接。并且，管理者要充分信任员工的能力和智慧，并对员工的工作给予很高的期望。同时，设立员工管理和精神上的目标，谨慎使用职位权利，限制使用强制权利。图书馆信息服务系统通过这种信任、平等、沟通与参与的授权管理，不仅会增强员工的工作积极性、主动性和创造潜力，增强员工自我价值的实现意识，促进组织内员工之间人际关系的改善，还会促进图书馆信息服务系统整体服务质量的提升。图书馆信息服务系统员工必须不断地学习以更好行使授予自己的权利，创造性地完成赋予的任务。管理者要鼓励员工进行各种形式的学习，同时创造机会培训和继续教育员工，一来使员工对组织的目标及其重要性有统一的认同；二来使组织的共同愿景与员工的个人目标相统一；三来可以开发员工的创造力，促进组织持续的竞争力，提升图书馆信息服务质量的整体效益。需要指出的是授权管理要求建立切实的员工反馈机制与系统，否则，授权的真正意义将无从谈起。

第三，系统与过程持续改进、创新原则：在《第五次修炼》中，作者指出，系统是一系列相互联系的实体，这些实体接受输入，然后通过转换增加价值，产生输出，来完成所设定的系统目的、使命或目标。图书馆信息服务组织也是一个具有明确目的或使命的系统——其目的就是为用户提供优质的信息服务。同时，每个系统又是更大系统的一个子系统，并且，每个服务系统同时由若干个子系统组成。而过程是指获得结果的一系列活动。一个系统通常包含若干个运作过程。图书馆信息服务系统通过信息收集过程、保管过程、组织过程、系统维护过程和信息传递过程服务于用户，满足他们的需求。系统对图书馆的服务质量起着支持性的基础作用。图书馆信息用户需求的动态性要求图书馆信息服务质量的动态发展，而作为基础支持的图书馆信息服务系统必然要进行不断地改进和创新以适应这种变化和需求，保证优质服务质量的持续提供，保持用户的忠诚。创新是一个组织持久的竞争优势，是服务质量的保证。系统各个部分之间是相互关联和相互依赖的，要达到各个环节和各个过程中服务质量的高效，在图书馆信息服务改进与创新中必须系统思考和处理面临的问题。实际上，整个图书馆信息服务的全过程都应进行系统思考。系统思考，就是要求全面细致地分析图书馆信息服务各个环节或过程；其次，要动态思考问题，防止静止思考。系统思考强调系统内的合作和平等参与，因为组织运作只有在整体和谐的情况下，才能实现组织的既定目标。

2. 图书馆信息服务创新管理

创新是一个组织持续的竞争力，组织只有不断创新才具有不断发展的生机和活力。组织的授权和员工不断的学习奠定了组织的创新机制，尽管如此，但还是有许多因素阻碍创造力的发挥。例如，过于强调管理、短期思维或企图以较少投入获取较大利益（紧缩预算、裁员、压缩生产周期等）都会导致创造力的窒息。因此，在实践中，组织应尽量减少和克服这些阻力，努力营建组织不断创新的环境和氛围。就图书馆信息服务作业系统来说，图书馆信息服务系统应在组织服务管理观念、服务管理组织形式、服务管理制度、服务管理技术等方面进行创新和完善。图书馆信息服务系统中，员工共同参与制定共同愿景以及人性化管理的实施等方面无疑都促进了图书馆信息服务人员智慧的发掘和创新潜力的开发。在共同愿景的驱动下，图书馆信息服务人员积极参与组织的各项工作，发挥聪明才智，勇于创新，使图书馆信息服务从平庸走向辉煌，实现图书馆信息服务的最优化。

3. 图书馆信息服务效益管理

效益实际就是组织投入和产出的关系。图书馆信息服务效益具体表现为经济效益和社会效益。经济效益指通过信息的利用带来的生产、经济和科学教育等方面的间接利益以及图书馆信息服务本身获得的直接利益；社会效益主要体现在文化、教育等社会领域内的利益或效益。图书馆信息服务的目的是降低总体服务成本，最大限度地挖掘图书馆信息服务的效益。同时，正确处理好图书馆信息服务的经济效益和社会效益的关系也是过程控制，提高服务质量的关键。要把两者之间的关系正确地处理和协调好，从全面的、协调的可持续的科学发展观来考查和衡量图书馆信息服务的经济和社会效益，以保证图书馆信息服务事业全面健康地发展。

第二节 图书馆信息管理系统优化与发展

一、现代图书馆信息管理系统优化发展的必要性

（一）现代科学技术已经渗透到图书馆管理的各个环节

毋庸赘言，图书馆不仅是传播文献信息资源的枢纽，而且是保存和传播人类文明成果的重要场所。随着信息时代的到来，各种现代信息技术被广泛应用于图书馆的各个工作环节中，计算机在图书馆办公自动化领域的应用日益广泛，图书馆信息化建设得到了迅猛发展。在信息资源的保存、管理、传播、使用的过程中，采用现代化管理方式和手段，克服传统信息资源得不到有效利用和共享的弊病，进而产生深远的影响。同时，按照信息社会的要求，图书馆充分利用现代信息技术，组织、开发和管理图书馆的信息资源，并建立信息管理系统，为图书馆用户提供优质信息服务。图书馆信息管理系统运用信息化的手段来收集、存储和处理各种文献信息，从而形成新信息资源的生长点和辐射点。

（二）现代图书馆信息管理系统的应用是信息社会发展的需要

信息时代的到来对我们生活的各个方面都产生了深刻的影响，图书馆的管理也随着时代的发展出现了信息化的管理方式。在传统的观念中，信

息的来源主要以图书为主。随着信息技术的应用和网络化的发展，这种观念已经过时了。目前，先进的信息技术已在各行各业得到普遍应用。同样，加强信息管理也是图书馆活动的客观需要。图书馆拥有丰富的文献信息资源，是社会信息系统的重要组成部分，在信息社会中的作用愈来愈重要。因此，图书馆要有效地完成社会赋予的任务，就要实施信息管理。有了图书馆的信息管理，就会产生图书馆管理知识的不断飞跃。这就使传统的图书管理模式及管理思想也在不断发生变化，图书馆管理向信息化管理方向发展成为必然趋势。

（三）现代图书馆信息管理系统的应用是图书馆深化信息服务的需要

图书馆是普及科学文化知识、提高公民素质的重要场所，是实施终身教育的大课堂。随着信息技术的发展和信息量的快速膨胀，新型的载体形式大量涌现。与此同时，在新技术革命浪潮的冲击下，作为收集、整理、存储、传播文献信息的图书馆，其专业化程度和社会化程度也越来越高。因此，现代图书馆信息管理系统的应用也成为公共图书馆实现资源共享、深化信息服务的客观需要。它将从整体上改善图书馆工作，并为基层读者提供更好的服务，从而促进公众素质的提高。

（四）信息技术的现代化已成为图书馆优化管理的发展趋势

当今时代，数字化信息已经占主导地位，虚拟空间将成为人际交流的主要平台。随着信息化程度的提高，将信息化管理引入图书馆管理中是图书馆现代化管理发展的必然趋势。现代信息技术是以计算机为基础、以网络传播为核心的技术。众所周知，现代社会人们的信息来源已不仅是书本，而是能更快、更好、更全面地获得信息的网络资源，信息技术的现代化已是大势所趋。如今，通过知识信息化管理，能够更清楚地了解读者的需求，从而提高图书馆为读者服务的能力。这使得信息资源的开发与利用被提高到一个更高的层面，同时，信息存储、加工、反馈和处理技术的发展以及信息意识的强化，都对图书馆信息服务工作提出了新的更高要求。

二、现代图书馆信息管理系统优化发展策略

（一）全力改变传统管理方式

图书馆要想实施信息化管理，当务之急是摆脱传统观念的束缚，彻底改变固有的管理观念，解放思想，破除陈旧的"封闭式服务"和"重藏轻用"的管理模式。要强化信息服务意识，树立信息化、竞争、创新、资源共享等服务理念。要充分认识信息化资源具有的传递性、实用性、商品性和知识性等重要特征。要把图书馆由传统的管理与服务模式转化为依托于信息化环境的先进的管理与服务模式。要从现代人的实际读书需求和信息需求出发，更好地为读者服务。

（二）进一步强化信息服务意识和理念

科学发展观的核心是以人为本。图书馆要为读者提供更加方便、快捷的服务，就必须以科学发展观为指导，推动图书馆为读者服务的事业不断发展。"读者第一，服务至上"是图书馆永恒的主题。因此，我们要坚持"以人为本"的服务理念，要重视读者、尊重读者、善待读者、方便读者、关心读者，更好地服务于读者。要想读者之所想、急读者之所急，不断健全信息资源共享机制，实现利益互补，从而更好地完成读者服务工作。

（三）不断增加硬件和软件投入

信息化是一项复杂的系统工程，涉及图书馆众多的技术设备、人力资源、业务流程重组等各个方面，这些均需要资金的投入。信息化在图书馆

管理系统中的实际应用，不仅强有力地推动了图书馆网络化进程和服务现代化的发展，改变了图书馆传统业务的技术手段，而且实现了信息资源的深度开发和普遍共享，全面提升了图书馆信息服务能力和文献保障水平。因此，图书馆应不断增加硬件和软件的经费投入，添置专业性的设备，不断开发为读者提供特殊服务的功能，加强网络导航服务，向公众提供多层次、多样化、专业化的数字图书馆服务，促使图书馆网络互动的形成和信息资源保障体系的建立，为实现网络化提供各种软、硬件保障。

（四）全面推进图书馆的电子信息资源建设

图书馆的信息化不仅是信息资源的数字化，也是图书馆管理与服务的信息化和数字化。近年来，由于电子信息的用户群体广泛，制作传播快捷，内容生动形象，已逐渐成为图书馆的重要资源。因此，我们必须全面推进图书馆的电子信息资源建设，进一步把图书馆建设成为服务规范、勇于创新、尊重人才、尊重知识、尊重科技的重要场所，从而更好地满足人民群众的文化生活需要。

第三节 图书馆服务环境的优化

一、图书馆服务环境的构成要素

关于图书馆服务环境的构成要素，国内学术界目前尚未达成一致意见。有学者认为，服务环境包括物质和设备；也有学者认为，图书馆服务环境应该包含情境、资源、支持工具、人和服务活动五大要素。综观国内外学术界关于图书馆服务环境的研究成果，结合图书馆的构成要素和网络化信息化的时代背景，笔者认为，图书馆的服务环境应该包括服务资源、服务空间布局、信息技术条件、服务制度以及服务活动五种构成要素。

（一）服务资源

图书馆的服务资源主要是指图书馆的人力资源、文献信息资源以及图书馆的设施设备。人力资源是图书馆服务环境中最具能动性的要素，图书馆工作人员是联系文献信息资源和读者的纽带，不仅是文献信息资源的组织者和传播者，还是图书馆服务活动的提供者，在整个图书馆服务活动中起着导航的作用。文献信息资源在图书馆的服务环境中处于基础与中心的地位，既包括现实馆藏，又包括虚拟馆藏。毫无疑问，文献信息资源是图书馆存在的最主要标志，也是图书馆开展各种服务活动的基础和重要保障。图书馆的设施设备主要包括外部环境、馆舍建筑、内部装修、导引标识以及各种电子设备、打印设备、语音设备和为残疾人提供的各种必要设施，这些都是图书馆开展服务活动的重要物质保证。

（二）服务空间布局

图书馆的服务空间布局主要包括图书馆建筑的整体空间设计、各功能区的科学布局、设施设备的布局和摆放等。图书馆一般分设五个功能区，即书刊典藏区、书刊阅览区、电子文献阅读区、读者咨询区和读者休闲区。服务空间的布局关系到读者对图书馆的第一印象，良好的空间布局有利于树立图书馆的美好形象和读者对图书馆的高效、合理利用。

（三）信息技术条件

信息技术条件主要指与图书馆服务有关的信息服务技术和网络技术：信息服务技术主要指集成平台技术、信息推送技术、信息跟踪技术、信息聚类技术、跨库检索技术以及信息交互技术等；网络技术则包括网络信息平台、网络化图书馆服务系统及网络安全技术等。它们既是当前复合式图书馆提高其服务质量的重要条件，也是构建信息服务平台的重要支撑。在现代社会，信息服务技术显得尤为重要，它不仅标志着图书馆的服务模式实现了由传统被动服务向现代主动服务的巨大转变，还延伸了图书馆文献信息服务的范围和功能。例如，在图书馆Web2.0中，RSS和Podcast就被广泛地应用于信息推送服务，从而满足了读者个性化信息的需求。作为图书馆开发与利用文献信息资源的重要工具，信息技术条件将发挥越来越重要的作用。

（四）服务制度

图书馆的服务制度主要包括国家机关制定发布或认可的有关图书馆服务活动的法律、法规及政策，同时还包括图书馆自行制定的各项服务制度与规定。图书馆服务制度的作用主要在于：一是指引和规范图书馆服务环境的构建，保证图书馆机制的有序运行；二是协调图书馆服务环境各种构成要素之间的关系，提高图书馆工作的效率。总之，服务制度是图书馆服务环境的重要组成部分。

（五）服务活动

图书馆是服务性机构，它的一切工作都是围绕服务来展开的，服务是图书馆的终极目标和根本目的。因此，服务活动在图书馆环境中处于核心地位。有学者指出，图书馆的服务活动主要包括服务管理、服务手段、服务方法、服务交流等。笔者认为，在服务活动中所体现出来的服务理念、服务态度也应包括在内。总之，优化图书馆服务活动应该是一个系统工程，需要全方位、多层次地考虑。

二、优化图书馆服务环境的重要意义

（一）服务环境是图书馆服务的前提与条件

文献信息资源体系奠定了图书馆赖以存在和发展的物质基础，任何一个图书馆如果失去了文献信息资源的支撑，就会成为无本之术无源之水。图书馆工作人员是图书馆服务的组织者和管理者，他们不仅是联系读者和图书馆文献信息资源的桥梁和纽带，还直接或间接地影响着读者对图书馆服务活动的评价；建筑设备为图书馆服务提供了物质条件，图书馆建筑的整体空间设计，图书馆设备设施的布局、设计与现代化程度都会对图书馆服务的功能和水平产生极大的影响；信息技术条件是做好图书馆服务工作的主要手段，在现代社会中，图书馆的技术水平将在很大程度上决定图书馆所能收集的文献信息资源数量以及服务的方式与手段；服务制度能为图书馆服务活动的开展营造一个良好的秩序，对图书馆服务工作的开展起着规范协调的作用；服务活动在图书馆服务环境中处于核心地位，图书馆所开展的各项活动只有面向广大读者才具有价值。因此，服务环境是图书馆存在的依据，是图书馆服务的前提与条件。

（二）服务环境制约着图书馆服务活动的内容

图书馆服务活动的内容受到历史条件、经济水平、科学技术等诸多因素的影响，是各种因素综合作用的结果。处于特定时期的图书馆，其自身的服务环境极大地制约着服务活动的内容。在传统图书馆时期，由于受到技术条件等诸多因素的影响，其开展服务活动的权限仅仅局限于本馆可以利用的现实馆藏文献信息资源；在网络环境下，图书馆通过利用各种现代信息技术，不仅极大地丰富了馆藏文献信息资源，还可以实现文献信息资源的共建共享，使读者不仅可以利用一个图书馆的现实馆藏文献信息资源，还可以方便快捷地获取图书馆可以共享的馆外文献信息资源。

（三）服务环境影响着图书馆服务管理的过程与功能

图书馆服务环境的各构成要素彼此相互影响、相互制约，任何一个要素发生变化，都会影响图书馆服务环境整体功能的发挥。图书馆工作人员作为服务活动的设计者和管理者，其地位十分突出。面对大量分散杂乱的文献信息资源，图书馆工作人员要能够运用各种信息技术，对文献信息资源进行搜集、选择、加工、分析、整序，并使之得到优化。此外，在网络信息时代，图书馆工作人员还充当着文献信息资源导航者以及文献信息资源利用培训者和教育者的重要角色。可以说，图书馆工作人员综合素质的高低直接影响着图书馆服务管理的过程与功能。因此，作为服务管理主体的图书馆工作人员应该努力提高自身的综合素质，使图书馆的服务管理能够更加高效有序地运行。图书馆作为服务性社会文化机构，其最大的功能就在于满足读者对文献信息的需求。为了最大限度地发挥为读者服务的功能，图书馆必须提供优质丰富的文献信息资源，营造良好的实体环境和人文环境，并致力于现代化环境的打造，这些都是图书馆服务环境的重要组成部分，并在很大程度上影响着图书馆服务功能的发挥。

三、图书馆服务环境的优化策略

（一）建设高素质员工团队和优化图书馆文献信息资源体系

图书馆工作人员的综合素质、工作态度和工作方法等都会直接影响读者利用图书馆的效果.因此，对图书馆服务环境进行优化，首先就应该建设一支高素质的员工团队。要通过学习和培训的方式，提高图书馆工作人员的业务素质和综合素质。文献信息资源建设是图书馆服务环境优化中最基础的一环，为图书馆的整个服务活动提供物质保证。在网络环境下，文献信息资源种类繁多、形式多样分布广泛，并呈现出急剧增长的趋势。作为信息与知识的集散地，图书馆有必要对分散无序的文献信息资源进行组织整序，并使之优化升值。

（二）改善图书馆的功能布局

图书馆建筑和设施设备的设计与布局，读者能够直观地感受到，对读者的影响也最直接的。优良的图书馆建筑设计与布局，首先，应该与自然环境融为一体，并具备现代化的设施设备和各种人性化的便民服务。其次，应该对各服务功能区进行合理的规划和布局，根据各功能区的特点进行装饰并设置合理的交通线路。例如，图书典藏区应该布局在楼层比较低的地方，这样既方便图书馆运送书籍，也便于读者借还图书。此外，书刊阅览区也应该布置在附近区域，以便实现书刊互补，既为读者提供丰富的图书资料，也方便读者通过阅读期刊，获取最新的知识与信息。总之，图书馆应该本着以人为本的原则，对其空间设施中的功能布局进行合理设计，以便充分发挥所藏各种文献信息资源的作用，提高读者利用图书馆的效率和水平。

（三）实现技术环境现代化

随着电子计算机的日益普及和通信技术与网络技术的不断发展，图书馆传统的工作模式已经发生了明显的改变，图书馆的服务环境逐步走向现代化，特别是技术环境日益走向现代化。复合式、"一站式"的服务环境需要现代化信息技术作为支撑，图书馆服务集成平台的建设也更加需要现代化信息技术。可以说，实现技术环境的现代化和自动化已成为大势所趋。为了实现技术环境的现代化，图书馆首先应重视技术设备的现代化建设，加大对现代化设施设备的投入力度。同时，应充分利用各种网络技术丰富虚拟馆藏建设，建立与完善本馆的文献信息数据库。此外，为了给读者提供更加优质的服务，图书馆还应不断探索新的服务模式，通过构建融信息资源信息技术和服务活动为一体的信息共享空间，实现专业的知识门户站点服务、网络资源导航服务以及图书馆Web2.0服务，使读者能够不受时间、空间的限制，可以随时随地获取自己需要的文献信息，以实现图书馆服务环境优化的目标。

（四）建立和健全图书馆的规章制度

图书馆的规章制度包含丰富的内容，一个完善的图书馆规章制度体系，应该包括图书馆法、图书馆组织政策、图书馆文献信息资源政策、图书馆读者服务政策、图书馆人事政策、图书馆经费政策、图书馆建筑政策以及图书馆现代化政策等。每个图书馆都应该以图书馆法为依据，并结合本馆的实际，制定出一套科学合理、健全完整的规章制度体系。在优化图书馆服务环境的整个体系中，建立和健全图书馆规章制度处于全局性的指导地位，对图书馆的健康有序运行以及图书馆管理水平的提高起着至关重要的作用。

（五）服务活动人性化

"读者第一，服务至上"是图书馆工作的主旋律。图书馆一切工作的开展都在于最大限度地满足读者的文献信息需求，都是围绕服务活动来展开的。在网络信息时代，读者对文献信息的需求越来越个性化、精品化，对图书馆服务环境的要求也越来越高，这就迫切需要图书馆开展更加人性化的服务活动。所谓服务活动人性化，就是针对各层次、各类型读者的需求，为他们提供具有针对性的、更加深入细化的服务。在当前环境下，图书馆服务活动的人性化，已经成为促进图书馆服务功能发挥的重要因素。

第四节　图书馆数字化服务管理及优化

一、优化组织结构

在新的发展趋势下，物理馆藏不再是知识传递的重心，传统的服务方式已不再是数字化服务的主要内容，原来以揭示文献资源外在特征的采访编目工作将被以主题、文摘等文献内容为特征的组织工作所取代。深层次的知识挖掘和组织工作，信息服务工作等数字化工作和服务已成为图书馆的核心竞争力。例如，参考咨询服务已成为国内本科院校图书馆评估的一项指标内容，可见它在图书馆的建设中起着举足轻重的作用。在这种情况，只有适时考虑图书馆的业务重组，才能更好地开展数字化服务。借鉴国外一些大学及中山大学图书馆实行编目外包的方式，将传统服务工作简化，包括人员简化、资金简化。将人力，物力，财力进行调整，业务流程进行重组，切实将图书馆的重心放在加强数字化服务上，按照科学、规范、合理、高效的原则确保图书馆各项工作的顺利进行，并不断地迈向新的发展高度。在业务机构调整的前提下优化人员配置，科学实行人力资源管理。将最优秀的人员集中在数字化服务项目上，积极设立学科馆员，加强交流，增加对外服务的窗口。

二、实施标准化管理

建设数字图书馆要有一定的标准，同样，开展数字化服务也要遵循一定的规则。新技术、新需求推动了图书馆的发展，如果我们不按照统一的标准做工作，有可能会让建设的项目支离而不成体系，不仅不利于整个图书馆数字化服务环境的发展，也不利于整个图书馆的可持续发展，不利于馆际之间的共建共享。图书馆标准化管理，包括图书馆建设中的方方面面，数字化服务的标准化，包括服务实行的标准和服务评价的标准。目前，由中国图书馆学会牵头组织的《公共图书馆建设标准》编制工作已经初步完成。高校图书馆也应该联合起来，对数字化服务的方方面面制定相应的标准与规范，进一步推动高校图书馆数字化的发展。包括数字化服务资源建设与评价标准；数字化服务技术应用标准：数字化服务人员的从业标准、考核标准等。

要建立综合质量评价机制，就要真正强化服务质量与效益。要确保服务质量，就要建立标准并进行评价，图书馆的服务不具备实体商品的特性，因而评价其质量也不能从传统的物品特性出发。图书馆的服务是以用户的需求为出发点的，因而评价标准应该是以用户满意为尺度。跟踪用户反馈，及时调整服务策略。创建服务主导的服务质量评价机制。质量评价制度要注重细节，从用户体验的角度换位思考，切实从用户需要出发。并且工作要常态化，图书馆的各项服务工作是不断充实调整的，读者的需求也是不断变化，不断有新情况出现，因而建立常态化的质量评价机制尤为重要。只有这样，才能使各项工作在良性循环下得到发展，实现效益最大化。

三、实施人文管理

（一）实施人文管理首先要研究用户心理，做好用户需求分析

满足用户需求是图书馆作为信息服务部门一切工作的出发点，也符合以人为本的管理理念，而只有对用户需求进行准确分析，才能使工作开展有的放矢，满足用户需求，取得预期效果。应该采取多种形式，灵活多样的调查分析来收集用户的需求，如开通荐书系统，让每一个用户，甚至每一名学生参与到资源建设中来，切实从他们的需要出发。开展网上问卷，或是馆长信箱，并要有专人负责进行问题汇总与回复，要让读者的每一条意见或建设都有回声，而不能让他们觉得说了也白说，从而挫伤他们利用图书馆的信心。用户需求分析应实行长效机制，如新生入学后一段时间内对他们的需求进行了解，了解每一期的毕业生在进行毕业设计和论文写作时有什么样的需求，要始终如一的进行下去，成为图书馆的一项常规工作。

（二）应用新理念，切实服务用户

1.组建学生课业辅导

人性化的服务，并不一定需要多么高端的技术才能开展，哪怕只是一个小小的理念，一种为读者着想的思维就能够开拓出全新的服务方式。例如学生课业辅导，学生在进入大学以后，学习时间比较自主，但并不是他们就不再需要课程辅导，而大学中往往没有这种平台。那么图书馆作为一个信息获取和交流中心，正好可以充当学生课后辅导的角色。图书馆可采取咨询馆员和院系教师专家联合的方式，甚至高校馆可以联合公共馆等。或者只是充当其中的一个桥梁或中介，提供一种交流平台，创造一种交流环境。以人为本的服务和管理理念，就是要了解人的需求，满足人的需求。

2.建设图书馆多功能学习中心

E·Ranseen在《作为场所的图书馆》一文中指出，当人们可以从网络获得所需要的一切信息时，为什么还要到图书馆去？这是因为网络并非应有尽有。人们到图书馆不仅是为了获取其拥有的馆藏，也在很大程度上为了在那里亲身体验。在西方，人们普遍认为，没有图书馆，社会就失去灵魂。图书馆中充满着文化氛围，学习气氛浓郁，读者大都喜欢在这种环境中学习。所以不管网络多么便利，资源多么丰富，读者还是会到图书馆中来。在这种情况下，图书馆一方面要加强网络数字化服务，同时应该优化图书馆实体，参考国外建设"多功能学习中心"的理念与方式，把图书馆构建成多功能学习中心，充分利用其人文环境与便利的一次或二次传统文献获取。提供一定的物理馆藏空间，并以提供上网卡或是允许自带或租用馆内手提电脑的形式，让学生可以自主在图书馆中进行资源利用。

第九章

档案信息化管理的创新探索

第一节 多载体档案统筹管理

一、档案目录信息统筹管理

无论是电子的还是纸质的档案，无论是手工管理还是采用计算机实行自动化管理，整理、分类和编目始终都是档案工作的重要组成部分，档案目录是各级各类档案馆提供档案服务利用的基础信息，也是实现档案检索和提供档案利用的重要依据。

馆藏的传统载体档案中，手写档案目录是最常见的方式，而新归档的各类档案会形成各种机读档案目录，或以 Excel、Access、Word 的形式，或以关系型数据库格式存储的数字形式的目录信息，为了方便档案利用者，档案馆必须对已有馆藏和以后归档的所有档案的目录信息进行整合，按来源原则或信息分类方式分别进行整理、分类与合并处理，形成能够覆盖各类档案资源的目录信息，并采用档案管理信息系统对档案目录信息实行统一管理，实现目录信息的资源共享和统筹管理。要避免长期以来一些档案馆的做法：数字化档案采用管理信息系统进行管理，纸质档案采用手工翻

290

本的方式进行检索。在档案馆实施信息化过程中，目录信息的数字化是很重要的一项任务，不能由于工作量大、过去没有录入就让它继续成为历史遗留问题。

档案目录信息统筹管理的另外一个含义是案卷目录和卷内文件目录的关联管理，即尽可能将卷内文件目录也实行计算机化管理，并与其对应的案卷目录进行关联。当检索到案卷目录，就可以方便地浏览其卷内文件目录，提高检索的准确度；当检索到卷内文件目录时，能够很快地定位到它所对应的案卷目录及其所在的库房存址，以方便调卷。

当然，由于档案馆人、财、物等资源的限制，档案信息化工作也是一个循序渐进的过程，不可能做到一蹴而就，因此需要根据业务工作需要的紧迫程度，首先解决重要问题。有些档案馆在信息化实施一开始，注重新接收档案的目录建设和全文管理，而将原有馆藏档案的目录和实物数字化作为二期工程来实施。实力较强的档案馆则将两项工作并行开展，以加快档案数字化处理和信息化利用的效率。无论采取哪种策略和方式，档案信息化最终的效果是将档案馆的档案全部实行信息化统筹管理，既方便档案工作者，又方便档案利用人员，还能为未来档案资源的社会化服务与信息共享奠定坚实基础。

二、档案目录全文一体化管理

档案全文，一方面是指馆藏档案内容的数字化信息，如缩微胶片、照片以及纸质档案数字化形成的静态图像文件，磁带、录像带等经过模数转化后形成的声音、图像等多媒体文件；另一方面是指各机构使用计算机和办公自动化系统等产生的电子文件归档后形成的数字化档案信息。这些全文信息是档案的内容实体，与档案目录信息相比较，档案全文能够提供更详细、更完整和更准确的内容和信息。

我们知道，数字化信息最大的特点是利用的方便性和检索的快捷性，档案馆花费大量的时间、人力、物力和财力开展馆藏档案数字化和接收电子文件进馆的主要目的是方便利用，对使用频繁的历史档案而言，也起到保护档案的目的。

实行目录全文一体化管理是信息化管理中比较有效的一种方式，其工作原理是首先在档案目录中进行检索，缩小范围，然后再检索全文，以便准确定位查档目标。通常采取的方式是，将档案目录信息采取关系型数据库管理系统实行统一管理，将扫描后的图像文件和新接收的电子文件档案以文档对象或文件形式存储在文件服务器或者内容服务器上，并通过一定的访问规则将档案目录信息与这些文件对象进行关联。在检索到档案目录信息时，就可以浏览和检索全文。如果在信息系统中，还需要按照系统设定的用户对目录和全文的浏览、检索权限进行处理。

实施"目录全文关联归档"，要求档案工作者要转变传统的工作方法，从档案利用者的需求出发，分析档案被利用的范围和特点，遵循档案管理的原则和标准，对部门形成的数字化档案实行即时归档，即将"目录全文关联归档"的思想贯穿电子档案形成的全过程。档案馆的工作人员要充分利用现代化管理手段，通过网络开展指导、鉴定、归档与管理工作，将工作重点转移到分析档案利用者的需求、开发档案资源的编研与开发、监控电子文件的形成过程，将工作模式从"被动接收"转变为"主动挑选"，将真正有价值的、值得保存的电子文件转化为未来社会需要参考和利用的档案资源。

三、档案工作的"双轨制"

"双轨制"是指在文件形成处理、归档、保存、利用等过程中，纸质文件和电子文件二者同时存在，两种载体的文件同步随办公业务流程运转，同步进行归档、同步进入归档后的档案保管过程。

实行"双轨制"的机构，在文件进入运转程序时就以电子和纸质两种载体并存，业务人员要对同样内容的两类文件进行并行办理。由此看来，"双轨制"的核心是从文件的产生开始就以两种载体形式记录各项社会活动的信息。这些记录中有保存价值的将作为档案进入归档阶段，将纸质和电子的记录同时移交到档案馆。实行这种从头至尾的彻底双套做法是各行各业信息化应用的初级阶段，特别是在《中华人民共和国电子签名法》发布之前，电子文件的法律效力无法认可，电子文件的安全性、真实性和完整性很难得到保障。2004年8月28日《中华人民共和国电子签名法》经全国人大审议通过，2005年4月1日正式生效，2015年5月24日第一次修订，2019年4月23日第二次修订。有了法律保护，电子签名具有与手写签字或盖章同等的法律效力，电子文件与书面文书一样具有同等法律效力。从此，借助于网络环境、数字签名、身份认证等技术，确保电子文件从产生、审批、流转、会签、归档等各个过程的原始、完整、有效和可读，实现无纸化办公，成为21世纪人们追求高效率和科学化、规范化、自动化管理的现实需求。在这种形式下，是否还需要在文件的运转过程中实行"双轨制"成为大家关注的焦点和热点问题，也是学者们研究的重点。

就网络、电子环境本身而言，尽管其存在先天的"不安全"和"淘汰快"等缺点，但每一种新的服务器、存储器、数据资源管理系统的出现都会兼容老的版本或者出台新的数据转换或迁移方法，目的是确保原来的电子数据不失效或可读。

彻底的"双轨制"需要投入很多人力、财力、物力，在电子文件形成过程的管理上也很复杂。因此，很多单位采取了"双套归档"的做法，一种是将办公自动化系统中属于归档范围的电子文件在归档前，制作纸质拷贝，归档时将二者同时移交到档案馆；另外一种则是对纸质的文件进行数字化扫描和文字识别处理，形成纸质档案的电子拷贝。这样，保存的电子文件可以方便网络化利用，纸质文件则主要用作永久保存，有些单位则采用缩微技术，实现档案的缩微化保存。这些做法虽然不可避免地会增加档案馆接收档案和管理档案的复杂性，提高档案管理和保存的成本，但这依然是21世纪档案工作的主流方式。随着时间的推移，档案馆保存的纸质档案和电子档案的比例将会逐渐发生变化，但纸质档案将会在相当长的一段时间内成为馆藏的主要成分。

第二节　文件档案一体化管理

一、文档一体化管理思路

文档一体化强调电子文件全过程管理的连续性和信息记录的完整性，目的是确保有保存价值的电子文件，自生成开始到生命周期活动过程结束的全过程，信息能够获得完全的记载和一致的保存。文档一体化管理的思路体现在以下几个方面。

（一）管理过程的互动性

文档一体化最重要的特点是将现行业务系统的工作与档案工作实现互动与交叉。一方面，使档案工作者从文件生成之日起就能够开展鉴定、归档及归档后的管理，通过前端参与和过程控制，加强为社会积累财富的执行力；另一方面，使得开展现行业务活动的工作人员增强了对档案的认知程度。只有将有价值的文件完整归档并移交给档案部门进行保管才能算相应的工作真正结束。同时我们还要意识到，在开展现行业务系统的过程中，要责任明确、注意积累，记录电子文件活动全过程中所有重要的和有价值的信息，确保电子文件的真实性和完整性。管理过程的互动性加强了多方人员工作中的交流与沟通，对形成和积累有价值的、完整的、真实记载社会活动记录的电子档案具有非常重要的社会意义。

（二）应用系统的统一性

文档一体化管理模式的实现是文件和档案共同依赖统一的管理信息系统，并运行于同构的网络、服务器、数据库管理平台，采取相同的数据、文件存储格式，不同的是管理文件与档案工作人员对信息系统的操作权限有所不同。在文件的生成、处理、会签、审批等各业务工作处理阶段，业务工作人员拥有对文件的增加、修改、删除等权限，而档案工作者只有查看、浏览的权限。在文件结束其现行期业务工作之后，进入归档阶段时，由电子文件的归档整理人员进行筛选、整理，而档案工作者则开始履行电子文件的鉴定职能和归档前的指导工作。在电子文件归档形成电子档案后，档案工作者则需要开展电子档案的保管，并为档案形成单位和社会提供档案的服务。应用系统的统一性使得从文件到档案的转变过程中，不再需要数据转换和迁移，保持了文件信息的真实性和完整性，同时也可以降低工作人员使用信息系统的复杂性，减少使用过程中的错误的发生率。

（三）工作流程的集成性

在传统的文件管理过程中，文件的形成、归档和作为档案保管与提供利用等环节，都将文件生命周期清楚地划分为5个相对独立的过程，即现行期、半现行期和非现行期，并通过现行业务工作部门、机构档案室和档案馆三个物理位置不同的部门分别完成各自的工作。文档一体化则将文件、档案的管理流程实现了集成，要求在一个统一的系统内，有统一的控制中心、统一的工作制度、统一的既各有特点又互相衔接的工作程序，将档案著录、鉴定、保存和管理等工作贯穿文件的形成、流转、会签、批准或签发、整理、鉴定、归档、移交、保存或销毁等各个环节，不仅可以实现各个过程中工作流程的集成和信息的共享，而且能够根据不同的文件与处理要求定义特定的工作流程，实现流程的优化和个性化处理，提高了工作效率，降低了档案接收和保管的复杂性，避免了信息的多次录入和产生不一致信息的可能性。

（四）业务处理的自动性

文档一体化是在充分信任的网络、计算机和信息系统的数字环境下开展工作，采用信息技术和基于工作流程管理理念实现的自动化信息系统，不仅提高了工作效率，而且降低了错误发生的概率。同时，在一些业务处理环节增加了系统自动处理技术，如电子文件版本信息的自动跟踪、电子文件处理过程中的责任链信息的记录、基于管理规则实现的电子档案的自动标引等，都大大提高了业务处理工作的自动化程度，减少了人工操作的复杂程度。由于这些自动化的处理过程是通过系统进行身份认证之后自动生成并保存记载的，因而大大提高了电子文件整个生命周期活动中信息记载的真实性和完整性。

（五）归档工作的及时性

通过对文档一体化应用系统的广泛使用，档案工作者能够随时对归档范围内的、已经完成现行期使命的文件实行鉴定、整理、归档和提供利用等工作。一旦电子文件的形成机构确认该文件已经结束现行期的历史使命，就完全能够实现即时归档、即时鉴定，避免以往通行的隔年归档中存在的各种问题，如丢失、泄密、滞后等。

（六）安全管理的有效性

文档一体化，一方面使电子文件归档过程变得简单、快捷，自动化程度高；另一方面，使人们对电子档案原始文件与档案目录数据实现了同步管理，最大限度地减少了人工的干预，不仅提高了归档工作的效率，更重要的是大大增强了归档过程的规范性和安全性。至于网络和信息系统带来的安全风险，是能够通过采取各种现代技术手段进行控制的。事实上，据权威机构统计，有70%的信息安全事件来自管理上的漏洞，采用自动化手段执法比靠人工执法的安全性要高。特别是在《中华人民共和国电子签名法》颁布实施后，电子签名、数字证书、身份认证等一些安全措施和技术手段的采用，这些将大大增强电子文件和电子档案安全管理的有效性。

二、文档一体化实现方法

（一）文档一体化系统业务流程

文档管理的实际办公过程比较复杂，有保存价值的电子文件经过整理、鉴定、审核、移交、归档到档案部门管理后，形成电子档案。

（二）文档一体化系统功能结构

通常情况下，文档一体化管理信息系统的功能包括收文管理、发文管理、归档管理、档案管理等。这几个模块相互关联，内部信息集成化共享。

1.收文管理

以电子文件的形式处理和记载上级公文、平级来文，用户可根据公文的登记日期、急缓程度、当前流转状态等过程信息快速有效地找到相关文件并进行相应的操作，主要包括收文登记、收文流转、文件催办、流程监控、文件发布等过程。

2.发文管理

发文管理是处理并转发内部制定的或外来的文件。电子文件起草后，均需逐级通过各主办与会签部门人员的审批和修改，最后提交领导签发，形成正式的公文，然后登记、归档。主要包括发文起草、发文流转、文件催办、流程监控、发布等主要工作。

3. 归档管理

电子文件的归档大多采用以下两种方式：一是通过机构内部局域网的电子公文传输系统从网上实现自动归档，系统通过归档环节后，电子文件的管理权就移交给档案管理部门，成为电子档案。此时，其他业务人员能够按照系统授予的权限查询电子档案，但不可以修改。二是各立卷部门在向档案馆移交纸质档案的同时，上交电子载体存储的各种信息，如磁盘、光盘等。

4. 档案管理

根据国家版本的电子档案归档与管理的相关标准，执行档案的移交、接收、审核、保存、管理、查询、统计以及提供服务利用等工作，档案形成机构可根据档案的信息类别或档案来源建立相应的档案信息资源库，并可根据归档年度、归档部门或档案实体分类等建立快速检索机制，方便借阅和提供利用。

（三）电子文件网络化归档的真实性保障方法

整个过程包括电子文件归档产生的数字化档案信息的形成、归档、管理和利用四个重要阶段，每个阶段都需要采取各种策略和方法保障档案信息的真实性。

三、文档一体化深化应用的要求

（一）提高认识、统一思想是文档一体化管理的基本要求

文档一体化的实质是将机构各部门相对分散独立的文件与档案统一为一个有机的整体进行管理。这不仅能够加强档案部门对文件管理的超前控制，保证档案的质量，而且能够实现文档数据的一次输入，多次利用，减少重复劳动，节约人力、财力、物力和时间。然而，要想真正实现文档一

体化管理，对档案工作者而言，特别是档案部门的领导，必须对文档一体化管理理念有一个全面、客观、科学的认识，并达成共识，充分认识到一体化管理的真正受益者是档案工作者自身，认识到新形势下文档一体化的必要性和紧迫性，认识到这是时代赋予当今档案工作者的使命，只有这样才能够顺利推行文档一体化管理，加强自觉性，使他们面对困难，不逃避、不退缩，勇于接受新鲜事物，逐步实施和应用文档一体化管理模式来开展各项业务。

（二）加强电子文件管理的标准化与规范化

文档一体化管理，使电子文件与电子档案之间的关系更加密切，把二者放在一个综合的管理系统中，作为前后衔接、相互影响的子系统，统一地组织和控制整个文件生命周期的全过程。由于文件管理与档案管理的这种前后相承的关系，文件管理直接关系到档案管理的存在和发展，只有文件管理做到标准化、规范化，档案管理才能够顺利地展开。如果文件管理无章可循、紊乱不堪，可以想象档案管理各环节也会陷入忙乱无序的状态，这也会影响综合管理信息系统整体功能的效用。

（三）加强培训和继续教育，提升档案工作者的综合素质

文档一体化管理要求档案工作者不仅具有档案学基础理论知识及专业知识，还必须掌握现代信息技术，熟练运用计算机及现代通信设备来操作网络化管理信息系统，要求档案工作者不断调整自己的知识结构，提高技能，加强综合素质的培养。如果不熟悉计算机、不懂网络知识，根本无法接受文档一体化管理思路，更无法开展电子档案的管理工作，也不可能参与到电子文件管理的全过程中。

第三节　档案资源多元化利用

一、档案资源的社会化利用

在信息社会和知识型社会迅速发展的21世纪，在档案信息化建设与发展的众多方面，无论是技术手段，还是信息资源的有效积累和广泛利用，都必将以档案信息资源的整合、集成、共享、利用作为出发点和落脚点，以传承人类文明、共享信息资源，实现社会的可持续健康发展。

（一）档案资源的知识化积累

档案的形成（鉴定、收集、整理与归档）是从个体知识到组织知识，再到社会知识转换的文化积累、动态跟踪的历史记载过程，档案的开发与利用（编研、开放、发布与利用）是人类传承文明、创新发展的过程。这两个相互衔接、彼此推动的过程循环往复、推陈出新，构成了人类社会的知识化动增长和社会化自适应的档案资源不断丰富的过程模型。这表明档案文化通过"传承-积累-发展-传承"这样一种类似于文化加工厂的生产工序，随人类自身的繁衍而形成民族文化生生不息、无始无终的传承环链。

（二）档案资源的共享化利用

社会信息化使档案信息资源面临着一个全新的生存环境与发展空间。美国档案学者杰拉尔德·汉姆先生曾指出，档案应该记载"人类生活的方方面面"，档案工作者要"创造一个反映普通百姓生活喜好、需求的全新的文献材料世界"，档案馆藏是反映"人类生活的广阔领地"。因此，档案资源唯有回归社会，得到最大限度的利用，才能体现档案保管的价值和作用。事实告诉我们，实现档案信息资源的集成化管理和共享化利用是档案贴近公众、服务社会的最佳解决方案。

要实现档案信息资源的共享化利用，必须在档案基础数据库的建设上下功夫。因此，研究档案基础数据库的元数据标准集、数字化档案信息的格式规范以及档案基础数据库的建设思路和方法、各类结构化和非结构化档案数据的组织、存储和检索利用的关键技术、整合方案、提供检索服务和共享利用的有效机制等，将成为当前档案馆信息化建设重要的基础性工作。

（三）档案信息服务机制变革

随着全国各行各业信息化进程的加快，档案馆信息化应用也逐渐走向更广、更深的领域。档案信息服务将不再拘泥于传统的、单一的方式，将会有所创新，趋向多元化发展。

1.服务方式由被动向主动转变

要改变传统的被动服务方式，积极主动地开展档案信息服务。长期以来，在档案信息利用上，总是遵循一种传统的服务方式——"等客上门"。这实质上与信息社会的发展极不协调，不利于档案信息价值的体现与发挥，封闭了档案信息表现价值的众多途径。档案信息服务方式必须考虑到档案的特性，"送货上门"也是不行的，不符合《中华人民共和国档案法》的基本要求。档案信息的主动服务方式应该是"请客入门"。

2.服务手段由传统型向现代化转变

信息技术、数据库技术以及多媒体技术的发展使得档案信息服务手段发生了巨大的转变。借鉴相关学科数字化发展的研究成果，实现档案管理现代化应借助于数字化综合管理信息系统，把分散于不同载体、不同地理位置的档案信息资源以数字化的形式储存，以基于对象管理的模式管理，以网络化的方式互相连接，从而提供及时利用，实现档案信息资源共享。

我国是发展中国家，经济和技术条件的制约决定了档案管理手段转变的长期性，传统的档案馆信息服务技术与服务手段将得到一定程度上的扬弃，将以新的信息传播循环方式提供档案信息服务。

3.服务内容由单一型向多元化发展

通过网络等信息技术与其他档案馆、信息机构及整个社会信息资源建立起紧密的联系。其信息服务将增加新的内容，诸如档案信息资源网络化组织管理、档案信息资源的网络导航、档案信息的数字化开发与提供利用、档案用户的教育培训等。例如，在档案利用者的教育培训方面，就要在对利用者进行传统档案检索和获取方式的培训基础上，重点帮助利用者学会如何利用数字化的信息资源、如何选择档案信息数据库、如何从网上获取所需的档案信息、如何操作远程通信软件等。档案信息组织方式、检索方式、采集方式，较之其他类型的文献信息来说，具有复杂多样、技术含量高、对利用者信息能力要求高等特点，而我国熟练使用档案信息的人很少，所以对档案利用者的信息检索能力、信息获取能力、信息筛选能力、信息识别能力的培养是档案信息服务的一项重要内容。

4.档案资源由封闭向开放转变

在网络环境下，档案馆信息服务资源已不再仅仅局限于馆藏档案信息量等指标，而是着眼于档案馆获取档案信息、提供档案信息的能力。所以，档案馆在充分开发利用本馆馆藏档案信息外，还必须通过网络检索利用其他档案馆馆藏信息和网上信息资源。建立档案信息资源的现代化管理系统，将档案信息纳入计算机网络，从而达到最快捷的信息资源利用效果。通过网络等信息技术实现档案信息价值的最大化，并最终取得档案信息服务于社会的最佳效果。这需要一个过程，从单机操作到建立档案管理信息系统网络、连接有关信息机构网站，最终并入互联网。从我国现实情况来看，这将有一个长远的过程，然而这必将是档案馆信息服务发展的终极目标。

5.档案资源由单一型向多类型转变

档案馆提供的单一信息服务的资源是以收藏纸质档案为主要内容。在网络环境下，档案馆综合信息服务模式的服务资源则要朝着多种载体形式并存的方向发展，包括各种电子文件、光盘、多媒体、缩微载体和声像载体等，尤其要增加数字化馆藏资源的建设。网络环境下的数字档案馆所拥有的完整的馆藏含义应该是"物理实体馆藏＋数字化馆藏"。

我国档案馆在档案信息数据库建设方面的任务是：在保留传统档案文献的同时，应通过协作与协调，在一定程度上对馆藏资源进行数字化，要注意将各馆独特价值的馆藏文献数字化，制成光盘或上网传播，使各馆上网信息独具特色，并在此基础上形成一个档案信息网络。

二、馆藏档案数字化应用

为适应公众网络化查档和档案信息化管理的多元化需求，馆藏档案数字化应用系统的建设已成为现代档案管理的一项重要内容，对档案工作者而言，这也是一项全新的任务，需要在充分认识到馆藏数字化重要性和必要性的基础上，采取有效的策略和方法，开展馆藏档案数字化系统的建设和有效使用。

（一）馆藏档案数字化的意义和任务

中共中央办公厅、国务院办公厅联合发布的《关于加强信息资源开发利用工作的若干意见》中明确指出："各级党委和政府必须担负起加强信息资源开发利用工作的重要责任，采取有效措施，抓紧解决工作中存在的问题，不断提高信息资源开发利用水平。"档案信息资源的开发与利用是现代档案工作的重中之重。档案作为一种特殊的文化资源，是国家信息资源的重要组成部分，它的开发与利用具有非常广泛的社会价值和实际意义。馆藏档案数字化工作主要包括两项任务：一是将传统载体档案目录进行数字化，二是将档案内容进行数字化。

（二）馆藏档案数字化的思路与方法

1.做好馆藏档案数字化的前期基础工作

需要对哪些档案进行数字化，采取什么方法来开展，数字化加工需要购买哪些设备，除此之外还需要做哪些准备工作以及如何做等，都是馆藏数字化的前期基础性准备工作。

（1）做好可行性论证

要根据档案利用的需要、资金情况、馆内人员知识结构、馆内软硬件平台、馆内信息化应用现状等基本状况，在充分了解和认识馆藏档案数字化系统建设的复杂程度和技术要求之后，做好馆藏数字化系统建设的可行性论证工作，确保系统建设自始至终不被中断，确保数字化后的档案信息能够真正使用起来，并可以见到实效。

（2）选择数字化加工方式

数字化是保管档案过程中所做的一项技术性较强的现代化处理工作，这对习惯了传统管理工作的档案工作人员来说，具有较大的难度。因此，需要提前做好规划，明确系统建设的实施方案。主要包括馆藏档案数字化系统分几个阶段完成，每个阶段的任务和目标是什么，应对哪些档案做数字化加工和处理，数字化加工处理过程中的安全控制、进度控制、质量控制和成本控制等过程中应采取的方法与策略，数字化后的档案信息如何与现有的计算机信息系统实现集成，如何发布档案信息以提供利用，如何解决备份和长久保存等问题，这些都需要提前做好解决方案，并在档案工作人员和数字化加工协作人员之间达成共识后，才能开始工作。边加工边讨论的方式只能导致工期拖长、见效缓慢、安全性保障难，甚至导致项目失败。

（3）筹备和落实资金

数字化加工的任务单靠档案馆的人力很难完成，往往需要采取商业化的运行模式或外协加工。另外，加工完成后，不仅需要购买网络化存储设备提供档案信息服务与利用，需要购买各种存储介质进行数据备份，而且数字化加工过程还需要购买保障安全的监控设施和扫描设备，系统实施后还需要聘用系统管理和数据管理人员开展大量运行维护工作。建立馆藏档案数字化系统需要的资金大概包括以下几个部分：一是扫描并且进行全文数字化加工的费用据发布系统的购买费用，包括全文检索、模糊检索、多分类系统、图文关联、元数据编辑器等功能；二是购买服务器的花费；三是进行馆内人员培训、引进网络管理员和系统管理员等都需要资金。因此，在进行馆藏档案数字化之前，应在资金准备上给予充分重视。

2.确定数字化加工的协作模式

档案内容数字化工作包括数字化预加工和深加工两步。预加工是能够将纸质档案、照片档案、缩微胶片等转变为电子图像文件，不能将纸质档案上的文字信息进行完全处理；深加工则是利用技术含量较高的OCR和语音识别等处理技术获取载体档案中的文字信息，以利于提供全文检索。

3.保障数字化档案信息的真实性

在馆藏档案数字化过程中，数字化档案信息的真实性、完整性保障主要体现在档案实体的扫描加工和档案目录的数字化两个方面。

（1）扫描加工过程中的真实性保障

馆藏数字化档案信息在其形成、管理和提供利用的过程中，制定保障档案信息真实性的规章制度是非常重要的，因为各个阶段的安全保障侧重点不完全相同。

（2）数字化档案目录信息的真实性保障

数字化档案目录信息一般都存储在数据库文件中，它的安全性主要取决于数据库管理系统自身的管理能力，它的真实性主要取决于档案管理员"依法管档"的严格程度。这一部分数据是管理人员根据档案原件提取出来的、用来描述档案原件核心内容的元数据信息（也可能是电子文件自动归档过程中通过预先设定的规则自动生成的、描述文件属性的元数据信息），但这一部分信息并不像档案原件那样具有凭证性作用，它只是为了方便管理和快速检索而形成的，并且在以后的管理过程中某些信息可能会改变。

4.加强数字化档案信息的整合与集成

馆藏档案数字化和电子文件归档后，产生了大量的数字化档案信息，如果只将其刻录于光盘或存储在磁盘中，不提供系统化的档案利用服务，既是错误的和无意义的，也不是馆藏档案数字化的真正目的所在。一些档案馆在开展数字化之前就使用了档案管理信息系统来管理档案的目录信息，并在馆内提供档案目录信息的检索服务；有一些档案馆在开展数字化的同时也建立起电子文件归档系统，收集电子文件并整理其目录信息；有些是将馆藏档案数字化作为档案信息化的启动工程。但无论是哪种情况，都需要处理好当前档案馆面临的电子文件归档、馆藏档案数字化和对传统载体档案管理的业务关系，将这三项主要工作形成的数字化档案目录信息和档案内容对象实行同步管理，对电子档案有纸质备份的或纸质档案有数字化拷贝的，都需要做关联处理，做到同一档案内容的一致性管理。否则，在档案馆分别建立电子文件管理系统馆藏档案数字化管理系统、纸质档案管理系统，必然会造成系统间数据重复，甚至不一致，从而增加管理的复杂程度。

5.保障数字化档案信息的存储安全

数字化档案信息的安全管理是档案信息化应用的前提条件。档案安全管理的重要性是由档案本身和档案管理的性质决定的，档案信息化建设必须充分考虑电子环境、应用系统和档案数据存储等方面的安全问题，要正确处理方便、高效使用与安全管理的关系，不能因过分考虑安全而限制了档案信息的网络化传输与使用，这样将大大降低网络化应用系统的使用价值。对数字化档案的网络化存储系统来说，一方面要求使用带自动备份功能的专用服务器和数据库管理系统，能够配置备份作业计划并安全执行，如光盘库、磁盘阵列、专用网络存储设备等，对备份信息能够实现数据的迁移和方便的恢复；另一方面，应同时使用安全介质备份，定期刻录（复制）备份信息，实行异地保管。

6.提供数字化档案信息的方便利用

馆藏档案数字化的一个根本目的是方便利用，如果将数字化后的图像刻录成光盘存放在库房中，与纸质档案采用同样的管理方式，那么数字化的效果就很难体现出来。只有真正将档案的数字信息放在网络环境中，提供网络化的高效服务，才能确保投资有收益。

参考文献

［1］陈新红，孙雅欣.科学基金项目档案管理调查研究：以科技信息资源管理为视角［M］.北京：知识产权出版社，2018.

［2］党跃武，曾雪梅，陈征，等.基于信息组织技术的档案资源开发［M］.成都：四川大学出版社，2016.

［3］李鹤飞，李宏坤，袁素娟，等.高校图书情报与档案信息管理［M］.北京：经济日报出版社，2017.

［4］刘亚静.档案管理信息化与自动化探索［M］.天津：天津科学技术出版社，2018.

［5］四川省档案局.档案工作实践与探索［M］.成都：四川人民出版社，2017.

［6］王灿荣.现代档案管理及其信息化建设研究［M］.北京：中国书籍出版社，2017.

［7］许秀.高校档案管理与信息化建设研究［M］.哈尔滨：哈尔滨工业大学出版社，2019.

［8］杨学锋.现代化档案管理与服务研究［M］.北京：中国商务出版社，2018.

［9］张鑫.现代档案管理实例分析［M］.北京：科学技术文献出版社，2018.

［10］赵彦昌.大数据时代档案工作实践与创新研究［M］.沈阳：辽宁大学出版社，2016.

［11］赵志耘，戴国强.大数据城市创新发展新动能［M］.北京：科学技术文献出版社，2018.

［12］高文博.数据时代综合档案馆档案专题数据平台建设研究［D］.保定：河北大学，2020.

［13］何亚楠.电力企业档案信息化项目管理研究［D］.西安：西安建筑科技大学，2019.

［14］毛丽敏."互联网＋"环境下档案信息资源开发分析及应对策略研究［D］.沈阳：辽宁大学，2018.

［15］秦杨.我国智慧档案馆建设的现状分析与对策研究［D］.保定：河北大学，2020.

［16］童心.企业档案管理信息化建设研究［D］.西安：西北大学，2018.

［17］张文磊.政府机关数字档案室信息资源建设研究［D］.湘潭：湘潭大学，2020.

［18］陈红.城建档案管理信息化建设路径探索［J］.城建档案，2020（2）：11－12.

［19］陈莉.信息化背景下行政机关档案管理的探究［J］.传媒论坛，2021，4（5）：140－141.

［20］杜宝文.档案信息化管理发展路径与档案信息开发利用的探讨［J］.信息记录材料，2020，21（7）：32－33.

［21］范文青.大数据时代档案信息化视角下人力资源管理研究［J］.兰台内外，2020（15）：33－34.

［22］何小琴.浅议基层档案数字化建设［J］.兰台内外，2020（34）：1－3.

［23］何永明.浅谈大数据背景下高校档案信息资源的开发与利用［J］.兰台内外，2017（02）：27－28.

［24］黄涵莹.档案管理基础工作在现代化档案管理中的作用分析［J］.明日，2021（16）：1.

［25］索晓欣.地方性高校档案信息化管理的对策剖析［J］.文化产业，2021（8）：114-115.

［26］王川.新媒体环境下数字档案馆信息资源的创新服务［J］.电子世界，2020（18）：14-15.

［27］王丹.浅谈网络信息化下的媒体档案管理［J］.襄阳职业技术学院学报，2021，20（01）：123-126.

［28］张庆美.浅析加快推进数字档案馆建设［J］.办公室业务，2020（16）：182-183.

［29］赵霞.建设数字化档案馆的实施要素［J］.石化技术，2020，27（12）：239-240.

［30］周杰，马长松.大数据背景下探析高职档案管理的信息化建设［J］.文化产业，2021（6）：94-95.

［31］燕军.医院档案管理信息化建设发展路径［J］.中文科技期刊数据库（引文版）医药卫生，2021（5）：1.

［32］陈颖，赵洋.新形势下加强企业档案现代化管理的研究［J］.区域治理，2021（53）：3.

［33］赵敏.国企档案管理信息化建设分析［J］.中文科技期刊数据库（全文版）社会科学，2021（7）：2.

［34］叶琼.关于城市建设档案管理工作的思考［J］.中文科技期刊数据库（全文版）社会科学，2023（4）：4.

［35］江云连，李海祁.新形势下医院档案管理信息化建设的创新思路［J］.嘉应学院学报，2022，40（5）：5.

［36］梁汉冬.文书档案管理信息化建设利用率与安全保护研究［J］.文化产业，2023（1）：3.

［37］孙倩.基于"互联网+"的现代化档案管理转型［J］.中文科技期刊数据库（全文版）社会科学，2023（3）：4.

［38］吴月莉.高校文书档案管理规范化与信息化建设研究［J］.兰台内外，2022（33）：59-61.

［39］潘伟.高校档案管理的现代化建设［J］.黑龙江人力资源和社会保障，2022（16）：155-157.

［40］郭未艾.科学管理和现代化技术在档案管理中的应用［J］.兰台内外，2022（8）：3.

［41］赵思.档案管理与信息技术的组合应用分析：评《档案馆现代化管理：从数字档案馆到智慧档案馆》［J］.领导科学，2022（11）：1.

［42］郭岩.事业单位档案管理信息化建设存在的问题与解决措施［J］.经济学，2021，4（1）：58-59.